25 PROBLEMAS
DE NAVEGACIÓN COSTERA

Wolfpeter Stockfleth

25 PROBLEMAS DE NAVEGACIÓN COSTERA

PATRÓN DE EMBARCACIONES DE RECREO Y PATRÓN DE YATE

EJ
editorial juventud
Barcelona

Provença, 101 – 08029 Barcelona
info@editorialjuventud.es
www.editorialjuventud.es

Diseño y maquetación: Mercedes Romero
Primera edición, 2008
Depósito legal: B. 15.956–2008
ISBN 978–84–261–3675-6
Núm. de edición de E. J.: 12.002
Printed in Spain
A.V.C., Gràfiques, 39 - Sant Joan Despí (Barcelona)

Mi agradecimiento más sincero a las siguientes personas, sin las cuales no hubiera sido posible, de ninguna manera, que este libro fuera publicado:

A mi mujer, Pilar, por la paciencia de verme cada día «amarrado al ordenador».

A Ricardo Lavilla, de Barcelona, y al Gudrun-VI, *su carismático barco, que me enseñaron a navegar.*

Al Doctor en Marina Civil, Juan Zamora, Capitán de la Marina Mercante Española y un experto en lingüística, por sus inestimables consejos en la redacción y en la coherencia de los textos.

Al Doctor en Náutica, Álex León, por sus continuas e incansables recomendaciones, siempre acertadas, sobre y en relación con la mejor manera de expresar las ideas en este libro.

Finalmente, una mención especial de agradecimiento a Editorial Juventud y a los expertos profesionales que se esfuerzan cada día por asegurar la calidad y la imagen de los productos que ponen a disposición de los lectores. Entre ellos, agradezco especialmente a Mercedes Romero su interés por dar a este libro el diseño más adecuado y a su director, Luis Zendrera, por el exquisito trato demostrado durante todo el proceso de edición.

Gracias y mi admiración a todos ellos.

WOLFPETER STOCKFLETH

PRÓLOGO

Wolfpeter Stockfleth, Peter para los amigos, ha tenido la feliz idea de elaborar un libro de problemas de navegación con el propósito de ayudar a realizar un buen examen a quienes pretenden obtener el título de patrón de yate. El resultado ha sido este compendio práctico de lo que debe saber un navegante cuando ha de situar su barco a la vista de la costa o efectuar una recalada. En los 25 problemas que plantea la obra –todos minuciosamente trabajados– encontrará el lector estudioso un arsenal de situaciones que cubren de largo todo el espectro de lo que se conoce como navegación costera.

Además es un libro divertido. Navegar a la vista de la costa resolviendo los problemas de demoras, marcaciones, corrientes, distancias, vientos y mareas puede ser un ejercicio entretenido y útil. Muchas personas que se aproximaban a la náutica con el recelo de pensar que el aprendizaje de la navegación costera les iba a suponer un calvario, han terminado por encontrar una auténtica satisfacción y un placer intelectual en la resolución de los problemas sobre una carta náutica. La misma satisfacción que, a no dudar, ha sentido el autor a medida que iba pergeñando cada uno de los problemas.

Interesante biografía la de Peter, nacido en Madrid, químico de profesión y navegante y pedagogo de vocación, y sobre todo un pensador de la náutica. No pocas veces he presenciado, y a veces intervenido, en las discusiones a caballo entre la técnica y la filosofía que mantienen Peter y el doctor en ciencia e ingeniería náuticas Álex León –vocal de navegación en los tribunales de exámenes de patrón y capitán de yate de Catalunya– sobre los planteamientos y los criterios en que se basan los ejercicios cuya resolución se propone a los candidatos a un título de náutica de recreo. ¿Sería conveniente introducir cuestiones conceptuales en los exámenes o, por el contrario, es mejor no separarse de las clásicas preguntas que valoran las habilidades y las aptitudes de los alumnos? ¿Puede resultar contraproducente el propósito de acercar el contenido de los exámenes a lo que se supone es la realidad práctica del navegante? Y si así fuera, ¿a partir de qué punto? He de confesar que siempre me ha admirado la preocupación de Peter por estos temas de fontanería pedagógica y la profundidad con que suele abordarlos.

De la presente obra cabría decir que se trata de un trabajo sobrio y riguroso cuya ambición manifiesta es despertar el gusto por los problemas de la navegación costera, de forma que su solución constituya un placer personal. Añadamos dos características que otorgan al libro de Peter una ventaja comparativa respecto a otros libros similares.

De una parte, un breve enunciado al inicio de cada problema que recoge los temas básicos incluidos en el mismo, característica que permite elaborar un índice temático de las cuestiones que se abordan en cada ejercicio. De otra parte, una pormenorizada explicación, con gráficos y textos, de los pasos a seguir para resolver cada uno de los problemas.

JUAN ZAMORA TERRÉS, capitán de la marina mercante
y doctor en Marina Civil. Presidente de los tribunales
de exámenes de patrones y capitanes de yate de Catalunya.

A MODO DE INTRODUCCIÓN

Esta publicación ofrece una colección de problemas resueltos y va dirigida al lector interesado en la navegación costera y, sobre todo, al alumno que se prepara para un examen de cálculo náutico y así obtener una titulación que le acredite estar en condiciones de gobernar una embarcación. Se trata de contestar a las dos preguntas más elementales que el marino siempre se ha planteado desde los tiempos más remotos de la navegación por mares y océanos:

«Hacia dónde voy» y
«Dónde me encuentro».

El navegante precisa las respuestas a estas preguntas para surcar los mares con seguridad y poder tomar las decisiones más adecuadas en cada momento con el fin de llegar, lo antes posible, a buen puerto. Para ello, pueden clasificarse los cálculos de navegación en: «Navegación costera», «Navegación por estima», «Navegación astronómica» y «Navegación instrumental».

Las dos primeras, además de los cálculos de la altura de marea, están ampliamente recogidas en este libro, y su contenido ofrece la información con la siguiente metodología aplicada a los 25 problemas:

1º Un resumen completo del contenido de cada problema.
2º Una exposición de la situación en la que se encuentra navegando una embarcación, normalmente a la vista de la costa.
3º Una serie de preguntas a resolver, básicamente para responder con la precisión suficiente a las dos cuestiones de «hacia dónde voy» y «dónde me encuentro», anteriormente citadas.
4º Los resultados numéricos a los que el lector debería acercarse como consecuencia del cálculo y de la representación gráfica sobre la carta de navegación.
5º Finalmente se describe «paso a paso» el desarrollo de todo el ejercicio hasta llegar a poder representar la derrota correspondiente a la travesía sobre la carta 105 (reducida), correspondiente al Estrecho de Gibraltar, de Cabo Roche a Punta de la Chullera y de Cabo Espartel a Cabo Negro, en su edición de octubre de 1994 (no válida para navegación), publicada por el Instituto Hidrográfico de la Marina en Cádiz, que ha autorizado su reproducción en este libro.

Cuando resulta necesario, se indica en el enunciado la declinación magnética para toda la zona de navegación. Así se hace innecesario un cálculo en función de los datos representados en la carta arriba citada y del año en que se sitúe el lector, pudiendo éste comparar los resultados obtenidos con los citados por el autor con la prudencia de considerar unas posibles, pero siempre pequeñas, diferencias debidas a múltiples factores en la exactitud y precisión de la representación gráfica y al redondeo de los decimales en los cálculos:

Como entornos admisibles para estas diferencias en general y a modo de orientación para el lector, pueden establecerse los siguientes criterios:

- Rumbos y demoras representados en las cartas: ± 3°.
- Posiciones sobre la carta: ± 0,5 minutos de grado.
- Distancias medidas sobre la carta: ± 0,2 millas.
- Tiempos de llegada a situaciones o puertos mencionados en el texto: ± 5m.

Las circunstancias que se plantean en los ejercicios de la altura de marea, sonda momento y «agua bajo la quilla» corresponden a los datos de horas oficiales, días, y meses que se citan en los textos de los problemas. Al final de esta publicación se incluyen «tablas independientes del año» en HTU (Horario de Tiempo Universal), que el autor ha utilizado para resolver los planteamientos con el fin de no hacer depender al lector de los datos correspondientes a un «Anuario de Mareas» editado para un año en particular. Además, durante el desarrollo de los problemas se citan, tanto los datos de diferencias entre los puertos patrón y los secundarios, como los correspondientes a los horarios y alturas de las bajamares y pleamares, necesarios para su resolución numérica.

En las gráficas sobre la carta del Estrecho, se han marcado los horarios oficiales a los que se localizan las diferentes situaciones estimadas u observadas. De esta manera resultan fácilmente detectables cada una de ellas para seguir el razonamiento de la singladura. El autor no ha considerado necesario ni adecuado identificar cada una de las líneas y trazos auxiliares (demoras, rumbos, ángulos horizontales, distancias, etc.) sobre la carta, a fin de no confundir al lector con información exhaustiva. Siguiendo el desarrollo del problema se pueden identificar perfectamente estos trazos.

Obviamente, la resolución de problemas de cálculo de estima y de alturas de marea no se representan gráficamente sobre las cartas. Se describen con suficiente detalle en el desarrollo de los problemas que los contienen.

Finalmente, el índice de materias describe aquellos temas conceptuales incluidos en cada uno de los 25 problemas planteados. Este sistema de indexado permite seleccionar el problema más adecuado para practicar un tema especialmente requerido por el lector y además le indica el grado de laboriosidad y la posible dificultad que presenta cada planteamiento.

Barcelona, marzo de 2008

ÍNDICE TEMÁTICO DE LOS 25 PROBLEMAS

Materias de los problemas por orden alfabético	Problemas																									
	FA *	1	2	3	4	5	6	7	8	9	10	11	12	13	14	15	16	17	18	19	20	21	22	23	24	25
Abatimiento	2												X												X	
Agua Bajo Quilla	6		X				X							X									X		X	X
Altura de la Marea	3										X		X												X	
Aux. Barco + Corriente	1																									X
Corriente + Cambio Rumbo	1																						X			
Corriente Desc/Sup sin recta Aux	14	X	X	X	X			X	X			X		X	X	X		X	X	X			X			
Corriente Desc/Sup + Recta Aux	3					X											X							X		
Corrección Total/AH + Da + DST	1														X											
Ct/Za Estrella Polar	6	X	X					X	X								X						X			
Desvío/Ct por Da/Dv	2	X			X																					
Distancia mínima a la costa	3										X		X													X
Estima Directa	6								X		X			X							X	X			X	
Estima Indirecta	5					X	X	X					X			X										
Estima Varios Rumbos con Corriente	8				X							X	X		X	X	X	X		X						
Hora llegada a Puerto	6		X			X	X		X										X				X			
Mareas/Sonda momento	10				X		X	X			X			X					X		X	X	X			X
Medición Ángulo Horizontal	3										X		X	X												
Rumbo para pasar...	12	X		X			X		X	X		X		X				X	X	X			X		X	
Situación 1 Demora + Distancia	2														X				X							
Situación 1 Demora + Enfilación	1			X																						
Situación 1 Marcación/D + Isobática	4							X			X		X													X
Situación 1 M + Oposición	1											X														
Situación 2/3 Distancias	1													X												
Situación 2 M/D No Simult. a 1 Pto.	12	X		X			X	X	X	X		X				X	X	X				X	X			
Situación 2 M/D Simult. a 2 Pto.	12	X	X		X				X					X	X	X	X	X			X		X	X		
Situación entre 2 Oposiciones	1	X																								
Situación 3 M/D No Simult. a 1 Pto. + R	3												X								X				X	
Situación AH + Distancia	5				X		X												X	X		X				
Situación AH + Dv	3					X																			X	X
Situación AH + Oposición	1																			X						
Situación Ref + Enfilación	1																									X
Triángulo de Cte. Sin y Con Viento	17			X			X			X	X	X	X			X	X	X	X	X	X	X	X	X	X	X
Dificultad / Laboriosidad **		M	M	B	A	A	M	A	M	A	B	A	M	B	M	M	A	A	A	M	M	B	A	A	M	B

*) FA: Frecuencia de aparición del concepto.

**) (A = Alta B = Baja M = Media). El grado de dificultad que califica los 25 problemas de este libro es subjetivo. El autor ha considerado criterios de laboriosidad del desarrollo tanto como de transparencia de los planteamientos para su clasificación.

ABREVIATURAS

A: Apartamiento.
ABQ: Agua bajo quilla: columna de agua a contar desde el punto más profundo de la quilla del barco hasta el fondo marino en un punto y en un instante determinado.
Abto: Abatimiento producido por el viento sobre la obra muerta y las velas del barco.
AH: Ángulo horizontal.
Alt: Altura.
Alt.Bjm: Altura de la bajamar a contar desde el nivel de reducción de sondas.
Alt.Marea: Diferencia entre la sonda momento y la sonda carta.
Alt.Plm: Altura de la pleamar a contar desde el nivel de reducción de sondas.
Am: Amplitud de la marea: diferencia de altura de marea entre una pleamar y una bajamar.
Apto: Apartamiento.
Bjm: Bajamar.
Br: Babor.
CA: Corrección aditiva (a la sonda carta).
Cd: Rumbo cuadrantal expresado desde N o S hacia W o E.
COG: Rumbo sobre el fondo, o efectivo (del inglés: *Course over Ground*); referencia al rumbo empleada por la mayoría de los instrumentos de navegación por satélite, GPS.
Cos: Coseno.
Ct: Corrección total de la aguja magnética.
D: Duración (Véase **Dc** y **Dva**).
Δ: Desvío de la aguja magnética.
Da: Demora de aguja.
Dc: Duración de la creciente o entrante.
Δl: Incremento o variación en latitud.
ΔL: Incremento o variación en longitud.
dm: Declinación magnética o variación local.
DST: Distancia.
DSTn: Distancia navegada en un intervalo o período determinado.
Dv: Demora verdadera.
Dva: Duración de la vaciante.
E: Este (**Ev**: Este verdadero).
Er: Estribor.
HBjm: Hora de la bajamar.
HO: Hora oficial.
HPlm: Hora de la pleamar.
HTU: Hora correspondiente al Tiempo Universal de Greenwich.
HZ: Hora del huso horario (Hora legal del huso; Hora Zulú).
I: Intervalo (hasta o desde la bajamar al momento).
Ihc: Intensidad horaria de corriente.
l: Latitud.
L: Longitud.
lm: Latitud media.
M: Marcación; **M/Er** a estribor; **M/Br** a babor.

m: Metros.
N: Norte (**Nv**: Norte verdadero).
Plm: Pleamar.
Ra: Rumbo de aguja.
Rc: Rumbo de corriente.
Rcs: Rumbo de corriente supuesta.
Ref: Rumbo efectivo (o COG). A veces, Rumbo supuesto.
Rs: Rumbo de superficie, que está siendo afectado por un viento.
Rv: Rumbo verdadero; puede interpretarse como la derrota que sigue el barco sobre la superficie al no existir elementos externos que la modifiquen, como viento y/o corrientes.
S: Sur (**Sv**: Sur verdadero).
Sc: Sonda carta: las anotaciones en metros citadas por las cartas españolas para la columna de agua en un determinado punto y contado desde el fondo marino hasta el nivel de reducción de sondas o bajamar escorada.
Sen: Seno.
Sm: Sonda momento: columna de agua a contar desde la superficie (línea de flotación del barco) hasta el fondo marino en un punto y en un instante determinado.
So: Situación observada o verdadera.
SOG: Velocidad sobre el fondo, o efectiva (del inglés: *Speed over Ground*); referencia a la velocidad empleada por la mayoría de los instrumentos de navegación por satélite, GPS.
tg: Tangente.
tn: Tiempo navegado en un intervalo o período determinado.
Vb: Velocidad del barco (igual a la Vmq, Vc, Vp).
Vc: Velocidad de la corredera (igual a la Vmq, Vb, Vp).
Vef: Velocidad efectiva o sobre el fondo (o COG).
Vmq: Velocidad de máquina (igual a la Vb, Vc, Vp).
Vp: Velocidad propulsora (igual a la Vmq, Vb, Vc).
W: Oeste (**Wv**: Oeste verdadero).
Za: Azimut de aguja.
Zv: Azimut verdadero.

01 Situación por dos marcaciones no simultáneas al mismo lugar. Rumbo a un punto de la carta con corriente desconocida; situación por dos demoras simultáneas a lugares diferentes. Rumbo a un punto de la carta definido por distancia, considerando la corriente hallada. Situación por oposición. Corrección total por relación entre demora de aguja y demora verdadera.

Un yate navega al Ra = 148° y a la velocidad de 12 nudos. A HO = 01.30 marca el faro de Cabo Trafalgar al 315° y, simultáneamente, toma azimut de aguja de la estrella Polar, supuestamente situada en el Polo, Za = 008°. Se continúa igual y a HO = 02.00 se marca el mismo faro al 270°.
La declinación magnética en toda la zona de navegación es de 4° NW. *(Preguntas 1, 2.)*

Desde la situación obtenida se pone proa al faro de Punta Malabata, se mantiene igual el desvío y se considera entrar en zona de corriente desconocida. A HO = 03.30 se obtiene simultáneamente Da = 174° al faro de Punta Malabata y Da = 080° al faro de Isla Tarifa. *(Preguntas 3, 4, 5.)*

Situados y teniendo en cuenta la corriente hallada, se arrumba, con Vb = 12' para pasar a 3 millas del faro de Punta Almina. Al nuevo rumbo, desvío Δ = +1°. *(Pregunta 6.)*

Al cruzar la oposición del faro de Punta Cires con el de Punta Carnero, se obtiene Da = 018° a Punta Carnero. *(Preguntas 7, 8 y 9.)*

Se pide:

1. Situación verdadera a HO = 01.30 .... **l = 36° 11,8' N; L = 006° 12,4' W**
2. Situación verdadera a HO = 02.00 .... **l = 36° 07,2' N; L = 006° 07,7' W**
3. Rumbo de aguja para gobernar a partir de HO = 02.00 .... **Ra = 142,5°**
4. Situación verdadera a HO = 03.30 .... **l = 35° 57,0' N; L = 005° 47,4' W**
5. Rumbo e intensidad horaria de la corriente .... **Rc = 052°; Ihc = 3'**
6. Rumbo de aguja para gobernar a partir de HO = 03.30 .... **Ra = 103°**
7. Situación a HO = 04.30 .... **l = 35° 57,0' N; L = 005° 30,0' W**
8. Situación en la oposición Punta Cires / Punta Carnero .... **l = 35° 57,0' N; L = 005° 28,1' W**
9. Hora oficial al cruzar la oposición Punta Cires / Punta Carnero .... **HO = 04h 37^m**

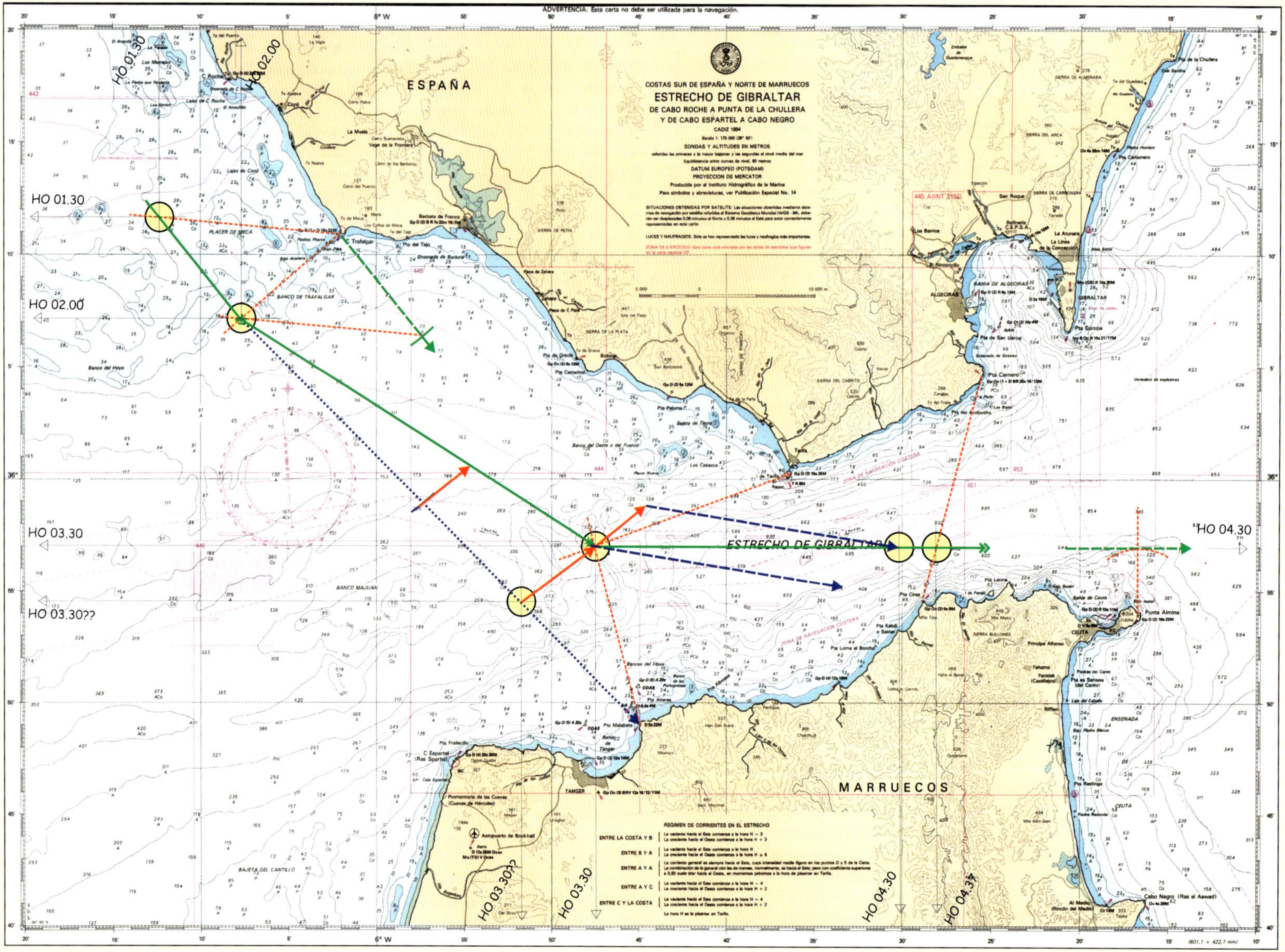
ADVERTENCIA: Esta carta no debe ser utilizada para la navegación.
COSTAS SUR DE ESPAÑA Y NORTE DE MARRUECOS
ESTRECHO DE GIBRALTAR
DE CABO ROCHE A PUNTA DE LA CHULLERA
Y DE CABO ESPARTEL A CABO NEGRO
CADIZ 1994
SONDAS Y ALTITUDES EN METROS
DATUM EUROPEO (POTSDAM)
PROYECCION DE MERCATOR
Producida por el Instituto Hidrográfico de la Marina
Para símbolos y abreviaturas, ver Publicación Especial No. 14
ESPAÑA
MARRUECOS
ESTRECHO DE GIBRALTAR
REGIMEN DE CORRIENTES EN EL ESTRECHO
HO 01.30
HO 02.00
HO 03.30
HO 03.30??
HO 04.30
HO 04.37
C Roche
C Trafalgar
Barbate de Franco
Tarifa
Algeciras
Gibraltar
Ceuta
Tanger
C Espartel
Punta Almina
Cabo Negro
BANCO DE TRAFALGAR
PLACER DE MECA
BANCO MAJUAN
Banco del Hoyo
BAJETA DEL CANTILLO

Desarrollo del problema:

Con la información sobre el azimut de aguja a la estrella Polar se obtiene la corrección total necesaria para transformar los datos sobre el rumbo y las demoras de aguja en verdaderas, en base a las marcaciones no simultáneas tomadas:

Zv/Polar (000°) = Za/Polar (008°) + Ct; Ct = –8°.
HO = 01.30; *Dv = Ra (148°) + Ct (–8°) + M (315°);* Dv = 455°.
Al ser la Dv superior a 360°, deben restarse éstos; Dv = 095° (Dv inversa = 275°).
Rv = Ra (148°) + Ct (–8°); Rv = 140°.
HO = 02.00; *Dv = Rv (140°) + M (270°); Dv = 410° – 360°;* Dv = 050° (Dv inversa = 230°).

Desde el faro de Cabo Trafalgar se representan las dos demoras verdaderas inversas y el Rv, el cual se acota en 6 millas por ser ésta la distancia navegada en 30 minutos a la Vb = 12'. Al final del vector Rv, se traza una paralela a la primera demora y donde corte a la segunda Dv, se encuentra la posición a HO = 02.00. Trazando el Rv hacia atrás, en el corte con la primera Dv se halla la posición a HO = 01.30:

Situación verdadera a HO = 01.30: **l = 36° 11,8' N; L = 006° 12,4' W** *(Pregunta 1).*
Situación verdadera a HO = 02.00: **l = 36° 07,2' N; L = 006° 07,7' W** *(Pregunta 2).*

Desde la posición hallada a HO = 02.00 se traza un rumbo hasta el faro de Punta Malabata. Medido en la carta, resulta Rv = 134,5°. De acuerdo con el tiempo navegado, 1,5 horas a Vb = 12', se sitúa un punto de estima a HO = 03.30: l = 35° 54,5' N; L = 005° 51,7' W.
Mediante el cruce de las dos demoras de aguja simultáneas, tomadas a HO = 03.30 y transformadas en Dv, se halla la posición observada a HO = 03.30:

HO = 03.30; *Dv = Da (174°) + Ct (–8°);* Dv = 166° (Dv inversa = 346°).
HO = 03.30; *Dv = Da (080°) + Ct (–8°);* Dv = 072° (Dv inversa = 252°).
Rv (134,5°) = Ra + Ct (–8°); **Ra = 142,5°** *(Pregunta 3).*
Situación verdadera a HO = 03.30: **l = 35° 57,0' N; L = 005° 47, 4' W** *(Pregunta 4).*

Uniendo las situaciones de estima y verdadera a HO = 03.30, se obtiene: **Rc = 052°.** La distancia dividida por 1,5 horas dará la **Ihc = 3'** *(Pregunta 5).*

Con radio de 3 millas se traza el círculo de paso desde el faro de Punta Almina. Desde la posición hallada a HO = 03.30 se traza una tangente a dicho círculo (Rs = 091°) y también el Rc= 052° de Ihc = 3'.
Desde el extremo del vector corriente se traza un corte de 12 nudos sobre el Ref. En este triángulo de corriente Vef (SOG) = 14,2 nudos; Rv = 100°;
Rv (100°) = Ra + Δ (+1°) + dm (–4°); **Ra = 103°** *(Pregunta 6).*

Al cruzar la oposición de los faros de Punta Cires y Punta Carnero, a velocidad efectiva, SOG = 14,2' se han navegado 1h 7^m. Es decir, se verá Punta Carnero con Dv = 015°. Esta información confirma que la corrección total a este rumbo es Ct = 3° NW: *Dv (015°) = Da (018°) + Ct;* Ct = –3° (NW).
A HO = 04.30 la situación es: **l = 35° 57,0' N; L = 005° 30,0' W** *(Pregunta 7).*

La situación entre la oposición faros de Punta Cires/Punta Carnero es:
l = 35° 57,0' N; L = 005° 28,1' W *(Pregunta 8).*
A esta posición se llega a: **HO = 04h 37^m** *(Pregunta 9).*

02 Situación por dos demoras simultáneas, hallando la corrección total mediante azimut de la estrella Polar; en corriente desconocida se arrumba a un punto definido, hallando Ra, Rc e Ihc. Obtener Ra, Vef y HO a una nueva situación considerando la corriente. Sabiendo Ra y Vef, hallar el rumbo de aguja del barco y el rumbo de la corriente en una nueva posición. Marea en puerto secundario: ABQ.

Navegando a HO = 20.00 se obtuvieron simultáneamente Da = 014° al faro de Punta Europa y Da = 317° al de Punta Carnero así como azimut de aguja a la estrella Polar, supuesta ésta en el polo, Za = 008°. La variación local en toda la zona, dm = 6° NW y HO = HTU + 1. *(Preguntas 1, 2.)*

Desde la situación obtenida y en zona de corriente desconocida, se arrumba a un punto «P» situado a 3 millas al sur del faro de Isla Tarifa, con una velocidad de máquina, Vmq = 8 nudos y teniendo en cuenta el abatimiento de 5° que produce el viento sur. Desvío correspondiente al nuevo rumbo, Δ = 2° al NW. *(Pregunta 3.)*

A HO = 21.15 se obtuvieron simultáneamente marcación al faro de Isla Tarifa, M/Er = 116° a estribor y marcación al de Punta Cires, M/Br = 139° a babor. *(Preguntas 4, 5.)*

Una vez situados, teniendo en cuenta el viento reinante con igual abatimiento y la corriente hallada, se arrumba a un punto «Q» de l = 35° 58,0′ N y L = 006° 03,0′ W. Desvío para el nuevo rumbo Δ = 1° NE. *(Preguntas 6, 7.)*

Alcanzado el punto «Q», se da Ra = 322°. Desvío, Δ = 1° NE, con igual corriente, y viento que produce un abatimiento de 2°. *(Pregunta 8.)*

Tras un nuevo cambio de rumbo, a HO = 03.35 del día 16.12., llega al puerto de Barbate, donde fondea en un punto con sonda carta de 4 m. El calado del barco es de 2,35 m. *(Pregunta 9.)*

Se pide:

1. Valor y signo del primer desvío de la aguja .... **Δ = 2° NW**
2. Situación verdadera a HO = 20.00 .... **l = 36° 02,0′ N; L = 005° 21,2′ W**
3. Rumbo de aguja para arrumbar al punto «P» .... **Ra = 252°**
4. Situación verdadera a HO = 21.15 .... **l = 35° 56,3′ N; L = 005° 36,7′ W**
5. Rumbo e intensidad horaria de la corriente .... **Rc = 237,5°; Ihc = 3′**
6. Rumbo de aguja para arrumbar al punto «Q» y velocidad efectiva .... **Ra = 287,5°; Vef = 10,2′**
7. Hora oficial de llegada al punto «Q» .... **HO = 23h 23^m**
8. Rumbo y velocidad efectivos correspondientes al Ra = 322° .... **Ref = 300°; Vef = 9′**
9. Agua bajo la quilla en el momento de fondear . ... **ABQ = 2,84 m**

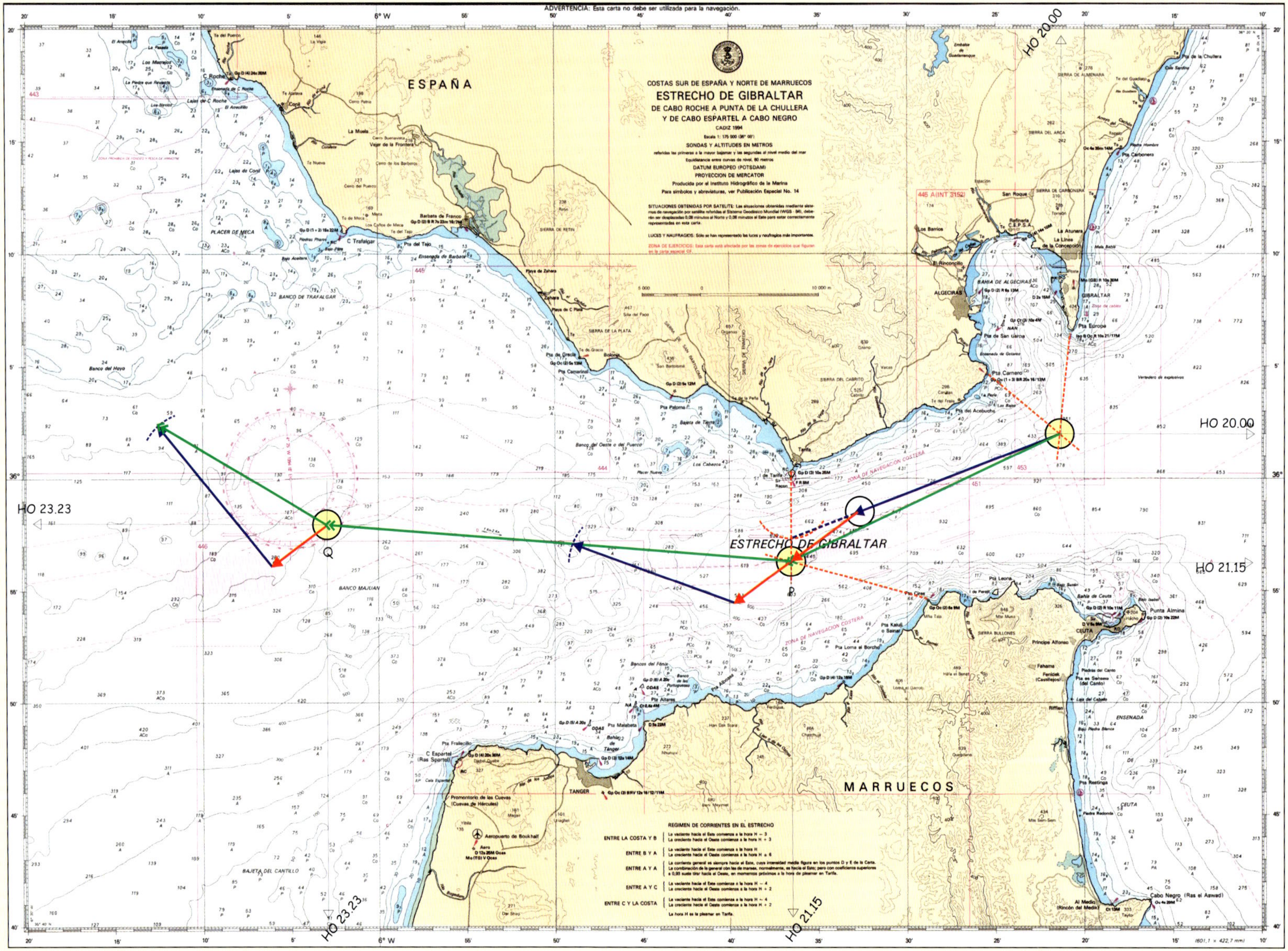
ADVERTENCIA: Esta carta no debe ser utilizada para la navegación.
COSTAS SUR DE ESPAÑA Y NORTE DE MARRUECOS
ESTRECHO DE GIBRALTAR
DE CABO ROCHE A PUNTA DE LA CHULLERA
Y DE CABO ESPARTEL A CABO NEGRO
CADIZ 1994
Escala 1: 175 000 (36° 00')
SONDAS Y ALTITUDES EN METROS
referidas las primeras a la mayor bajamar y las segundas al nivel medio del mar
Equidistancia entre curvas de nivel, 80 metros
DATUM EUROPEO (POTSDAM)
PROYECCION DE MERCATOR
Producida por el Instituto Hidrográfico de la Marina
Para símbolos y abreviaturas, ver Publicación Especial No. 14
SITUACIONES OBTENIDAS POR SATELITE: Las situaciones obtenidas mediante sistemas de navegación por satélite referidas al Sistema Geodésico Mundial (WGS - 84), deberán ser desplazadas 0,08 minutos al Norte y 0,08 minutos al Este para estar correctamente representadas en esta carta.
LUCES Y NAUFRAGIOS: Sólo se han representado las luces y naufragios más importantes.
ZONA DE EJERCICIOS: Esta carta está afectada por las zonas de ejercicios que figuran en la carta especial OF.
ESPAÑA
MARRUECOS
ESTRECHO DE GIBRALTAR
HO 20.00
HO 21.15
HO 23.23
P
Q
C Roche
C Trafalgar
PLACER DE MECA
BANCO DE TRAFALGAR
Barbate de Franco
Tarifa
ALGECIRAS
BAHIA DE ALGECIRAS
GIBRALTAR
Pta Europa
La Línea de la Concepción
San Roque
CEUTA
Punta Almina
TANGER
C Espartel (Ras Spartel)
BANCO MAJUAN
Cabo Negro (Ras el Aswad)
ZONA DE NAVEGACION COSTERA
REGIMEN DE CORRIENTES EN EL ESTRECHO
ENTRE LA COSTA Y B | La vaciante hacia el Este comienza a la hora H − 3 / La creciente hacia el Oeste comienza a la hora H + 3
ENTRE B Y A | La vaciante hacia el Este comienza a la hora H / La creciente hacia el Oeste comienza a la hora H + 6
ENTRE A Y A | La corriente general es siempre hacia el Este, cuya intensidad media figura en los puntos D y E de la Carta. La combinación de la general con las de mareas, normalmente, es hacia el Este; pero con coeficientes superiores a 0,93 suele tirar hacia el Oeste, en momentos próximos a la hora de pleamar en Tarifa.
ENTRE A Y C | La vaciante hacia el Este comienza a la hora H − 4 / La creciente hacia el Oeste comienza a la hora H + 2
ENTRE C Y LA COSTA | La vaciante hacia el Este comienza a la hora H − 4 / La creciente hacia el Oeste comienza a la hora H + 2
La hora H es la pleamar en Tarifa.

Desarrollo del problema:

Se hallan las Dv tomadas simultáneamente a HO = 20.00 tras hallar la corrección total por azimut de la Polar:
Zv (000°) = Za (–8°) + Ct; Ct = –8°; *Ct (–8°) = dm (–6°) +* Δ; Desvío, Δ = **2° NW** *(Pregunta 1).*

Dv al faro de Punta Europa = Da (014°) + Ct (–8°); Dv = 006°; Dv inversa = 186°.
Dv al faro de Punta Carnero = Da (317°) + Ct (–8°); Da = 309°; Dv inversa = 129°.

Posición leída en la carta por su punto de cruce: **l = 36° 02,0' N; L = 005° 21,2' W** *(Pregunta 2).*

Desde la posición hallada, se traza la derrota para pasar a 3 millas al sur del faro de Isla Tarifa: *Rs (249°) = Rv + Abt (+5°);* Rv = 244°;
Rv (244°) = Ra + dm (–6°) + Δ *(–2°);* **Ra = 252°** *(Pregunta 3).*

A Vb = 8' se marca la posición estimada sobre la derrota a HO = 21.00 y a HO = 21.15.
A esta hora:

Dv al faro de Isla Tarifa = Rv (244°) + M/Er (116°); Dv = 360° (Dv inversa = 180°).
Dv al faro de Punta Cires = Rv (244°) + M/Br (–139°); Dv = 105° (Dv inversa = 285°).

Su punto de cruce nos aporta una situación verdadera a HO = 21.15: **l = 35° 56,3' N; L = 005° 36,7' W** *(Pregunta 4).*

A la vista de la situación observada tras el tn = 1h 15^m y la DSTn = 13,7 millas, el Ref = 245°; y la Vef = 10,7 nudos. Uniendo la situación estimada a HO = 21.00 y la observada, se obtiene el triángulo horario de corriente.

Rc real = 237,5° e Ihc real = 3 nudos *(Pregunta 5).*

Teniendo en cuenta la corriente hallada se traza desde «P» una derrota a «Q».
El Ref (COG) = 275°. Desde el extremo del Rc (237,5°) a Ihc = 3 nudos, se traza el Rs con la apertura del compás a Vb = 8 nudos hasta su corte con la derrota marcada. Así se cierra el nuevo triángulo horario de corriente hacia «Q»·Rs = 287,5°, con viento sur.
Rs (287,5°) = Ra + dm (–6°) + Δ *(+1°) + Abto (+5°);* en este caso, Rs = Ra.

Ra = 287,5°; Vef (SOG) = 10,2 nudos *(Pregunta 6).*
Como la Vef (SOG) = 10,2' y la DSTn = 21,7 millas hasta «Q» medidas sobre la carta, se puede calcular desde la HO = 21.15 de salida, que se tardarán

tn = 21,7/10,2; tn = 2,13 horas (2h 8^m)·HO de llegada a «Q» = **23h 23^m** *(Pregunta 7).*

Desde «Q» se traza otro triángulo horario de corriente con Rc = 237,5°; Ihc = 3′; Vb = 8′ y viento sur.
Rs = Ra (322°) + dm (–6°) + Δ (+1°) + Abto (+2°); Rs = 319°.
Trazando dicho vector Rs con Vb = 8′ desde el extremo del vector corriente, se obtiene el vector del nuevo **Ref (COG) = 300° y su Vef (SOG) = 9′** *(Pregunta 8).*

Consultado el Anuario de Mareas para el 16.12. en Barbate (puerto patrón, Cádiz) y las diferencias de Barbate con su puerto patrón (Ca):

Correcciones:

–20^{m} para la pleamar y la bajamar; –0,80 m la pleamar y –0,05 m la bajamar.

Cádiz, para el 16.12.: HTU = 02.14: 1,22 m (Bjm); HTU = 08.36: 2.61 m (Plm);
Barbate, para el 16.12.: HTU = 01.54: 1,17 m (Bjm); HTU = 08.16: 1,81 m (Plm);

Fondeo a HO = 03.35 (HTU = 02.35) • Intervalo = 41^{m}; Duración creciente = 6h 22^{m} (382^{m});
Am = 0,64 m; cos α = 180 • I (41^{m}) / Dc (382^{m}); α = 19,32°; cos α = +0,943689151;

Corrección aditiva, *CA = ½ Am (0,64 m) • (1 – cos α (19,32°))*; CA = 0,02 m.
Sonda momento *(Sm) = Sc (4 m) + Alt.Bjm (1,17 m) + CA (0,02 m)*; Sm = 5,19 m.

ABQ = Sm (5,19 m) – Calado (2,35 m); **ABQ = 2,84 m** *(Pregunta 9).*

03

Situación por dos marcaciones no simultáneas al mismo punto. Rumbo a determinado lugar. Cambio de rumbo con corriente desconocida. Hallar Rc e Ihc (sin recta auxiliar) y situación por enfilación + demora de aguja. Triángulo simple con corriente hallada.

Un yate se encuentra navegando al Ra = 142° y a Vb = 12', influido por un viento NE, que le produce un abatimiento de 6°. A HO = 02.20 marca el faro de Cabo Trafalgar al 052° por babor y toma azimut de aguja a la estrella Polar (supuesta en el polo) de Za = 008° NE.
A HO = 02.50 marca el mismo faro al 122°.
La declinación magnética para toda la zona de navegación es dm = 7° NW.
(Preguntas 1, 2.)

Una vez situado, y de acuerdo con la carta, se da rumbo de superficie al faro de sectores de Tánger situado sobre el Monte Dirección (su alcance de 11 millas no es suficiente para arrumbar a su luz). A este rumbo, persiste el viento que produce un Abto = 4°, Vb = 12 nudos, y no hay variación manifiesta de la corrección total. *(Pregunta 3.)*

Sigue navegando en las mismas condiciones. A HO = 04.20 calma el viento y entra en zona de corriente desconocida. En este momento cambia el rumbo para pasar a 7 millas del faro de Punta Europa. A este rumbo, $\Delta = +1{,}5°$. *(Preguntas 4, 5.)*

A HO = 05.20 cruza la enfilación del faro de Isla Tarifa con el Monte de San Bartolomé. Simultáneamente toma Da = 031,5° al faro de Punta Carnero. *(Preguntas 6, 7.)*

Situados y teniendo en cuenta la corriente hallada, da un rumbo efectivo de 050°. A este nuevo rumbo, $\Delta = +2°$. *(Pregunta 8.)*

Se pide:

1. Situación a HO = 02.20 .... **l = 36° 10,4' N; L = 006° 08,1' W**
2. Situación a HO = 02.50 .... **l = 36° 05,6' N; L = 006° 03,4' W**
3. Ra para ir al faro de Tánger .... **Ra = 150°**
4. Situación a HO = 04.20 .... **l = 35° 50,8' N; L = 005° 51,2' W**
5. Ra para pasar a 7' del faro de Punta Europa .... **Ra = 076,5°**
6. Situación observada a HO = 05.20 .... **l = 35° 56,0' N; L = 005° 30,8' W**
7. Rc y Ihc .... **Rc = 076°; Ihc = 5,2'.**
8. Ra y Vef a partir de HO = 05.20 .... **Ra = 044°; Vef = 16,5'**

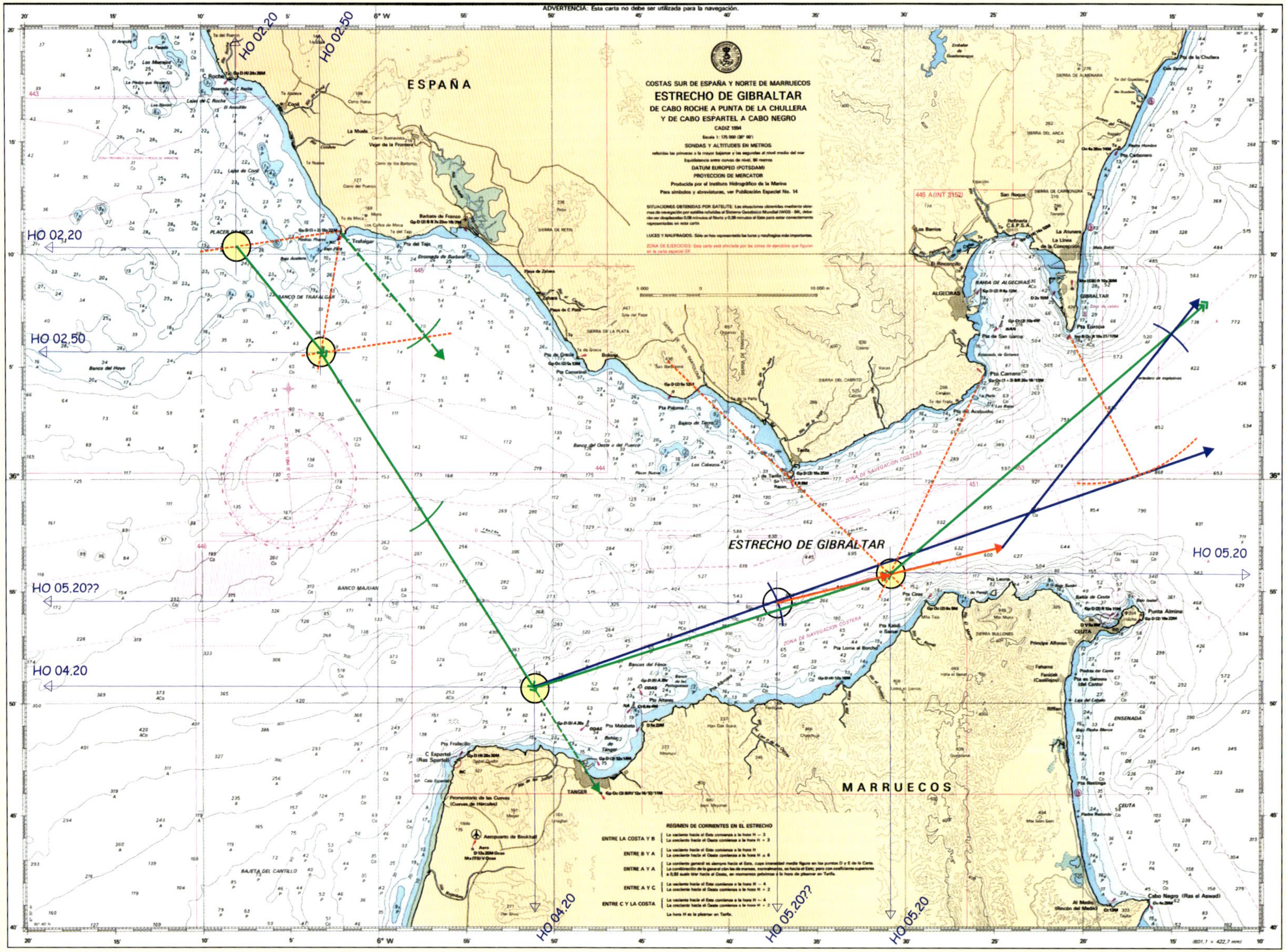
ADVERTENCIA: Esta carta no debe ser utilizada para la navegación.
COSTAS SUR DE ESPAÑA Y NORTE DE MARRUECOS
ESTRECHO DE GIBRALTAR
DE CABO ROCHE A PUNTA DE LA CHULLERA
Y DE CABO ESPARTEL A CABO NEGRO
CADIZ 1994
SONDAS Y ALTITUDES EN METROS
DATUM EUROPEO (POTSDAM)
PROYECCION DE MERCATOR
Producida por el Instituto Hidrográfico de la Marina
ESPAÑA
MARRUECOS
ESTRECHO DE GIBRALTAR
HO 02.20
HO 02.50
HO 04.20
HO 05.20??
HO 05.20
REGIMEN DE CORRIENTES EN EL ESTRECHO

Desarrollo del problema:

Situaciones observadas por dos marcaciones no simultáneas, conociendo el Rs y Vb:
Se halla la Ct por la polar. *Zv (0°) = Za (+8°) + Ct*; Ct = −8°
Se hallan las demoras verdaderas inversas en función de los rumbos verdaderos y las marcaciones. Se trazan sobre la carta desde el faro de Cabo Trafalgar, junto con el rumbo de superficie, que a su vez se delimita por la distancia navegada en los 30 minutos que separan las dos observaciones:

Rv = Ra (142°) + Ct (−8°); Rv = 134°; *Rs = Rv (134°) + Abto (6°)*; Rs = 140°
HO = 02.20: *Dv = Rv (134°) − M (52°) Br = 82° (+180°)*; (Dv inversa = 262°)
HO = 02.50: *Dv = Rv (134°) − M (122°) Br = 12° (+180°)*; (Dv inversa = 192°)
DSTn en 30^m = 12'/2; 6 millas al Rs = 140°

Trazando una paralela a la primera Dv desde el extremo del vector Rs, donde aquella corte a la segunda Dv, estará situado a HO = 02.50. Se anota esta situación y desde la misma se traza hacia atrás 6 millas de Rs. Donde el rumbo corte ahora la primera Dv será el punto de situación a HO = 02.20:

Situación a HO = 02.20: **l = 36° 10,4' N y L = 006° 08,1' W** *(Pregunta 1).*
Situación a HO = 02.50: **l = 36° 05,6' N y L = 006° 03,4' W** *(Pregunta 2).*

Desde esta posición se traza un rumbo al faro de Tánger:
Rs (146°) = Ra + Ct (−8°) + Abto (+4°) Er; **Ra = 150°** *(Pregunta 3).*

Desde HO = 02.50 hasta HO = 04.20 pasan 1h 30^m de navegación a 12 nudos. Es decir, la distancia navegada es de 18 millas hasta entrar en la zona de calma y de corriente desconocida: Situación a HO = 04.20:
l = 35° 50,8' N; L = 005° 51,2' W *(Pregunta 4).*

Desde esta posición se traza el rumbo tangente a un círculo a 7 millas del faro de Punta Europa. Este sería el supuesto rumbo verdadero, al haber calmado el viento y no conocer la corriente existente, *Rv (071°) = Ra + dm (−7°) NW + Δ (+1,5°) NE*; **Ra = 076,5°** para pasar a 7' del faro de Punta Europa *(Pregunta 5).*

Supuestamente se habrán navegado 12 millas sobre la derrota correspondiente al Rv = 071° y alcanzada la situación estimada de l = 35° 54,6' N y L = 005° 37,1' W a HO = 05.20.

Sin embargo, por el cruce de la enfilación de San Bartolomé y el faro de Isla Tarifa con la Dv al faro de Punta Carnero:

Dv a San Bartolomé = 312° (Dv inversa = 132°) y
Dv al faro de Punta Carnero: *Da (031,5°) + dm (–7°) + Δ (+1,5°);*
Dv = 026° (Dv inversa = 206°), se halla una situación verdadera de **l = 35° 56,0′ N** y **L = 005° 30,8′ W a HO = 05.20.** *(Pregunta 6).*

La unión entre «E» y «F» representa el rumbo de la corriente desconocida: **Rc = 076°** y su distancia es la **Ihc = 5,2′** *(Pregunta 7).*

Situados a HO = 05.20, y teniendo en cuenta la corriente hallada, se representa un Ref = 050° y una Vb = 12 nudos.

Construyendo el correspondiente triángulo horario de corriente, se encuentra para ello un Rv = 039° a partir de HO = 05.20. Aplicando la dm = 7° NW y Δ = +2° para este nuevo rumbo, se debe prever un **Ra = 044°** *(Pregunta 8).*

Una vez cerrado el triángulo de corriente, se mide sobre el vector del rumbo efectivo la **Vef = 16,5 nudos** *(Pregunta 8).*

04 Situación por ángulo horizontal y distancia, teniendo que hallar el desvío para trazar las demoras verdaderas. Corriente desconocida; rumbos, corriente supuesta y su rectificación una vez hallada por dos demoras simultáneas a dos puntos diferentes. Estima de situación directa, teniendo en cuenta la corriente (por rumbo y velocidad efectiva). Pleamar en puerto patrón.

A HO = 09.30 del 28.06. un yate navega cerca de la costa española con Ra = 243° y Vmq = 12 nudos. En este instante toma Da = 268° al faro de Punta Europa y Da = 190° al de Punta Almina, calculando una distancia de 10 millas al faro de Punta Carnero. La variación local es dm = 3° NW en toda la zona de navegación. La velocidad de máquina se mantiene constante durante toda la navegación. *(Preguntas 1, 2.)*

Situado, arrumba a un punto situado al norte y a 5 millas del faro de Punta Cires. A HO = 10.30 toma Da = 207° al faro de Punta Cires y Da = 272° al de Isla Tarifa, sin variar el desvío hallado. *(Preguntas 3, 4.)*

A partir de esta situación entra en zona de corriente supuesta, Rcs = 28° NE y 2,7′ de Ihc, poniendo rumbo a un lugar situado 7,5 millas al NW del faro de Cabo Espartel. Desvío a este rumbo, Δ = 2,5° NW. *(Pregunta 5.)*

A HO = 12.00 se toma Da = 197,5° al faro de Cabo Espartel y Da = 139° al de Punta Malabata. *(Preguntas 6, 7.)*

Situado y teniendo en cuenta la corriente verdadera hallada, el yate navega durante 6 horas a un rumbo verdadero, Rv = S 70 W. *(Pregunta 8.)*

Tiempo más tarde, el patrón del yate decide entrar en el puerto de Cádiz. En el momento de la segunda pleamar del día 30 de junio se encuentra en un fondeadero donde la carta náutica indica una Sc = 5,5 m. El calado del yate es de 2,35 m. El adelanto horario es HO = HTU + 2. *(Preguntas 9 y 10.)*

Se pide:

1. Situación a HO = 09.30 .... **l = 36° 06,6′ N; L = 005° 13,5′ W**
2. Desvío al Ra = 243° .... **Δ = 5° NE**
3. Situación a HO = 10.30 .... **l = 35° 59,4′ N; L = 005° 25,5′ W**
4. Hallar la corriente real y su intensidad horaria .... **Rc = 152°; Ihc = 1,4′**
5. Ra a partir de HO = 10.30 .... **Ra = 253°**
6. Situación a HO = 12.00 .... **l = 35° 55,5′ N; L = 005° 53,3′ W**
7. Rumbo e intensidad horaria de corriente .... **Rc = 297°; Ihc = 4,6′**
8. Situación estimada a HO = 18.00 .... **l = 35° 42,6′ N; L = 007° 46,9′ W**
9. HO de fondeo en el puerto de Cádiz .... **HO = 17.35**
10. Agua bajo quilla en el momento del fondeo .... **ABQ = 6,22 m**

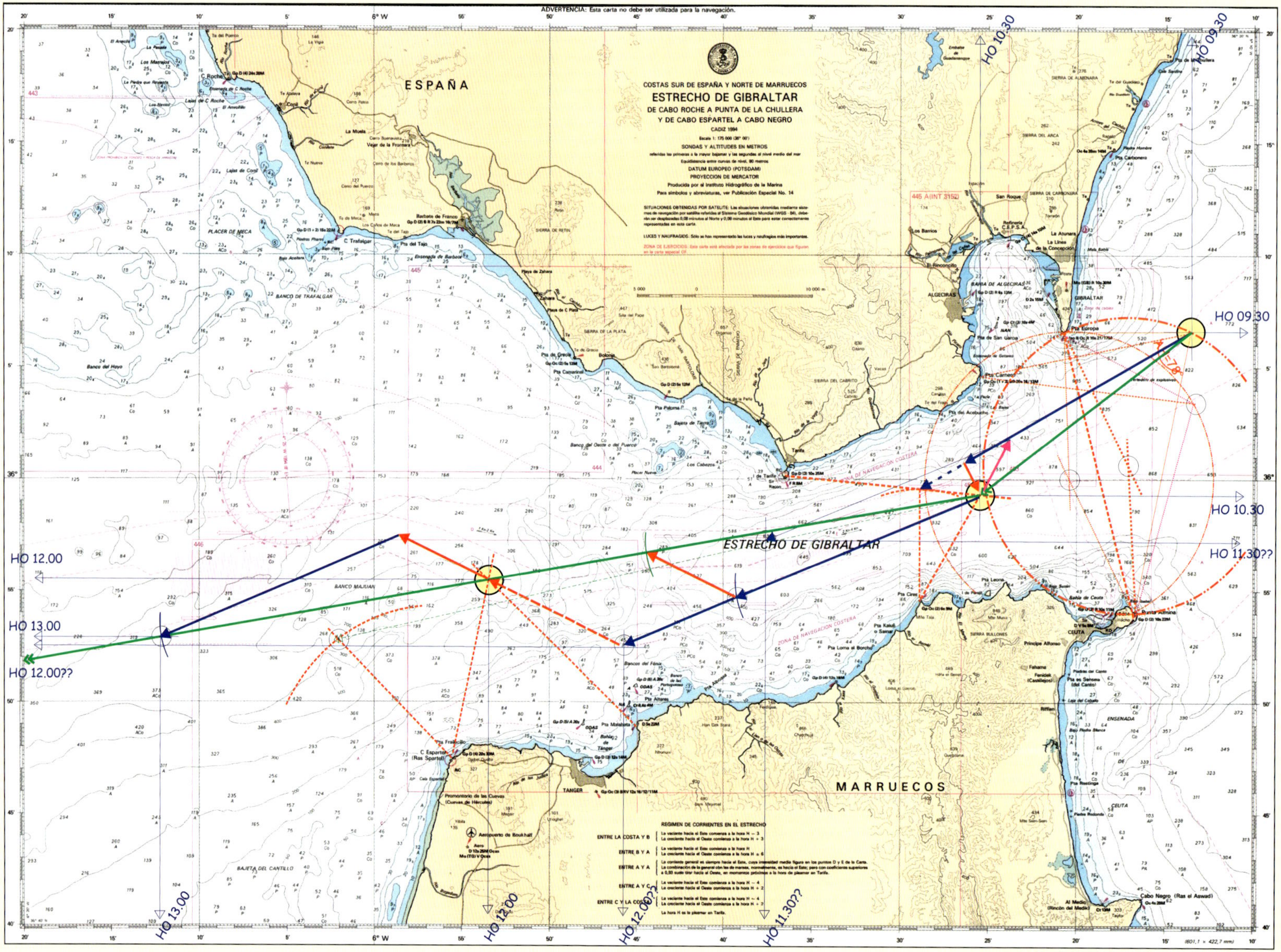

ADVERTENCIA: Esta carta no debe ser utilizada para la navegación.
COSTAS SUR DE ESPAÑA Y NORTE DE MARRUECOS
ESTRECHO DE GIBRALTAR
DE CABO ROCHE A PUNTA DE LA CHULLERA
Y DE CABO ESPARTEL A CABO NEGRO
CADIZ 1994
SONDAS Y ALTITUDES EN METROS
DATUM EUROPEO (POTSDAM)
PROYECCION DE MERCATOR
ESPAÑA
MARRUECOS
ESTRECHO DE GIBRALTAR
BANCO DE TRAFALGAR
PLACER DE MECA
BANCO MAJUAN
BAJETA DEL CANTILLO
C Trafalgar
Barbate de Franco
Tarifa
ALGECIRAS
GIBRALTAR
CEUTA
TANGER
C Espartel (Ras Spartel)
Cabo Negro (Ras el Aswad)
REGIMEN DE CORRIENTES EN EL ESTRECHO
HO 09.30
HO 10.30
HO 11.30??
HO 12.00
HO 12.00??
HO 13.00

Desarrollo del problema:

Se resuelve la situación por AH y DST. La diferencia entre las Da es el ángulo horizontal entre las dos referencias (AH = 078°). Uniendo las mismas y trazando hacia el Este de la línea de unión las líneas con α= *90°– AH (78°)*; α = 12°, se encuentra un punto de corte para apoyar el compás y trazar el arco capaz desde una referencia a la otra.
La posibilidad de resolver el arco capaz, situándose al oeste de la línea de referencia, no es acertada pues no cumple el ángulo inscrito al arco capaz de 78° (resulta superior a 90°). El trazo del arco capaz que inscribe ángulos de 78° no corta el lugar geométrico de los puntos que se encuentran a 10' de DST del faro de Punta Carnero.
Se traza ahora el punto de corte con una circunferencia de DST = 10 millas de radio, desde el faro de Punta Carnero. Así se obtiene una posición a

HO = 09.30: **l = 36° 06,6' N; L = 005° 13,5' W** *(Pregunta 1).*

Situados, se miden sobre la carta las Dv a las referencias del AH y se comparan con las Da. La diferencia de 2° entre las Dv se debe a la corrección total, Ct = +2°. Como se indica que la variación local de la zona es de 3° NW:

Ct (+2°) = dm (–3°) NW + Δ; Desvío, Δ = **+5° NE** *(Pregunta 2).*

Situados a HO = 09.30, se arrumba a un punto situado a 5 millas al norte del faro de Punta Cires: Rv = 240°. Tras una hora de navegación (HO = 10.30) se toman:

Da al faro de Punta Cires = 207°; *Dv = 207° + dm (–3°) +* Δ *(+5°)*; Dv = 209° (Dv inversa = 029°).
Da al faro de Isla Tarifa = 272°; *Dv = 272° + dm (–3°) +* Δ *(+5°)*; Dv = 274° (Dv inversa = 094°).

El punto de corte de las dos Dv da la posición verdadera a HO = 10.30; **l = 35° 59,4' N; L = 005° 25,5' W** *(Pregunta 3).*

El COG = 233,5° y el SOG = 12' hasta la situación verdadera alcanzada. La diferencia entre la posición estimada y la verdadera, representa el **Rc = 152°** y su largo, **Ihc = 1,4'** *(Pregunta 4).*

Entra en zona de corriente supuesta. Desde la posición hallada a HO = 10.30 pone rumbo a un lugar situado a 7,5 millas al NW del faro de Cabo Espartel. Ref = 257°. Se traza el triángulo de corriente supuesta y desde el vértice del vector Rc, se traza una limitación sobre el Ref correspondiente a Vb = 12'. Ello indica el Rv = 247,5°;

Rv (247,5°) = Ra + dm (–3°) + Δ *(–2,5°)*; **Ra = 253°** *(Pregunta 5).*

Tras 1,5 horas de navegación (HO = 12.00), se toma:
Al faro de Cabo Espartel, Dv = Da (197,5°) + dm (–3°) + Δ (–2,5°);
Dv = 192° (Dv inversa = 012°).
Al faro de Punta Malabata, Dv = Da (139°) + dm (–3°) + Δ (–2,5°);
Dv = 133,5° (Dv inversa = 313,5°).
La posición observada a HO = 12.00 corresponde a **l = 35° 55,5' N; L = 005° 53,3' W** *(Pregunta 6).*

En cambio, la posición estimada a HO = 12.00, tras navegar al Rv = 247,5° durante 1,5 horas es: l = 35° 52,2' N; y L = 005° 45,8' W. El vector de unión de las dos posiciones corresponde al Rc = 297° y la intensidad de corriente, dividida por el tn = 1,5 h, resulta **Ihc = 4,6'** *(Pregunta 7).*

Desde la situación observada a HO = 12.00 y con la corriente hallada, Rc = 297° e Ihc = 4,6' trazamos el triángulo para navegar durante 6 horas, a Vb = 12' y al Rv = 70° SW (250°).

Gráficamente podemos medir sobre la carta, un COG = 262° y SOG = 15,5 nudos. En 6 h, la DSTn a 15,5 nudos = 93 millas desde la situación: l = 35° 55,5' N y L = 005° 53,3' W. Por una estima directa se calcula la situación de llegada, 6 horas más tarde, a HO = 18.00:

Δl = DSTn (93)·cos Ref (262°); Δl = 12,9' al S; /2 (6,5' S); lm = 35° 49'; cos lm = 0,8109
A = DSTn (93)·sen Ref (262°); A = 92,1'; *ΔL = A / cos lm*; ΔL = 113,6' (1° 53,6' al W).

Situación a HO = 18.00: **l = 35° 42,6' N; L = 007° 46,9' W** *(Pregunta 8).*

Marea: En puerto patrón de Cádiz (según el Anuario de Mareas) a 30.06:

1ª Pleamar	HTU	03h 22^m	2,88 m
1ª Bajamar	HTU	09h 14^m	0,68 m
2ª Pleamar	HTU	15h 35^m	3,07 m
2ª Bajamar	HTU	21h 44^m	0,59 m

La llegada al fondeo de Cádiz en el momento de la 2ª pleamar se produce a HTU = 15h 35^m; como HO = HTU + 2; **HO = 17.35** *(Pregunta 9).*

A esta hora, la sonda momento es:
Sm = Sc (5,5 m) + Alt.Plm (3,07 m); Sm = 8,57 m.
Al ser el calado del barco = 2,35 m.:
ABQ = Sm (8,57 m) – Calado (2,35 m); **ABQ = 6,22 m** *(Pregunta 10).*

05 Situación por ángulo horizontal y demora de aguja. Corriente supuesta (recta auxiliar), varios rumbos, distancias y velocidades con corriente y viento. Situación por demora y distancia, hora oficial de llegada a puerto secundario, situación por estima sobre la carta y cálculo de estima indirecta.

A HO = 17.30 del 26.01. un yate navega con Ra = 200° (desvío Δ = 3° NW) y Vmq = 10 nudos, instante en el que se toma ángulo horizontal entre el faro de Punta Europa y el de Punta Carnero, AH = 47° y además se observa simultáneamente una Da = 297° al faro de Punta Carnero. La variación local, dm =3° NW y HO = HTU + 1 en toda la zona de navegación. (*Pregunta 1.*)

Situado, y teniendo en cuenta una corriente supuesta 70 SE con intensidad horaria de 2 nudos, arrumba para pasar a dos millas del faro de Isla Tarifa con viento norte, que le produce un abatimiento, Abto = 6°, (desvío, Δ = 4° NW).
A HO = 19.00 obtiene Da = 319° al faro de Isla Tarifa y a HO = 19.15 marcación al 085° por Er. *(Preguntas 2, 3, 4.)*

Desde la situación obtenida y teniendo en cuenta la corriente verdadera hallada, el yate se pone a Ra = 291° con un abatimiento de 5° y Δ = 3° NW. Al cortar el meridiano de L = 005° 50,0′ W, decide dirigirse a un punto «A», situado a 5,4 millas al 120° verdadero del faro de Cabo Trafalgar, modificando la velocidad de máquina para llegar a dicho punto 20 minutos antes de la próxima pleamar en el puerto de Barbate (abatimiento de 2° y Δ = 1° NW). *(Preguntas 5, 6, 7, 8.)*

Al ser HO = 21.30, cesa el viento y la corriente, recibiendo en este instante el yate la orden de dirigirse a un punto «B» situado en l = 35° 29,2′ N; L = 006° 42,7′ W con Vb = 10′, (Δ = 2° NW). *(Pregunta 9, y 10.)*

Se pide:

1. Situación observada a HO = 17.30 .... **l = 36° 02,6′ N; L = 005° 18,4′ W**
2. Ra para pasar a 2 millas del faro de Isla Tarifa .... **Ra = 273,5°**
3. Situación a HO = 19.15 .... **l = 35° 57,1′ N; L =005° 36,0′ W**
4. Rumbo e intensidad horaria de la corriente .... **Rc = 128°; Ihc = 2,2′**
5. Rumbo efectivo a partir de HO = 19.15 .... **Ref = 272,5°**
6. Latitud de estima y hora oficial al cortar el meridiano indicado .... **l = 35° 57,5′ N; HO = 20.39′**
7. Hora oficial de llegada al punto «A» .... **HO = 22.53**
8. Rumbo de aguja al punto «A» y velocidad efectiva .... **Ra = 333°; Vef = 5,3′**
9. Situación de estima a HO = 21.30 (de la carta) .... **l = 36° 01,6′ N; L = 005° 52,4′ W**
10. Rumbo verdadero, rumbo de aguja y hora oficial de llegada al punto «B» por cálculo de estima .... **Rv = 51,5 SW (231,5°); Ra = 236,5°; HO = 02.43 del 27 de enero**

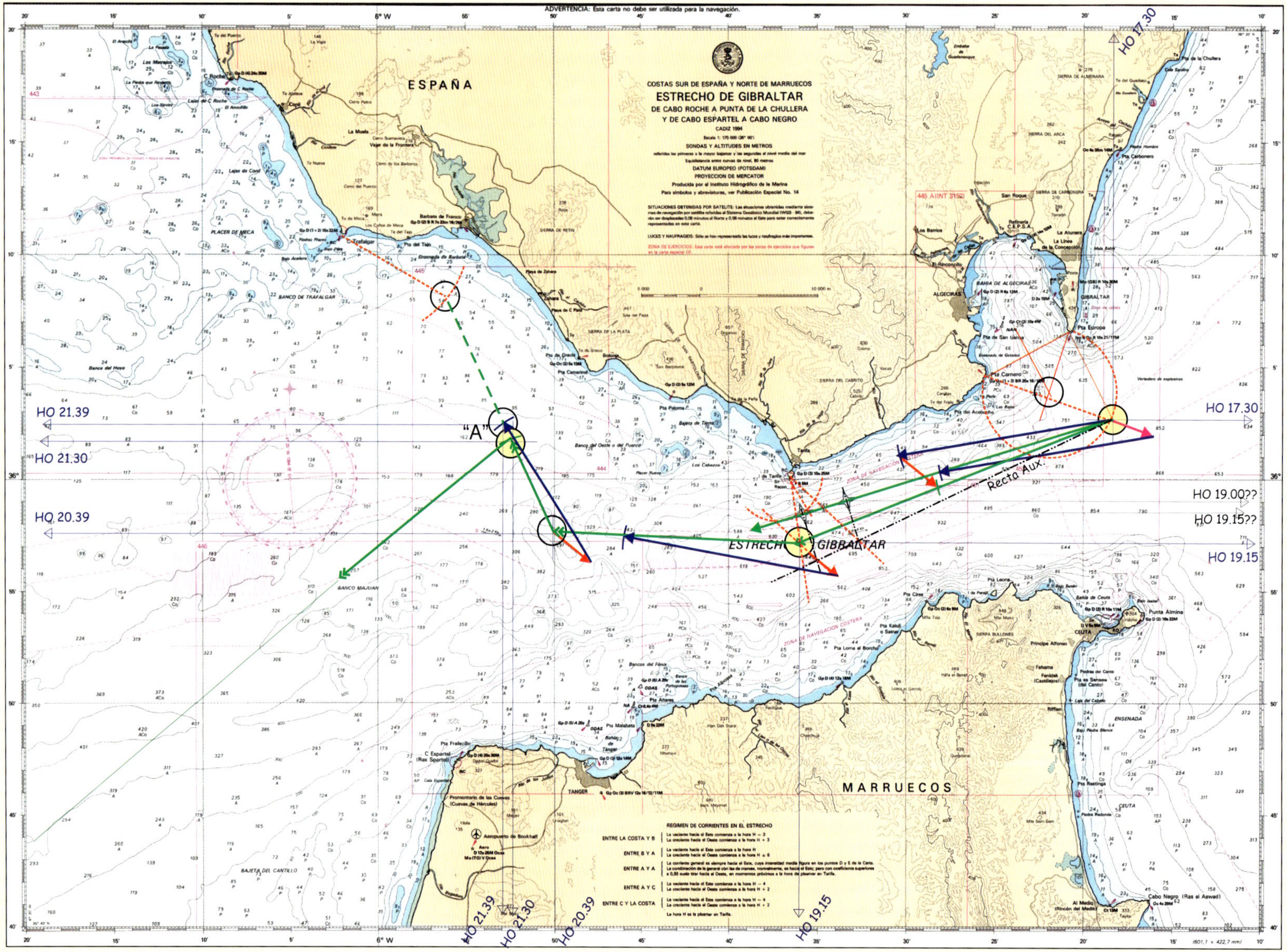

ADVERTENCIA: Esta carta no debe ser utilizada para la navegación.
COSTAS SUR DE ESPAÑA Y NORTE DE MARRUECOS
ESTRECHO DE GIBRALTAR
DE CABO ROCHE A PUNTA DE LA CHULLERA
Y DE CABO ESPARTEL A CABO NEGRO
CADIZ 1994
SONDAS Y ALTITUDES EN METROS
DATUM EUROPEO (POTSDAM)
PROYECCION DE MERCATOR
ESPAÑA
MARRUECOS
ESTRECHO DE GIBRALTAR
BANCO DE TRAFALGAR
PLACER DE MECA
BANCO MAJUAN
BAJETA DEL CANTILLO
TANGER
ALGECIRAS
GIBRALTAR
CEUTA
Tarifa
Pta Europa
Pta Carnero
Punta Almina
Cabo Negro (Ras el Aswad)
C Espartel (Ras Sportel)
REGIMEN DE CORRIENTES EN EL ESTRECHO
"A"
HO 21.39
HO 21.30
HO 20.39
HO 19.15
HO 17.30
HO 19.00??
HO 19.15??
Recta Aux.

Desarrollo del problema:

Se traza la línea de unión entre las dos referencias del AH. Hallamos el ángulo α = *90° – AH (47°)*; α = 43° y se trazan dos líneas con un ángulo de 43° desde los dos faros y hasta su corte, o bien, se halla su mediatriz para cortar con una de las líneas antes mencionadas. En el punto de corte se centra el compás con una apertura hasta uno cualquiera de los faros, trazando el arco capaz sobre la extensión de mar y hacia el lado en que sea coherente la inscripción del ángulo horizontal tomado originalmente, de 47°.
A continuación se calcula la Dv al faro de Punta Carnero:
Da (297°) + dm (–3°) + Δ *(–3°)*; Dv = 291° (Dv inversa = 111°).
Tras trazar la demora inversa desde el faro de Punta Carnero, se marca su corte con el arco capaz, obteniendo la situación observada a HO = 17.30: **l = 36° 02,6' N; L = 005° 18,4' W** *(Pregunta 1).*

Se traza un arco de 2 millas desde el faro de Isla Tarifa y una tangente al mismo desde la posición a HO = 17.30 como supuesta derrota (Ref = 253°) a realizar. Con la corriente supuesta indicada y con Vb=10' se traza el Rs = 260,5°.
Rs (260,5°) = Rv + Abto (–6°) Br; Rv = 266,5°;
Rv (266,5°) = Ra + dm (–3°) NW + Δ *(–4°) NW*; **Ra = 273,5°** *(Pregunta 2).* Vef = 8,4 nudos.

Se trazan las referencias al faro de Isla Tarifa:
HO = 19.00: *Dv = Da (319°) + Ct (–7°)*;
Dv = 312° (Dv inversa = 132°).
Y a HO = 19.15: *Dv = Rv (266,5°) + M (85° Er)*; Dv = 351,5° (Dv inversa = 171,5°).
Se traza una recta auxiliar desde la posición de salida, que cruce las demoras halladas.
Se marcan las situaciones estimadas a HO = 19.00 y HO = 19.15 mediante la Vef hallada de 8,4 nudos sobre la derrota prevista y que se supone efectiva. Por rectas proporcionales se resuelve gráficamente la situación verdadera:
1.° Sobre la recta auxiliar se une la situación estimada a HO = 19.00 con la primera Dv.
2.° Se traza una paralela a esta unión desde la situación estimada a HO = 19.15 hasta cruzar la recta auxiliar.
3.° Desde el último corte sobre la recta auxiliar, se traza una paralela a la primera Dv.
4.° La posición verdadera se encuentra sobre la segunda Dv, en el punto de corte de la paralela a la primera Dv:
Situación observada a HO = 19.15: **l = 35° 57,1' N; L = 005° 36,0' W** *(Pregunta 3).*

Uniendo la situación observada a HO = 19.15 con la de salida, se obtiene la derrota realizada realmente desde HO = 17.30 al Rs = 260,5°; Rv = 266,5°; Ra = 273,5° a Vb = 10' en tn = 1h 45^{m}; Ref (COG) = 249,5°; Vef (SOG) = 8,65'.
Con estos datos se representa el nuevo triángulo horario de corrientes desde la posición de salida. Uniendo la situación estimada a HO = 18.30 y la real, se obtiene gráficamente el vector corriente: **Rc = 128°; Ihc = 2,2'** *(Pregunta 4).*

Con la corriente hallada se representa el triángulo de corriente desde la situación a HO = 19.15: Rc = 128°; Ihc = 2,2' y *Rs = Ra (291°) + dm (–3°) + Δ (–3°) + Abto N (–5°) Br*; Rs = 280°; Vb = 10'. Se cierra este triángulo horario desde las HO = 19.15 con Vef = 8,2' y **Ref = 272,5°** *(Pregunta 5)*.

Prolongando el vector del COG hallado hasta cortar el meridiano de L = 005° 50' W, la DSTn = 11,5 millas. En consecuencia, se tardan 1h 24^m en: cruzar el meridiano a **HO = 20.39** y en **l = 35° 57,5' N** *(Pregunta. 6)*.

Se representa sobre la carta el punto «A», a 5,4 millas al 120° verdadero del faro de Cabo Trafalgar. Se unen las dos situaciones mediante la derrota de Ref = 335° y DST = 11,8 millas. Según el Anuario de Mareas, el día 26.01. se produce la 2ª pleamar en Cádiz (puerto patrón de Barbate) a HTU = 22.33 con una altura de marea de 2,84 m. Corrigiendo para Barbate (su puerto secundario), queda HTU = 22.13 con una altura de pleamar de 2,55 m.
La hora oficial con 20 minutos de antelación a la 2ª pleamar de Barbate el día 26.01. y considerando el adelanto horario HO + 1 en esta época del año será, por lo tanto: **HO = 22.53** *(Pregunta 7)*.

A consecuencia de lo anterior, debe realizarse la travesía de 11,8 millas, desde la situación a HO = 20.39 hasta el punto «A», en 2h 14^m al COG (Ref) = 335°.
Ello supone una **Vef (SOG) = 5,3'** *(Pregunta 8)*.
Con los datos conocidos de corriente, SOG y COG se traza el correspondiente triángulo: Vb = 7,4'; *Rs (327°) = Ra + dm (–3°) NW + Δ (–1°) NW + Abto N (–2°) Br*; **Ra = 333°** *(Pregunta 8)*.

Conocida la velocidad efectiva, se marca en la carta la situación tras tn = 51^m desde HO = 20.39. Es decir, a HO = 21.30, se sitúa en **l = 36° 01,6' N; L = 005° 52,4' W** *(Pregunta 9)*.

Por un cálculo de estima indirecta se halla el rumbo y la distancia navegada hasta el punto «B», de coordenadas l = 35° 29,2' N; L = 006° 42,7' W, a una Vb = 10 nudos, sin viento ni corriente y con Δ = 2° NW:
Δl = 32,4' al S; /2 = 16,2' al S; *lm = 35° 29,2' N + 16,2'*; lm = 35° 45,4' N;
ΔL = 50,3' al W; *A = ΔL (50,3')·cos lm (0,811505995)*; A = 40,82' al W.
tg Rv = A (40,82') / Δl (32,4'); Rv = 51,56°; Rv = 51° 30' SW (231,5°) *(Pregunta 10)*.
Rv (231,5°) = Ra + dm (–3°) + Δ (–2°);
Ra = 236,5° *(Pregunta 10)*.

La *DSTn = Δl (32,4') / cos Rv (0,621706897)*; DSTn = 52,1 millas a 10 nudos; tn = 5h 13^m. Sumadas a HO = 21.30, la llegada al punto «B» se producirá a **HO = 02.43 del día siguiente, 27.01** *(Pregunta 10)*.

06 Estima indirecta con viento. Corrección total por azimut de aguja de la estrella (*) Polar. Situación por ángulo horizontal + demora de aguja. Rumbo con viento para pasar por un lugar. Situación por rumbo y demora verdadera. Dos triángulos simples de corriente conocida. Llegada a puerto secundario a una hora oficial y con una altura de marea determinada.

Un 16 de diciembre a HO = 04.25 un yate navega a 8 nudos desde una posición de l = 36° 18,5′ N; L = 003° 13,8′ W hacia un punto «P», situado a 6 millas al NE del faro de Punta Almina con un viento sur, que le produce un abatimiento de 8°.
La lectura del azimut de aguja a la estrella Polar es Za = 008°, suponiéndola al N.
La variación local en toda la zona de navegación es dm = 3° NW y HO = HTU + 1.
(Preguntas 1, 2.)

A la HO = 14.30 se observan los faros de Punta Cires y Punta Carnero con un ángulo horizontal, AH = 66,5° y se toma demora de aguja al faro de Punta Cires, Da = 261°.
(Pregunta 3.)

Situado y calmado el viento, se reduce ligeramente la velocidad de máquina y se da rumbo para pasar a 3,4 millas al norte del faro de Punta Malabata. En determinado momento se marca el faro de Punta Alcázar al 260°. *(Pregunta 4, 5.)*

A HO = 19.30 el yate se sitúa en la posición de l = 35° 50,0′ N; L = 006° 00,0′ W, donde queda sometido a una corriente del WNW de 3 nudos de intensidad horaria. Desde esta posición, considerando la corriente y aumentando de nuevo la velocidad de máquina a 8 nudos, arrumba al faro de Cabo Roche (Δ = 2° NW). Cuando el yate se encuentra a 4,5 millas del faro de Cabo Trafalgar y simultáneamente a 9 millas del faro de Barbate, decide virar y entrar en dicho puerto a HO = 23.00, amarrando en un lugar que presenta una sonda carta, Sc = 3,3 m (Δ = 0° al nuevo rumbo). *(Preguntas 6, 7, 8, 9 y 10.)*

Se pide:

1. Rumbo de aguja y tiempo navegado al punto «P» .... **Ra = 258°; tn = 12h 10^m**
2. Velocidad de máquina para llegar a «P» a HO = 14.27 .... **Vmq = 9,7′**
3. Situación a HO = 14.30 .... **l = 35° 57,3′ N; L = 005° 17,8′ W**
4. Situación y Vmq al marcar Punta Alcázar al 260° .... **l = 35° 54,2′ N; L = 005° 35,3′ W; Vmq = 7′**
5. Hora oficial en el momento de marcar Punta Alcázar .... **HO = 16.34**
6. Rumbo de aguja para arrumbar a Cabo Roche .... **Ra = 009°**
7. Hora oficial en el momento de virar hacia Barbate .... **HO = 21.26**
8. Situación al arrumbar al puerto de Barbate .... **l = 36° 07,4′ N; L = 006° 05,2′ W**
9. Rumbo verdadero y rumbo de aguja
   para llegar a Barbate a HO = 23.00 .... **Rv = 082°; Ra = 085°**
10. Altura de marea y Sm al llegar para amarrar en Barbate .... **Alt.Marea = 1,74 m; Sm = 5,04 m**

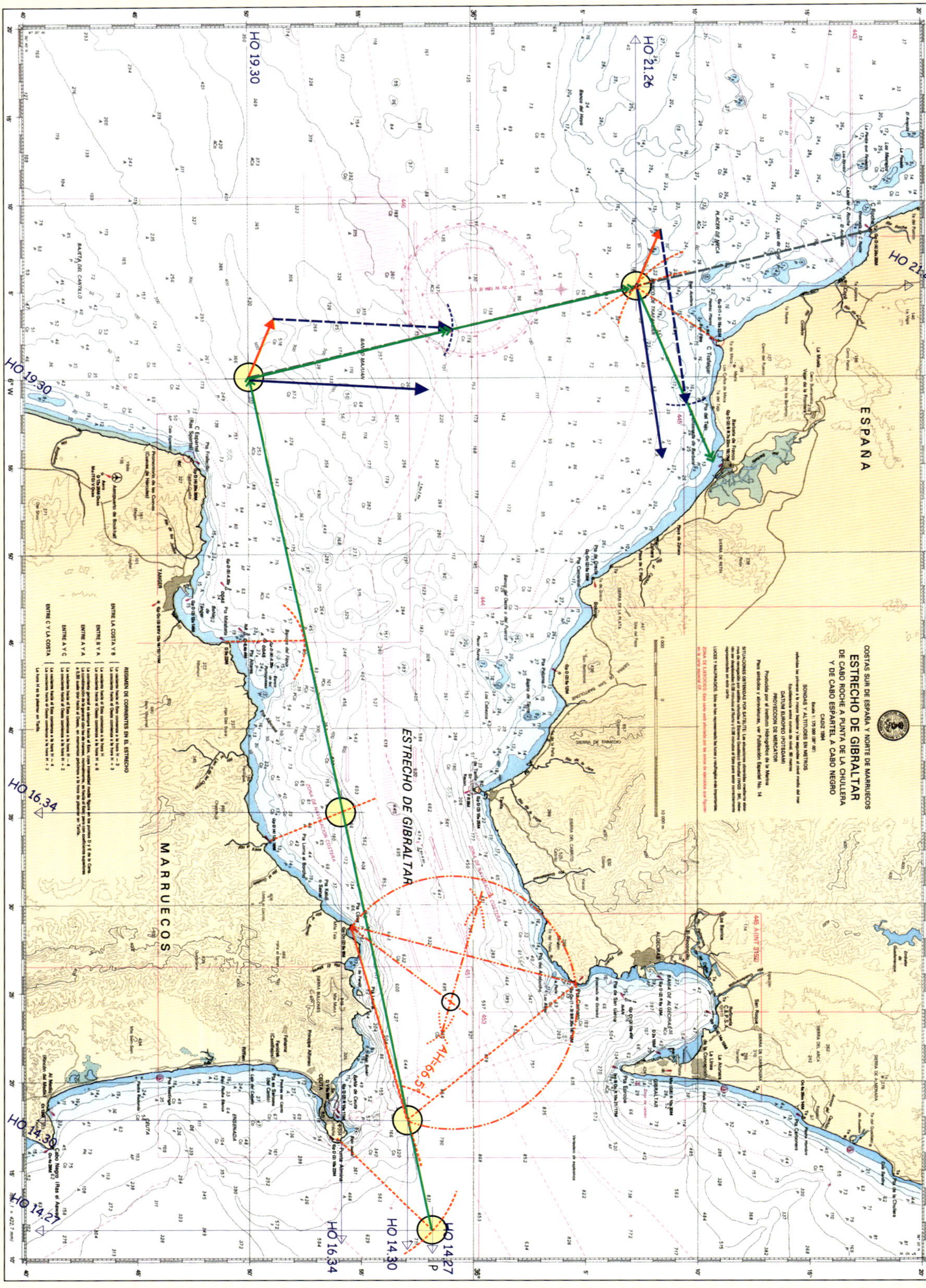

COSTAS SUR DE ESPAÑA Y NORTE DE MARRUECOS
ESTRECHO DE GIBRALTAR
DE CABO ROCHE A PUNTA DE LA CHULLERA
Y DE CABO ESPARTEL A CABO NEGRO
ESPAÑA
MARRUECOS
ESTRECHO DE GIBRALTAR
HO 21.26
HO 19.30
HO 16.34
HO 14.30
HO 14.27

Desarrollo del problema:

Por observación del azimut de aguja a la estrella Polar:
*Zv*Polar (000°) = Za (008°) + Ct;* Ct = –8° (NW).

Se traza el punto «P» mediante la Dv = NE a 6 millas del faro de Punta Almina.
Situación de «P»: l = 35° 58,2′ N; L = 005° 11,5′ W.
El R y la DST entre la situación de salida y «P» se hallan mediante un cálculo de estima indirecta: Δl = 20,3′ al **S;** (/2 = 10,15′); lm = l de «P» (35° 58,2′ N) + 10,15′;
lm = 36° 08,35′ N; cos lm = 0,807586928.
ΔL =1° 57,7′ (117,7 ′) al W*;*
A = ΔL (117,7′)·cos lm (0,8076); A = 1° 35,05′ (95,05′) al W.
tg R = A (95,05′) / Δl (20,3′); Rs = 77,94°; Rs = 78°SW (258°);
Rs (258°) = Rv + Abto (+8°); Rv = 250°·*Rv (250°) = Ra + Ct (–8°)*; **Ra = 258°** *(Pregunta 1).*
DSTn = Δl (20,3′) / cos Rs (258°); DSTn = 97,2 millas a Vmq = 8′; **tn = 12h 10^{m}** *(Pregunta 1).*

Para navegar en estas condiciones la distancia de 97,2 millas desde HO = 04.25 en 10h 02^{m} y llegar al punto «P» a HO = 14.27 debe dar al yate una **Vmq = 9,7 nudos** *(Pregunta 2).*

A HO = 14.30 se ven los faros de Punta Cires y de Punta Carnero con un ángulo horizontal, AH = 66,5° y simultáneamente se obtiene una Da = 261° al faro de Punta Cires. Se calcula el ángulo α = *90° – AH (66,5°)*; α = 23,5°.
Para hallar el arco capaz correspondiente al AH tomado, se unen las dos referencias con una recta y, desde sus extremos se trazan dos rectas que forman el ángulo α (23,5°) con la recta de unión. En el punto de corte se centra la punta del compás y se traza el arco capaz que une los faros de Punta Cires y Punta Carnero.

Dv al faro de Punta Cires = Da (261°) + Ct (–8°); Dv = 253° (Dv inversa = 073°).

El punto de corte de la Dv al faro de Punta Cires y el arco capaz hallado indica nuestra posición verdadera a HO = 14.30: **l = 35° 57,3′ N; L = 005° 17,8′ W** *(Pregunta 3).*

Desde la situación a HO = 14.30 y calmado el viento, se traza el rumbo para pasar a 3,4 millas al N del faro de Punta Malabata, cuya medición sobre la carta da Rv = 258°.
A este rumbo, cinco horas más tarde, a HO = 19.30, se encuentra el yate en l = 35° 50,0′ N; L = 006° 00,0′ W, habiendo recorrido 35 millas a 7 nudos. En este momento la demora verdadera al faro de Punta Alcázar es:
Dv = Rv (258°) + M (260°); Dv = 518° – 360°; Dv = 158° (Dv inversa = 338°).
El punto de corte de esta demora con la derrota del yate da la situación de **l = 35° 54,2′ N; L = 005° 35,3′ W** a 14,5 millas de «P» y **Vmq = 7 nudos** *(Pregunta 4).*

La DSTn de 14,5 millas a Vb=7′, nos permite calcular el tn = 2h 04^{m} desde «P» a HO = 14.30. Esta situación la atravesamos a **HO = 16.34** *(Pregunta 5).*

Desde la posición a HO = 19.30 de l = 35° 50,0′ N; L = 006° 00,0′ W se traza el vector de Rc = WNW (292,5°), de Ihc = 3′. También la derrota directa al faro de Cabo Trafalgar (Ref = 345°). Desde el extremo del vector de corriente, se traza un arco de 8 nudos de Vmq. El corte con la derrota directa al faro de Cabo Trafalgar, cierra el triángulo de corriente: Vef = 9,3′ y Rv = 004°.

Rv (004°) = Ra + Δ (–2°) NW + dm (–3°) NW; **Ra = 009°** *(Pregunta 6).*

La distancia navegada hasta virar hacia Barbate resulta de 12,5 millas, a la Vef = 9,3′ y se cubrirá tras 116,1 minutos (1h 56^m) de navegación, es decir a **HO = 21.26** *(Pregunta 7).*

En situación de **l = 36° 07,4′ N; L = 006° 05,2′ W** *(Pregunta 8).*

Para arrumbar a la luz roja de la bocana de Barbate, a 8,6 millas de distancia, resulta un Ref = 61,5°, donde se desea llegar a HO = 23.00, es decir en 1h 34^m (94^m). Vef = 5,5′. Se traza el vector WNW de 3 nudos, correspondiente a la corriente y se marca la Vef sobre la derrota a puerto. Desde el extremo del vector de corriente se traza la unión con la marca situada sobre la derrota efectiva.

Rv = 082°; Ra = 085° y Vb = 7,9′ *(Pregunta 9).*

Marea en Barbate el 16.12.

	H.Plm	H.Bjm	Alt.Plm	Alt.Bjm
Diferencia con su puerto patrón (Cádiz):	–0h 20^m	–0h 20^m	–0,80	–0,05
	HTU	**ALT**	**HTU**	**ALT**
Horario y alturas de marea en Cádiz: 16.12.	02h 14^m	1,22 m	01h 54^m	1,17 m
y corregidos para Barbate	08h 36^m	2,61 m	08h 16^m	1,81 m
	14h 55^m	1,05 m	14h 35^m	1,00 m
	21h 22^m	2,58 m	***21h 02^m***	***1,78 m***
Horario y alturas de marea en Cádiz: 17.12.	03h 25^m	1,14 m	***03h 05^m***	***1,09 m***
y corregidos para Barbate	09h 44^m	2,67 m	09h 24^m	1,87 m

Hora de llegada: HTU = 22.00 (HO – 1); Sm = Sc (3,30 m) + Alt.Bjm (1,09 m) + CA

Amplitud de marea: 1,78 m – 1,04 m; Alt. marea = 0,69 m.
Intervalo: 22.00 ⇒ 03.05; I = 5h 05^m (305^m).
Duración de la vaciante: 21.02 ⇒ 03.05; D = 6h 03^m (363^m).

α = *180^m·I (305^m) / Dv (363^m)*; cos α = –0,87664; (1 – cos α) = 1,87664

CA = ½ Am (0,69 m)·(1,87664); CA = 0,64744 m

Sm = Sc (3,30 m) + Alt.Bjm (1,09 m) + CA (0,65 m); **Sm = 5,04 m** *(Pregunta 10).*

Altura de Marea = Alt.Bjm (1,09 m) + CA (0,65 m); **Alt.Marea = 1,74 m** *(Pregunta 10).*

07 Corrección total por azimut de aguja a la estrella Polar. Situación por demora e isobática (veril). Corriente supuesta, situación por estima, confirmada por una situación verdadera con dos demoras; Rc e Ihc real; sonda del momento y cálculo de estima indirecta.

El día 18.12. navega un yate cerca de la costa de África con Vmq = 11' y Ra = 250°, se observa un azimut de aguja a la estrella Polar, supuesta en el polo, de Za = 352°. *(Pregunta 1.)* La variación local de toda la zona de navegación, dm = 5° NW y HO = HTU + 1.

A HO = 21.30, obtiene marcación al faro de Punta Alcázar, M = 061° por Br. Sigue navegando en las mismas condiciones hasta HO = 22.00 (Punto «A»), momento en que efectúa una lectura de sonda de 100 m. *(Pregunta 2.)*

Situado en «A», entra en zona de corriente supuesta, de Rc = 63 NW e Ihc = 2 nudos, dando rumbo a un buque al garete, que pide auxilio y que se encuentra en la zona de influencia de la corriente, en l = 35° 52,6' N; L = 006° 19,0' W (Punto «D»). Puesto a rumbo, la tablilla de desvíos del yate marca Δ = 4° NE y su Vmq sigue dando 11 nudos. *(Pregunta 3.)*

A HO = 23.20 estima encontrarse en la situación «C», donde observa simultáneamente demora de aguja, Da = 162° al faro de Cabo Espartel y Da = 116° al de Punta Malabata, lo cual le permite calcular la corriente real que le afectaba al yate desde HO = 22.00. (Preguntas 4, 5, 6.)

Habiendo llegado al lugar de encuentro con el barco en peligro (situación «E») y realizado el socorro, remolca el buque auxiliado hasta el puerto de Tánger, donde llega al día siguiente, 19.12. a HO = 20.00, atracando en un lugar de sonda de carta, Sc = 1,25 m y presión atmosférica de 1.025 hPa. (Preguntas 7, 8, 9.)

Más tarde, en zona libre de corriente y de viento y en situación estimada de l = 35° 52,5' N; L = 006° 24,3' W, da rumbo a un lugar «P» de l = 33° 08,0' N; L = 010° 54,0' W. *(Pregunta 10.)*

Se pide:

1. Corrección total por azimut de la Polar .... **Ct = +8° NE**
2. Situación «A», observada a HO = 22.00 .... **l = 35° 52,6' N; L = 005° 39,2' W**
3. Ra para auxiliar al otro buque, a HO = 22.00 .... **Ra = 271°**
4. Situación «B», observada a HO = 23.20 .... **l = 35° 54,2' N; L = 005° 58,2' W**
5. Rumbo de corriente e Ihc reales desde HO = 22.00 .... **Rc = 337,5°; Ihc = 1,4'**
6. Rumbo y velocidad efectivos reales para ir al socorro .... **COG = 276°; SOG = 11,6 nudos**
7. Posición «E» de encuentro de los dos barcos .... **l = 35° 56,2' N; L = 006° 21,7' W**
8. HO de encuentro .... **HO = 00h 56^m del 19.02**
9. Sm y altura de marea en el puerto de Tánger .... **Sm = 1,60 m; Alt.Marea = 0,35 m**
10. Rv y DST para ir a «P» .... **Rv = S 53,5 W; DSTn = 276,5 millas**

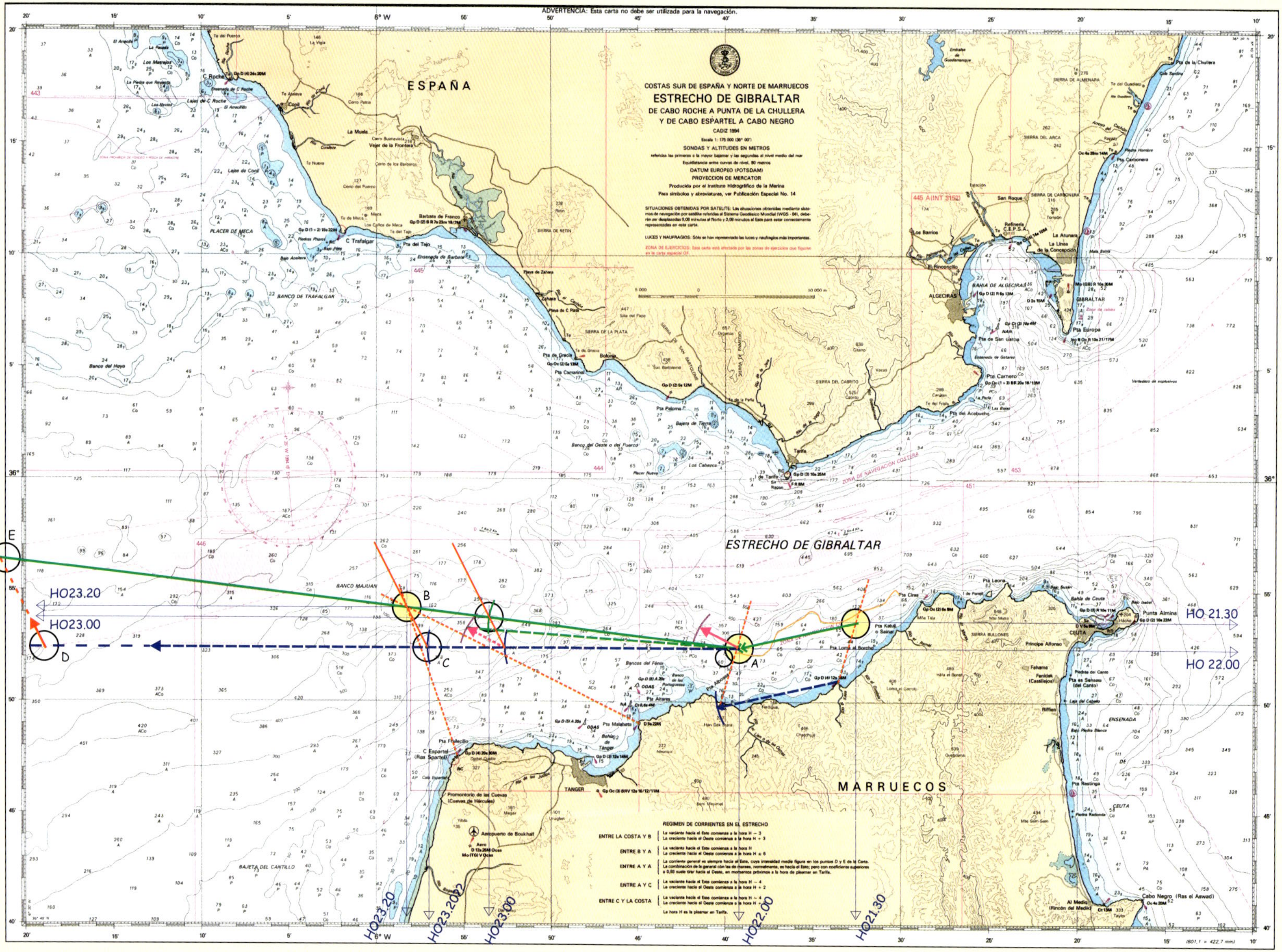
ADVERTENCIA: Esta carta no debe ser utilizada para la navegación.
COSTAS SUR DE ESPAÑA Y NORTE DE MARRUECOS
ESTRECHO DE GIBRALTAR
DE CABO ROCHE A PUNTA DE LA CHULLERA
Y DE CABO ESPARTEL A CABO NEGRO
CADIZ 1994
Escala 1: 175 000 (36° 00')
SONDAS Y ALTITUDES EN METROS
referidas las primeras a la mayor bajamar y las segundas al nivel medio del mar
Equidistancia entre curvas de nivel, 80 metros
DATUM EUROPEO (POTSDAM)
PROYECCION DE MERCATOR
Producida por el Instituto Hidrográfico de la Marina
Para símbolos y abreviaturas, ver Publicación Especial No. 14
SITUACIONES OBTENIDAS POR SATELITE: Las situaciones obtenidas mediante sistemas de navegación por satélite referidas al Sistema Geodésico Mundial (WGS - 84), deberán ser desplazadas 0,08 minutos al Norte y 0,08 minutos al Este para estar correctamente representadas en esta carta.
LUCES Y NAUFRAGIOS: Sólo se han representado las luces y naufragios más importantes.
ZONA DE EJERCICIOS: Esta carta está afectada por las zonas de ejercicios que figuran en la carta especial OF.
ESPAÑA
MARRUECOS
ESTRECHO DE GIBRALTAR
ZONA DE NAVEGACION COSTERA
C Roche
C Trafalgar
PLACER DE MECA
BANCO DE TRAFALGAR
Banco del Hoyo
BANCO MAJUAN
BAJETA DEL CANTILLO
Barbate de Franco
Tarifa
ALGECIRAS
BAHIA DE ALGECIRAS
GIBRALTAR
Pta Europa
La Línea de la Concepción
San Roque
Pta Carnero
TANGER
C Espartel (Ras Spartel)
Promontorio de las Cuevas (Cuevas de Hércules)
Aeropuerto de Boukhalf
Pta Malabata
CEUTA
Punta Almina
Bahía de Ceuta
Principe Alfonso
Cabo Negro (Ras el Aswad)
Al Medio (Rincón del Medio)
ENSENADA DE CEUTA
SIERRA BULLONES
SIERRA DEL CABRITO
SIERRA DE LA PLATA
SIERRA DE RETIN
Bancos del Fénix
Bajo Aceitera
Banco del Oeste o del Puerco
Los Cabezos
REGIMEN DE CORRIENTES EN EL ESTRECHO
ENTRE LA COSTA Y B: La vaciante hacia el Este comienza a la hora H – 3 / La creciente hacia el Oeste comienza a la hora H + 3
ENTRE B Y A: La vaciante hacia el Este comienza a la hora H / La creciente hacia el Oeste comienza a la hora H ± 6
ENTRE A Y A: La corriente general es siempre hacia el Este, cuya intensidad media figura en los puntos D y E de la Carta. La combinación de la general con las de mareas, normalmente, es hacia el Este; pero con coeficientes superiores a 0,90 suele tirar hacia el Oeste, en momentos próximos a la hora de pleamar en Tarifa.
ENTRE A Y C: La vaciante hacia el Este comienza a la hora H – 4 / La creciente hacia el Oeste comienza a la hora H + 2
ENTRE C Y LA COSTA: La vaciante hacia el Este comienza a la hora H – 4 / La creciente hacia el Oeste comienza a la hora H +
La hora H es la pleamar en Tarifa.
A
B
C
D
E
HO23.20
HO23.00
HO 21.30
HO 22.00
HO23.2022
HO22.00
HO21.30

Desarrollo del problema

Se calcula la corrección total por *Zv*Polar (360°) = Za* (352°) + Ct*; **Ct = +8° NE** *(Pregunta 1)*.

A HO = 21.30, Dv al faro de Punta Alcázar:
Dv = Ra (250°)+ Ct (+8°) – M/Br (61°); Dv = 197° (Dv inversa = 017°).

A HO = 22.00, sonda 100 m. Se traza desde el faro de Punta Alcázar un Rv (258°) delimitando el vector mediante una DST = 5,5′ navegadas en 30 minutos a Vmq = 11 nudos. En el extremo del vector rumbo se traza una paralela a la Dv calculada. En el corte con la isobática de los 100 m se obtiene la situación «A», a HO = 22.00:
l = 35° 52,5′ N; L = 005° 39,2′ W *(Pregunta 2)*.

Se representa en la carta la posición «D» del buque en demanda de auxilio. El rumbo que une la posición «A» con la «D» será el Rv = 270° pues no hay cambio de latitud.
Rv (270°) = Ra + Δ (+4° NE) + dm (–5° NW); **Ra = 271°** *(Pregunta 3)*.

Este Ra = 271°, obtenido en función de la nueva Ct = –1°, ha de mantenerse para ir en auxilio del buque a Vmq = 11 nudos, ya que ambos se encuentran sometidos a la misma corriente supuesta.
A HO = 23.20 se marca sobre el Rv = 270° la situación estimada «C», a las 14,6 millas navegadas desde «A» con Vmq = 11 nudos en 1h 20^{m}.

También se trazan las 2 demoras observadas a HO = 23.20:
Dv al faro de Cabo Espartel = Da (162°) + Ct (–1° NW); Dv = 161° (Dv inversa = 341°).
Dv al faro de Cabo Malabata = Da (116°) + Ct (–1° NW)); Dv = 115° (Dv inversa = 295°).
Por corte de las dos demoras se halla la situación verdadera «B», observada a HO = 23.20: **l = 35° 54,2′ N; L = 005° 58,2′ W** *(Pregunta 4)*.

Uniendo la posición estimada «C» con la «B» observada a HO = 23.20 entre sí y con el punto de origen «A», obtenemos el triángulo para 1h 20^{m} de la corriente realmente existente. La Ihc se obtiene de dividir su largo por 1,3h; **Ihc = 1,4′; Rc = 337,5°** *(Pregunta 5)*.
Ahora se conoce el **Ref (COG) = 276°** y la **Vef (SOG) = 11,6 nudos** *(Pregunta 6)*.

Uniendo el vector del Ref desde la posición «A» y el de la corriente desde la posición «D», encontramos la situación «E» a la que se encontrarán los dos barcos. Aunque se encuentra fuera de los límites de la carta 105, el intervalo aún permite una lectura extrapolada desde sus márgenes con la suficiente precisión: Situación «E»: **l = 35° 56,2′ N; L = 006° 21,7′ W** *(Pregunta 7)*.

Conociendo la posición de encuentro, se mide sobre la carta la distancia entre la posición «A» y «E», DSTn = 34,1 millas que se navegan a un SOG = 11,6 nudos:

tn = DSTn (34,1') / Vef (11,6'); tn = 2h 56^m desde la HO = 22.00:
HO del encuentro en «E»: **HO = 00h 56^m** del día siguiente, 19.12. *(Pregunta 8).*

Al entrar en el puerto patrón de Tánger a HO = 20.00, y saber que el adelanto horario oficial es de HO = HZ + 1, hemos de analizar la situación de mareas a HTU = 19.00 en dicho puerto a 19 y 20 de diciembre:

Horas y alturas de pleamar y bajamar:

05h 54^m	0,55 m
12h 21^m	2,11 m
18h 19^m	**0,42 m**
00h 50^m	**2,21 m**

Am = 2,21 – 0,42 = 1,79 m
Intervalo = 19.00 – 18.19 = 41^m
D = 00.50 – 18.19 = 6h 31^m (391^m)

Sm = Sc (1,25) + Alt.Bjm (0,42) + Corrección aditiva + Corrección barométrica (–0,12)
CA = ½ Am (1,79)·(1 – cos α); α = 180'·I (41') / Dc (391'); α = 18,875°;
cos α = 0,946228409; CA = 0,05 m;
Sm = 1,60 m; *Alt.Marea = Sm (1,60) – Sc (1,25)*; **Alt.Marea = 0,35 m** *(Pregunta 9).*

Cálculo de estima para llegar a la posición «P»:

Δl = 2° 44,5' (164,5' S); / 2 = 82,25' (1° 22, 25' S); lm = 34° 30,25' N; cos lm = 0,824084996
ΔL = 4° 29,7' (269,7' *W); A = ΔL (269,7')·cos lm (0,824)*; A = 222,2557235' W
tgRv = A (222,256') / Δl (164,5'); Rv = 53,49343459°

Rv = 53° 30' SW (233,5°) *(Pregunta 10).*
DSTn = Δl (164,5') / cos Rv (53,5°); **DSTn = 276,5 millas** *(Pregunta 10).*

08 Situación por dos demoras de aguja no simultáneas al mismo punto. Corrección total por azimut de la estrella (*) Polar. Rumbo a pasar por un punto definido por demora verdadera y distancia con corriente supuesta; situación estimada en comparación con la verdadera, definida por dos demoras de aguja. Rc e Ihc verdadera. Hora oficial de llegada a puerto patrón con sonda obligada por el calado. Cálculo de navegación loxodrómica.

El día 15.04., navegando en un yate a Vmq = 7 nudos, con Ra = 101° y viento del SE, que produce un abatimiento de 4°, se observa un azimut de aguja de la estrella Polar, supuesta en el polo, de Za = 007°. La variación local es dm = 3,5° NW para toda la zona de navegación y HO = HTU + 2.

A HO = 05.00 se observa en la pantalla del radar con proa arriba, marcación circular (siempre contada por estribor) del faro de Cabo Espartel, M = 039°. Se sigue navegando en las mismas condiciones de rumbo y velocidad hasta el punto «A», a HO = 05.30, momento en que se toma M/Er = 096° al faro de cabo Espartel. *(Pregunta 1.)*

Situados, calma el viento y se entra en zona de corriente supuesta Rc = N 42 E e Ihc = 2', haciendo rumbo a un punto «P», situado a 6,2 millas al norte del faro de Punta Almina, donde se pretende llegar a HO = 08.12. Puesto a rumbo, se toma de la tablilla de desvíos para el mismo Δ = 2,5° NW. *(Pregunta 2.)*

A HO = 08.12 se toma Da = 013° al faro de Punta Europa y Da = 278° al de Isla Tarifa. A HO = 09.30 se calcula cuándo podrá atracar el yate en el puerto de Algeciras, en un lugar de Sc = 2,02 m siendo su calado máximo de 2,45 m. *(Preguntas 3, 4, 5, 6.)*

Más tarde, fuera de la influencia de viento y de la corriente, se navega a Vmq = 7 nudos. A HO = 10.00, y encontrándose en situación estimada de l = 36° 03,0' N; L = 005° 07,0' W navega a Rv = 125° hasta HO = 11.00, instante en que cambia al Rv = 072°, y al que navega hasta HO = 12.30. *(Preguntas 7, 8 y 9.)*

Se pide:

1. Situación «A», observada a HO = 05.30 .... **l = 35° 50,4' N; L = 005° 54,9' W**
2. Vmq para llegar a «P» a HO = 08.12 .... **Vmq = 10,3 nudos**
3. Ra para ir a «P», al N de Punta Almina .... **Ra = 084°**
4. Situación «P» observada a HO = 08.12 .... **l = 35° 59,7' N; L = 005° 21,6' W**
5. Rumbo de corriente real e Ihc a partir de «A» .... **Rc = 356°; Ihc = 1,3'**
6. ¿A partir de qué HO podremos amarrar en Algeciras sin tocar fondo? ...... **HO = 11.47**
7. Situación estimada a HO = 11.00 .... **l = 35° 59,0' N; L = 004° 59,9' W**
8. Situación estimada a HO = 12.30 .... **l = 36° 02,2' N; L = 004° 47,6' W**
9. DST loxodrómica directa entre las situaciones a HO = 10.00 y HO = 12.30 ... **DST = 15,7 millas**

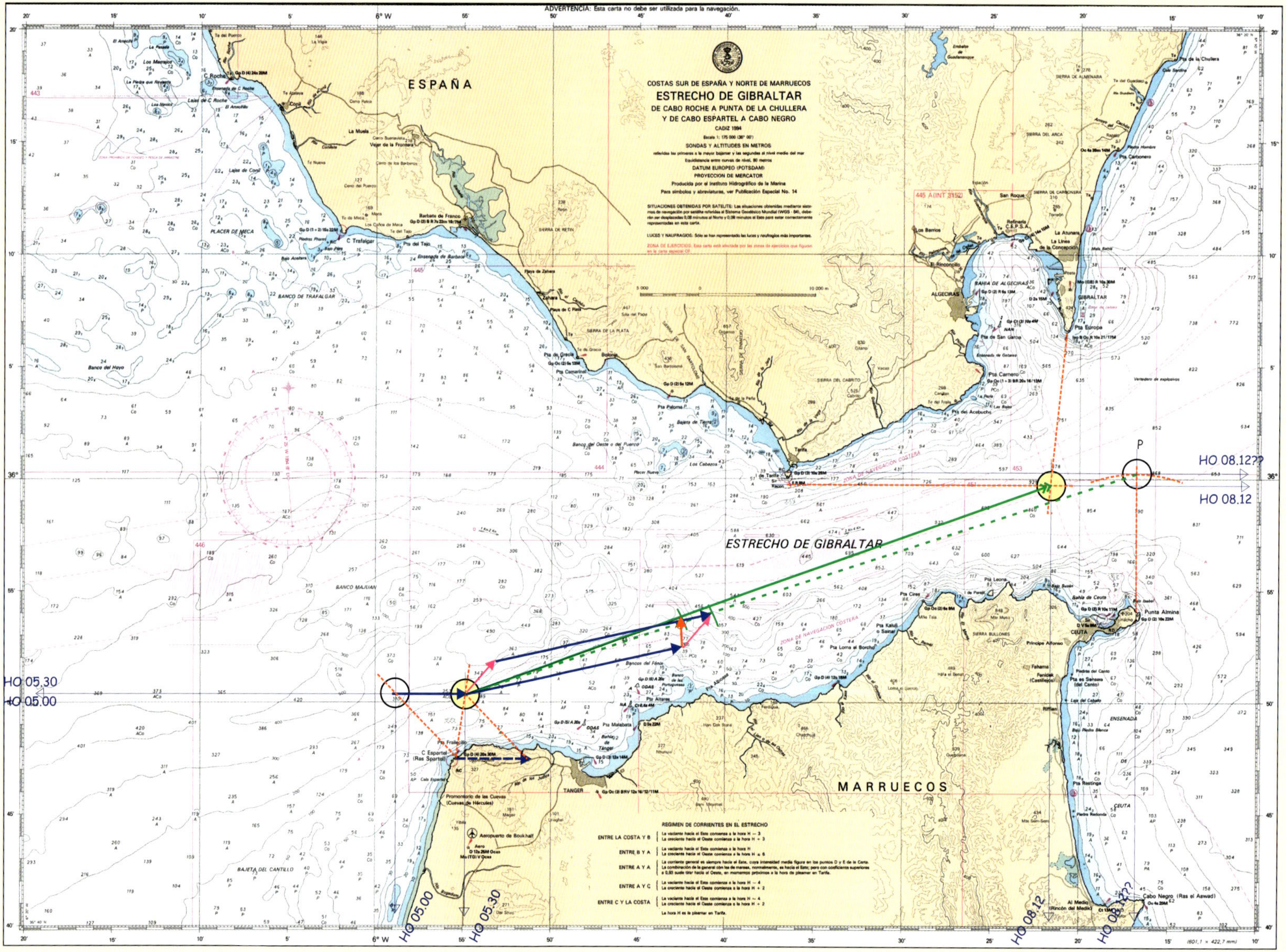

ADVERTENCIA: Esta carta no debe ser utilizada para la navegación.
COSTAS SUR DE ESPAÑA Y NORTE DE MARRUECOS
ESTRECHO DE GIBRALTAR
DE CABO ROCHE A PUNTA DE LA CHULLERA
Y DE CABO ESPARTEL A CABO NEGRO
CADIZ 1994
SONDAS Y ALTITUDES EN METROS
DATUM EUROPEO (POTSDAM)
PROYECCION DE MERCATOR
ESPAÑA
MARRUECOS
ESTRECHO DE GIBRALTAR
BANCO DE TRAFALGAR
PLACER DE MECA
C Trafalgar
Barbate de Franco
Tarifa
ALGECIRAS
GIBRALTAR
BAHIA DE ALGECIRAS
Pta Europa
CEUTA
Punta Almina
TANGER
C Espartel (Ras Spartel)
Cabo Negro (Ras el Aswad)
REGIMEN DE CORRIENTES EN EL ESTRECHO
HO 05.00
HO 05.30
HO 08.12
HO 08.12??
P

Desarrollo del problema

Se calcula la corrección total al primer rumbo, por Za de la estrella Polar:
Zv (000°) = Za* (007°) + Ct*; Ct = –7° (NW).

Se calcula *Rv = Ra (101°) + Ct (–7°)*; Rv = 094°
Con este rumbo y viento de SE (Abto de 4°) caerá hacia Br:
Rs = Rv (94°) + Abto (–4°); Rs = 090°.

Se calculan las dos demoras verdaderas al faro de Cabo Espartel por rumbo verdadero y marcación:

HO = 05.00: *Dv = Rv (94°) + M/Er (+39°)*; Dv = 133° (Dv inversa = 313°).
HO = 05.30: *Dv = Rv (94°) + M/Er (+96°)*; Dv = 190° (Dv inversa = 010°).

Desde el faro de Cabo Espartel se trazan las dos demoras verdaderas inversas así como el rumbo de superficie acotado por las 3,5 millas navegadas en 30 minutos a Vmq de 7'. Desde el extremo del vector Rs se traza una paralela a la primera demora verdadera. Donde ésta corte a la segunda demora, se encuentra la posición «A» del yate a HO = 05.30:
l = 35° 50,4' N; L = 005° 54,9' W *(Pregunta 1).*

Ya sin viento y desde la situación definida como «A» (HO = 05.30) se traza una derrota supuestamente efectiva para pasar por «P» a 6,2 millas al Nv del faro de Punta Almina.
Situación «P»: l = 36° 00,2' N; L = 005° 16,7' W; DST = 32,5 millas al Ref supuesto = 072°.
Para llegar a «P» en estas condiciones a HO = 08.12, debería dar una Vef = 12', es decir, recorrer las 32,5 millas en 2h 42^{m} (2,7h).
Desde el origen «A», se traza el vector de corriente supuesta, Rc = 042°; Ihc = 2'. Con una apertura de compás de 12 millas sobre la derrota supuestamente efectiva, se marca el Rv desde el extremo del vector de corriente:

Rv = 078° y **Vmq = 10,3 nudos** *(Pregunta 2).*
Rv (78°) = Ra + Δ (–2,5°) + dm (–3,5°); **Ra = 084°** para pasar por «P» *(Pregunta 3).*

Se calcula la situación verdadera de «P» a HO = 08.12 mediante las demoras:

Dv al faro de Punta Europa = Da (013°) + Δ (–2,5°) + dm (–5°); Dv = 007° (Dv inversa = 187°);
Dv al faro de Isla Tarifa = Da (278°) + Δ (–2,5°) + dm (–5°); Dv = 272° (Dv inversa = 092°).

De aquí se marca la situación observada para «P» en la carta a HO = 08.12:
l = 35° 59,7' N; L = 005° 21,6' W *(Pregunta 4).*

Por lo tanto, desde «A» (HO = 05.30) se navega con Ra = 084°; Rv = 078° y velocidad de 10,3 nudos durante 2h 42^m hasta llegar a la posición «P», situada a 28,6 millas al Ref = 071° verdadero, y a una Vef = 10,6' también verdadera. Cerrando el nuevo triángulo de corriente real entre «A y «P», se halla que **Rc real = 356° e Ihc real = 1,3'** *(Pregunta 5).*

Los datos de marea para el 15.04. en el puerto patrón de Algeciras son:

HTU = 01.23 1,17 m	Amplitud de marea = 1,16 m – 0,09 m Am = 1,07 m
HTU = 07.17 0,09 m	Duración creciente = 13h 50^m – 07h 17^m; Dc = 6h 33^m (393^m)
HTU = 13.50 1,16 m	
HTU = 19.31 0,14 m	

A partir de las HO = 09.30 (por el adelanto del horario oficial en 2 horas, serán a partir de HTU = 07.30) se necesitará una sonda mínima igual al calado de 2,45 m que tiene el yate:

Sm (2,45 m) = Sc (2,02 m) + Alt.Bjm (0,09 m) + Corrección aditiva (CA); CA = 0,34 m
CA (0,34 m) = ½ Am (1,07 m)·(1 – cos α); cos α = 0,364485981 y α = 68,62404746°
α (68,62404746°) = $180^m \cdot I^m$ */ Dc* (393^m); I = $149{,}83^m$; I = 2h 30^m después de la bajamar más próxima se darán las condiciones buscadas: A HTU = 07.17 + 2h 30^m; HTU = 09.47.
El amarre será posible en el puerto de Algeciras a partir de **HO = 11.47** *(Pregunta 6).*

Cálculo de estima:
Desde la posición inicial a HO = 10.00 en l = 36° 03,0' N; L = 005° 07,0' W y navegando a Vmq = 7' al Rv = 125°, se busca la situación una hora más tarde, a HO = 11.00:

Δl = DSTn (7)·cos Rv (125°); Δl = 4,0' al S; /2 = 2'; *lm = 36° 03,0' N – 2' S*; lm = 36° 01,0' N
A = DSTn (7)·sen Rv (125°); A = 5,734' al E; cos lm = 0,808847266
A (5,734') = ΔL·cos lm (0,808847266); ΔL = 7,1' al E
Situación estimada a HO = 11.00: **l = 35° 59,0' N; L = 004° 59,9' W** *(Pregunta 7).*

A partir de HO = 11.00 se navega hasta HO = 12.30 (1h 30^m) con Rv = 072° a Vmq = 7':

Δl = DSTn (10,5)·cos Rv (72°); Δl = 3,2' al N; /2 = 1,6'; *lm = 35° 59,0' N + 1,6' N*; lm = 36° 00,6' N
A = DSTn (10,5)·sen Rv (72°); A = 10' al E; cos lm = 0,808910574
A (10') = ΔL·cos lm (0,808910574); ΔL = 12,35' al E
Situación estimada a HO = 12.30: **l = 36° 02,2' N; L = 004° 47,6' W** *(Pregunta 8).*

Para conocer la distancia loxodrómica directa, ha de calcularse la DST entre la posición inicial a HO = 10.00 y la de llegada a HO = 12.30, (tn = 2h 30^m)

Δl = 0,8' al S; /2 = 0,4'; *lm = 36° 03' N – 0,4' N*; lm = 36° 02,6' N; cos lm = 0,808572216
ΔL = 19,4' al E; *A = ΔL (19,4')·cos lm (0,808572216)*; A = 15,7' al E
Rv = A (15,7') / Δl (0,8'); Rv = 87,08°; Rumbo loxodrómico = 87°SE (093°).
DST = Δl (0,8') / cos R (93°); **DST loxodrómica = 15,7 millas** *(Pregunta 9).*

09 Situación por demora verdadera + distancia, y enfilación + distancia. Triángulo de corriente fuera de la carta. Situación por dos marcaciones no simultáneas a dos lugares diferentes, con viento, rumbo + velocidad. Situación por dos oposiciones. Triángulo simple de corriente conocida con rumbo efectivo para pasar por un punto determinado; demora + distancia y viento.

Un yate navega el día 22 de julio a Vmq = 8 nudos. A HO = 08.00 está situado en una posición «C», de l = 35° 45,0′ N; L = 006° 50,0′ W cuando pone rumbo para pasar a 5 millas al N del faro de Cabo Espartel (punto «A»). En el momento en que debería estar en el punto «A», observa enfilación entre los faros de Cabo Espartel y Punta Malabata así como, simultáneamente, distancia al Cabo Espartel de 4 millas (situación observada «B»). Variación local, dm = 3,5° NW en toda la zona de navegación. *(Preguntas 1, 2, 3, 4.)*

A HO = 15.00 y desaparecida la corriente anterior, navega a Ra = 080°, con desvío Δ = 0°, Vmq = 8′ y viento del NNW, que le produce un abatimiento de 5°. En este instante toma M = 90° Br al faro Camarinal, situado en Punta Gracia. A HO = 15.30 toma M = 50° Er al faro de Punta Alcázar. *(Preguntas 5, 6, 7.)*

A HO = 16.15, situado en la oposición de los faros de Isla Tarifa con Punta Cires, y Punta Alcázar con Punta Carnero, da rumbo para pasar a dos millas del faro de Punta Almina con una Vmq = 8 nudos, conociendo la existencia de una corriente de Rc = 050° e Ihc = 1,5′. El desvío al nuevo rumbo es ahora de Δ = 2° NE y el viento NNW provoca un abatimiento de 5°. *(Preguntas 8, 9 y 10.)*

Se pide:

1. Situación «B» .... **l = 35° 46,9′ N; L = 006° 00,2′ W**
2. Rv para pasar por el punto «A» y supuesta HO de llegada .... **Rv = 80° NE; HO = 13h 37^m**
3. Rc e Ihc al llegar a «B» .... **Rc = 214°; Ihc = 1,2′**
4. Ref y Vef de llegada a «B» .... **Ref = 87° NE; Vef = 7,2′**
5. Rs a partir de HO = 15.00 .... **Rs = 081,5°**
6. Situación a HO = 15.00 .... **l = 35° 54,6′ N; L = 005° 45,4′ W**
7. Situación a HO = 15.30 .... **l = 35° 55,1′ N; L = 005° 40,4′ W**
8. Situación a HO = 16.15 .... **l = 35° 55,9′ N; L = 005° 30,8′ W**
9. Rs, Vef y Ra para pasar a 2 millas del faro de Punta Almina .... **Rs = 097°; Vef = 9′; Ra = 093,5°**
10. HO en que se verá el faro de Punta Almina con 45° por Er .... **HO = 17h 18^m**

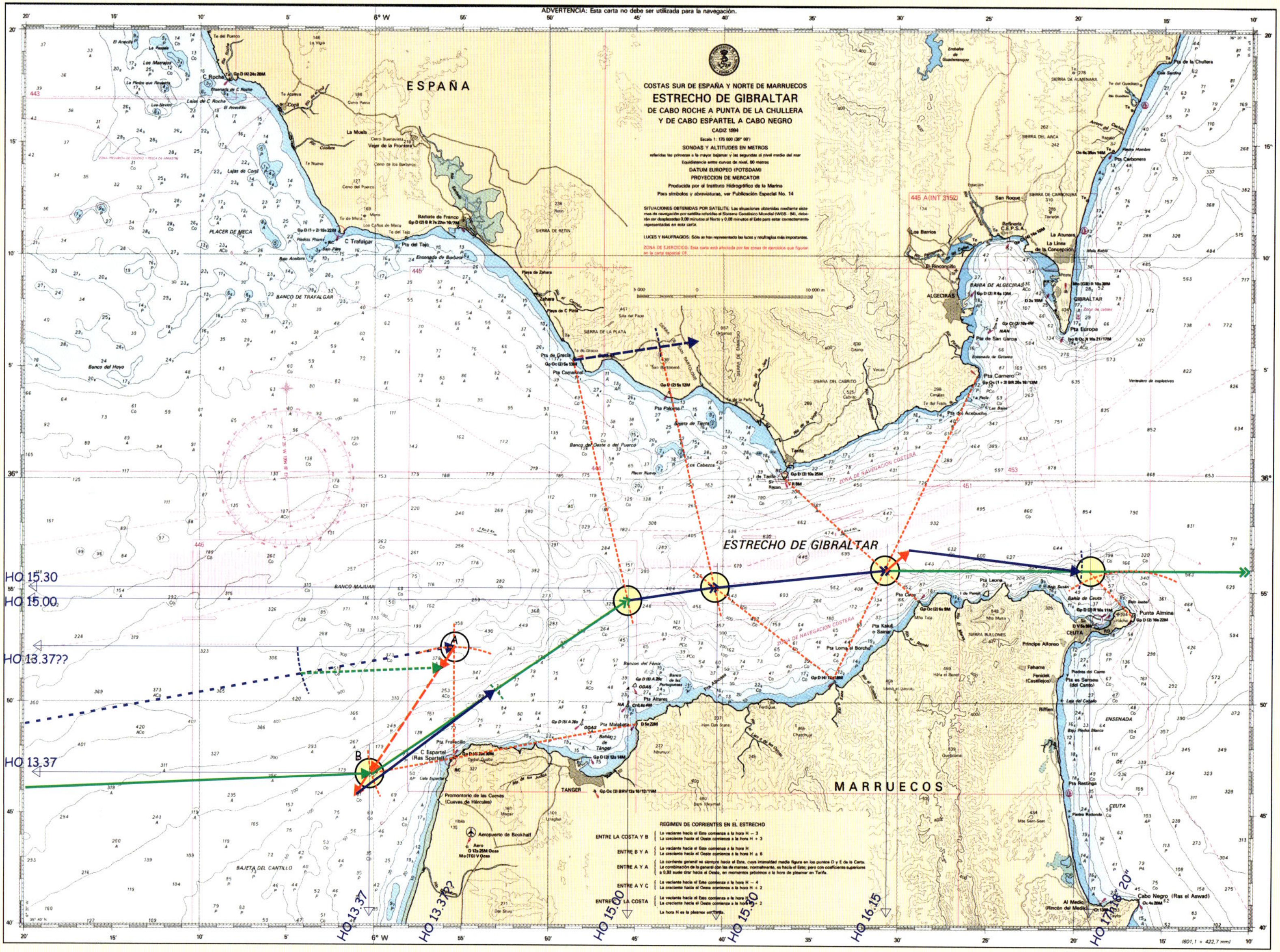
ADVERTENCIA: Esta carta no debe ser utilizada para la navegación.
COSTAS SUR DE ESPAÑA Y NORTE DE MARRUECOS
ESTRECHO DE GIBRALTAR
DE CABO ROCHE A PUNTA DE LA CHULLERA
Y DE CABO ESPARTEL A CABO NEGRO
CADIZ 1994
SONDAS Y ALTITUDES EN METROS
DATUM EUROPEO (POTSDAM)
PROYECCION DE MERCATOR
ESPAÑA
MARRUECOS
ESTRECHO DE GIBRALTAR
C Trafalgar
BANCO DE TRAFALGAR
PLACER DE MECA
Banco del Hoyo
Tarifa
ALGECIRAS
BAHIA DE ALGECIRAS
GIBRALTAR
Pta Europa
TANGER
C Espartel
CEUTA
Punta Almina
Cabo Negro (Ras el Aswad)
BAJETA DEL CANTILLO
ZONA DE NAVEGACION COSTERA
REGIMEN DE CORRIENTES EN EL ESTRECHO
HO 15.30
HO 15.00
HO 13.37??
HO 13.37
HO 16.15
HO 17h18' 20"
A
B

Desarrollo del problema

Se trazan las Dv y DST al faro de Cabo Espartel que definirán las posiciones
«A»: l = 35° 52,6′ N; L = 005° 55,4′ W y
«B»: **l = 35° 46,9′ N; L = 006° 00,2′ W** *(Pregunta 1)*.

La unión entre «A» y «B» será, gráficamente sobre la carta, el vector del Rc = 214° para todo el tiempo navegado.
Por un cálculo de estima indirecta se obtienen las distancias y rumbos navegados desde HO = 08.00 (punto «C») hasta «A» (Rs/v y tn a 8 nudos) y gráficamente, la derrota real hasta «B» (Ref, Vef):

De «C» a «A»: Rv, Vmq (8′), DST, tn; hora de llegada.
Δl = 7,6′ N; / 2 = 3,8′ · lm = 35° 48,8′ N; cos lm = 0,810927671.
ΔL = 54,6′ E; *A = ΔL (54,6′) · cos lm (0,811)*; A = 44,27665085′ E.
tg Rv = A (44,3′) / Δl (7,6′); Rv = 80,3°; **Rv = 80° NE** *(Pregunta 2)*.

DSTn = Δl (7,6′) / cos Rv (80,3°); DSTn = 44,92417846 millas / Vmq (8′); tn =5,615522307;
tn = 5h 37^m. Hora supuesta de llegada a «A»: **HO = 13.37** *(Pregunta 2)*.
En realidad, ha llegado a B.
Tras medir sobre la carta el **Rc (214°)** y dividir su largo por el tn, **Ihc = 1,2 nudos** *(Pregunta 3)*.
Se cierra el triángulo horario de corriente para hallar **Ref = 87,3 NE (087,3°)** y **Vef = 7,2′** *(Pregunta 4)*.

También podría darse respuesta analítica a los datos anteriormente solicitados:

De «C» a «B»: Ref, Vef, DSTn, tn (5h 3^m)
Δl = 1,9′ N; / 2 = 0,95′ · lm = 35° 45,95′ N; cos lm = 0,811412497.
ΔL = 49,8′ E; *A = ΔL (49,8′) · cos lm (0,8114125)*; A = 40,408′ E.
tg Ref = A (40,41′) / Δl (1,9′); Ref = 87,3°; **Ref =87° NE** *(Pregunta 4)*.
DSTn = Δl (1,9′) / cos Ref (87,3°); DSTn = 40,453 millas; tn = 5,6155h; **Vef = 7,2′** *(Pregunta 4)*.

De «A» a «B»: Rc, Ic, Ihc
Δl = 5,7′ S; / 2 = 2,85′ · lm = 35° 49,75′ N; cos lm = 0,810765939.
ΔL = 4,8′ W; *A = ΔL (4,8′) · cos lm (0,810766)*; A = 3,891676506′ W.
tg Ref = A (3,89′) / Δl (5,7′); Rc = 34,3°; **Rc = S 34,3 W (214,3°)** *(Pregunta 3)*.
DSTn = Δl (5,7′) / cos Ref (214,3°); DSTn = 6,9 millas/tn = 5,615522307; **Ihc = 1,23′** *(Pregunta 3)*.

A partir de HO = 15.00, se convierten en demoras verdaderas las marcaciones y rumbos citados: *Ra (080°) + Δ (0°) + dm (–3,5°) + Abto NNW (+5°)*; Rv = 76,5°; **Rs = 81,5°** *(Pregunta 5).*

A HO = 15.00, al faro Camarinal en Punta Gracia: *Dv = Rv (076,5°) + M (–90°) Br; Dv = –13,5° + 360°*; Dv = 346,5° (Dv inversa = 166,5°).
A HO = 15.30, al faro de Punta Alcázar: *Dv = Rv (076,5°) + M (+50°) Er*; Dv = 126,5° (Dv inversa = 306,5°).
DSTn en 30^m = 4 millas a Vmq = 8′ del Rs (81,5°).

Se trazan las dos demoras inversas desde sus orígenes respectivos y desde el faro Camarinal se traza una paralela al Rs (81,5°). Desde el extremo del vector Rs, se traza una paralela a la primera demora verdadera, y el corte con la segunda indica la posición a HO = 15.30: **l = 35° 55,1′ N; L = 005° 40,4′ W** *(Pregunta 7).*

Retrocediendo el Rs hasta su corte con la primera demora verdadera, se obtiene la posición a HO = 15.00: **l = 35° 54,6′ N; L = 005° 45,4′ W** *(Pregunta 6).*

Trazando las dos oposiciones citadas, su corte indica la situación a HO = 16.15, **l = 35° 55,9′ N; L = 005° 30,8′ W** *(Pregunta 8).*

Trazando un rumbo desde la posición indicada a HO = 16.15 para pasar a dos millas del faro de Punta Almina con viento y corriente conocida, se obtiene Ref = 090°.
El triángulo de corriente se forma al unir el extremo del vector corriente (Rc = 050°; Ihc = 1,5′) con el rumbo efectivo, considerando una Vmq = 8′ para el rumbo de superficie.
Con este triángulo se obtienen los datos restantes: **Vef = 9′** y **Rs = 097°** *(Pregunta 9).*

Rs (97°) = Rv + Abto (+5°) Er; Rv = 092°·*Rv (92°) = Ra + Δ (+2°) + dm (–3,5°)*; **Ra = 93,5°** *(Pregunta 9).*

Se calcula la Dv a la HO en que se ve el faro de Punta Almina con M = 045° Er: *Dv = Rv (92°) + M (45°) Er*; Dv = 137° (Dv inversa = 317°).

Dicha Dv, trazada desde el faro de Punta Almina, cruza el Ref para pasar a 2′ del mismo faro en un punto situado a 9,5 millas de la posición ocupada a HO = 16.15. Como la Vef = 9′, tardará 1h $03{,}3^m$ en navegar las 9,5 millas hasta ver el faro de Punta Almina con una M = 45° Er. Es decir, a **HO = 17h 18^m** *(Pregunta 10).*

Resolución Analítica y Gráfica del Triángulo de Corriente «CAB», que en las preguntas 1-4 ya se ha planteado y resuelto gráficamente.

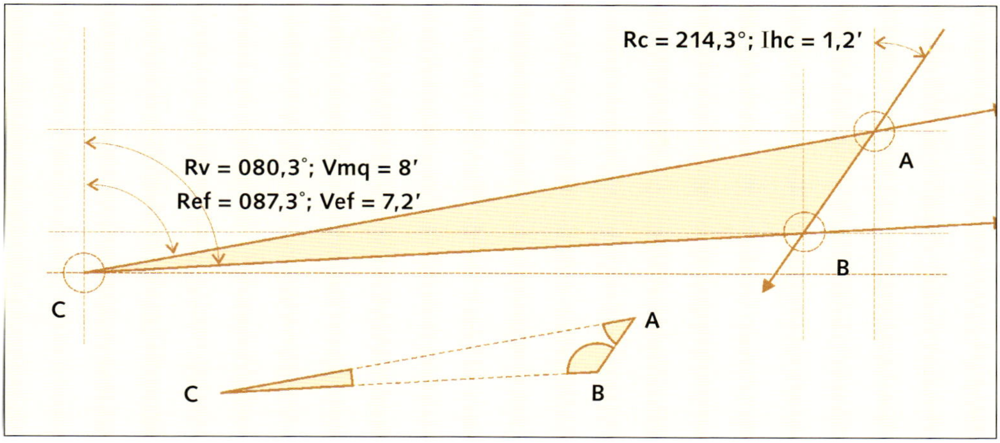

Mediante las ecuaciones de igualdad entre la proporcionalidad que existe entre los lados y los ángulos de un triángulo cualquiera puede establecerse:

a/sen A = b/sen B = c/sen C; «a», «b» y «c» son los lados opuestos a los ángulos «A», «B» y «C» y además, la suma de los tres ángulos de un triángulo, Σ (A + B + C) = 180° puede conocerse con los datos disponibles:

Ángulo C = 7°; (Ref – Rv) · DSTn entre C – A: 44,924 millas (lado «b»).
Ángulo B = 127°; (Rc – Ref) · DSTn entre C – B: 40,453 millas (lado «a»).
Ángulo A = 46°; (Ref – Rc + 180°) · DSTn entre A – B: 6,9 millas (lado «c»).

Datos del triángulo horario de corriente:

Ángulo C = 7°; (Ref – Rv) · Vmq (C'– A') = 8 nudos
Ángulo B = 127°; (Rc – Ref) · Vmq (C'– B') = 7,2 nudos
Ángulo A = 46°; (Ref – Rc + 180°) · Ihc (A' – B') = 1,23 nudos

10 Estimas directas (caso especial); situación por demora verdadera + isobática (veril); navegación por traslado del vector velocidad; distancia; ángulo horizontal sin cálculo; corriente conocida; altura de marea y sonda momento.

Al ser HO = 01.00 del 28 de abril, un yate se encuentra en l = 36° 39,7' N; L = 007° 21,6' W. Desde HO = 01.00 hasta HO = 07.00 navega al Ra = 141,5°, Vmq = 7'; desvío, Δ = 3° NW. Desde HO = 07.00 hasta HO = 11.00 navega al Ra = 098,5°; Vmq = 7'; desvío, Δ = –5°. La declinación magnética que corresponde a la zona es de 3,5° NW y HO = HZ + 1. *(Preguntas 1, 2.)*

Tras navegar a otros rumbos, al ser HO = 12.00, el yate se encuentra cerca de la costa española, al Sv del faro de Trafalgar y sobre la línea isobática de 50 m. *(Preguntas 3, 4, 5.)*

Después de navegar a otros rumbos, al ser HO = 13.30 el yate navega al Ra = 090°; Vmq = 7' y Δ = 8,5° NE. Al ser HO = 14.00, toma Da = 000° al faro de Punta Paloma. Al ser HO = 14.30, el yate ve el faro de Isla Tarifa por su proa (marcación al faro 000°). *(Preguntas 6, 7.)*

Al ser las HO = 17.00, el yate se encuentra en situación de l = 36° 01,2' N; L = 005° 12,0' W. Conociendo la existencia de una corriente de Rc = NNW e Ihc = 3', el yate decide poner rumbo a la bocana del puerto de Ceuta; Vmq= 7' y desvío una vez puesto a rumbo, Δ = 3° NE. *(Preguntas 8, 9.)*

Al ser HO = 18.50 el yate decide fondear dentro del puerto de Ceuta, en un fondeadero con una sonda carta de 3,4 metros (Sc = 3,4 m). *(Preguntas 10 y 11.)*

Se pide:

1. Situación estimada del yate a HO = 07.00 .... **l = 36° 10,0' N; L = 006° 44,7' W**
2. Situación estimada del yate a HO = 11.00 .... **l = 36° 10,0' N; L = 006° 10,0' W**
3. Situación del yate a HO = 12.00 .... **l = 36° 06,8' N; L = 006° 02,0' W**
4. Distancia al faro de Cabo Espartel a HO = 12.00 .... **DST= 20,0 millas**
5. Demora verdadera (Dv) desde el yate al Cabo Espartel .... **Dv = 164°**
6. Situación del yate a HO = 14.30 .... **l = 36° 00,3' N; L = 005° 39,4' W**
7. Ángulo horizontal (AH) desde el yate entre Punta Paloma e Isla Tarifa a HO = 14.00 .... **AH = 090°**
8. Rumbo de aguja (Ra) al que ha de navegar el yate para enfilar Ceuta ... **Ra = 194°**
9. Una vez a rumbo, ¿cuál será la velocidad efectiva (Vef)? .... **Vef = 5 nudos**
10. Calcular la altura de marea en Ceuta a HO = 18.50 .... **Alt.Marea = 0,30 m**
11. Calcular la sonda del momento (Sm) en Ceuta a HO = 18.50 .... **Sm = 3,70 m**

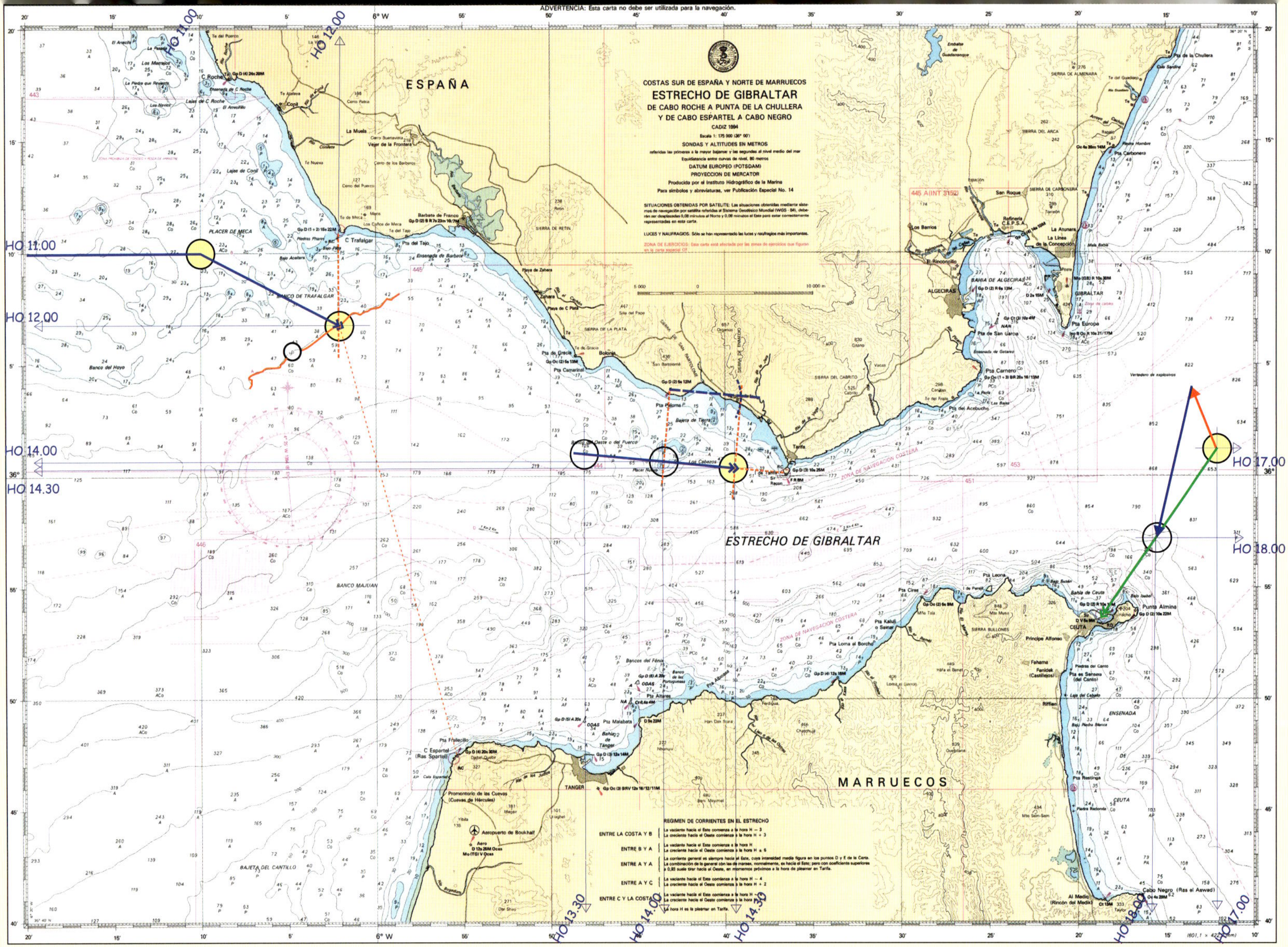

ADVERTENCIA: Esta carta no debe ser utilizada para la navegación.
COSTAS SUR DE ESPAÑA Y NORTE DE MARRUECOS
ESTRECHO DE GIBRALTAR
DE CABO ROCHE A PUNTA DE LA CHULLERA
Y DE CABO ESPARTEL A CABO NEGRO
CADIZ 1994
SONDAS Y ALTITUDES EN METROS
DATUM EUROPEO (POTSDAM)
PROYECCION DE MERCATOR
Producida por el Instituto Hidrográfico de la Marina
ESPAÑA
MARRUECOS
ESTRECHO DE GIBRALTAR
C Trafalgar
BANCO DE TRAFALGAR
PLACER DE MECA
BANCO MAJUAN
BAJETA DEL CANTILLO
Tarifa
ALGECIRAS
BAHIA DE ALGECIRAS
GIBRALTAR
Pta Europa
CEUTA
Punta Almina
TANGER
C Espartel (Ras Spartel)
Cabo Negro (Ras el Aswad)
REGIMEN DE CORRIENTES EN EL ESTRECHO
ENTRE LA COSTA Y B
ENTRE B Y A
ENTRE A Y A
ENTRE A Y C
ENTRE C Y LA COSTA
HO 11.00
HO 12.00
HO 13.30
HO 14.00
HO 14.30
HO 17.00
HO 18.00

Desarrollo del problema

Por cálculo loxodrómico directo desde la situación a HO = 01.00, de l = 36° 39,7' N; L = 007° 21,6' W se halla la situación estimada, alcanzada tras 6 h de navegación a Vmq = 7' (DSTn = 42 millas) al *Rv = Ra (141,5°) + dm (–3,5°NW) + Δ (–3°)*; Rv = 135°.
Δl = DST (42)·cos Rv (135°); Δl = 29,7' al S / 2 = 14,85' S;
lm = 36° 39,7' – 14,9'; lm = 36° 24,9' N;
cos lm = 0,805; A = DST (42)·sen Rv (135°); A = 29,7' al E.
A (29,7') = ΔL·cos lm (0,805); ΔL = 36,9' E;
Situación a HO = 07.00: **l = 36° 10,0' N; L = 006° 44,7' W** *(Pregunta 1).*

Mediante otro cálculo de estima directa desde la situación estimada a HO = 07.00, se calcula la posición alcanzada tras 4 h más de navegación a Vmq = 7' (DST = 28 millas) hasta HO = 11.00 al *Rv = Ra (098,5°) + dm (–3,5° NW) + Δ (–5°)*; Rv = 090°.
En consecuencia, a este Rv la latitud no cambia y la latitud media corresponde a la de salida.
cos lm (36° 10,0' N) = 0,8073; *A = DST (28)·sen Rv (090°)*; A = 28' al E.
ΔL = A (28')·cos lm (0,8073); ΔL = 34,7' al E.
Situación a HO = 11.00: **l = 36° 10,0'N; L = 006° 10,0' W** *(Pregunta 2).*

Se representa ahora en la carta la posición determinada por la Dv = S (180°) y su corte con la isobática de 50 m señalada en la carta.
Situación a HO = 12.00: **l = 36° 06,8' N; L = 006° 02,0' W** *(Pregunta 3).*

Desde esta posición se mide la DST al faro de Cabo Espartel: **DST = 20 millas** *(Pregunta 4).*
Desde esta posición se mide la Dv al faro de Cabo Espartel: **Dv = 164°** *(Pregunta 5).*

Se resuelve ahora la situación por una demora y una marcación no simultánea a dos referencias diferentes: *Rv = Ra (090°) + dm (–3,5° NW) + Δ (8,5° NE)*; Rv = 095°; Vmq = 7'.
A HO = 14.00: *Dv al faro de Punta Paloma = Da (000°) + dm (–3,5° NW) + Δ (8,5° NE)*; Dv = 005° (Dv inversa = 185°);
A HO = 14.30: *Dv al faro de Isla Tarifa = Rv (095°) + M (000°)*; Dv = 095° (Dv inversa = 275°).
Cuando se dirige una visual en la línea de popa a proa del barco, la demora Dv = Rv.

Se representan las dos Dv y el Rv en la carta. El vector Rv se limita con 0,5 h navegadas a 7 nudos de velocidad, DSTn = 3,5 millas. Desde su extremo, se traza una paralela a la primera Dv y donde ésta corte a la segunda Dv, se localiza la situación a HO = 14.30: **l = 36° 00,3' N; L = 0005° 39,4' W** *(Pregunta 6).*
Desde la posición encontrada se mide AH a los faros citados: **AH = 090°** *(Pregunta 7).*

Desde la posición citada a HO = 17.00 se traza el vector Rc con su Ihc. Tambien se traza la derrota hasta la bocana del puerto de Ceuta: Ref = 215°. Con la Vmq = 7 nudos, se traza desde el extremo del vector corriente un corte sobre el Ref.

Rv = 193,5° = Ra + dm (3,5° NW) + Δ (3° NE);

Ra = 194° *(Pregunta 8).*

La **Vef = 5 nudos** *(Pregunta 9).*

Al llegar a HO = 18.50 al fondeadero de Ceuta (puerto patrón), el día 28.04. serían HTU = 17.50 pues HO = HTU + 1. En este momento la marea está en situación vaciante desde la 2ª pleamar:

HTU = 13.46 pleamar de 0,7 m Intervalo = 1h 24^m (84^m).

HTU = 19.14 bajamar de 0,18 m Duración de la vaciante = 5h 28^m (328^m) Am = 0,79 m

CA = ½ Am (0,79 m)·(1 – cos α); α = $180^m \cdot I$ (84^m) / Dv (328^m); α = 46,1°;

cos α = 0,693432501;

CA = ½ Am (0,79 m)·(1 – 0,693432501); CA = 0,12 m

Sm = Sc (3,40 m) + Alt.Bjm (0,18 m) + CA (0,12 m);

Altura de marea = Alt.Bjm (0,18 m) + CA (0,12 m);

Alt.Marea = 0,30 m *(Pregunta 10).*

Sm = 3,70 m *(Pregunta 11).*

11 Cálculo de estimas directas con varios rumbos, viento y corriente. Situación por dos marcaciones no simultáneas al mismo punto. Rumbo e intensidad horaria de corriente supuesta (sin recta auxiliar). Rumbo con viento para pasar y arribar a sendos puntos determinados; situación por oposición y marcación. Triángulo de corriente simple.

Un yate se encuentra a HO = 13.00 en posición de l = 38° 15,3′ N; L = 000° 27,2′ W, navegando a Ra = 140° y a una velocidad de 12 nudos, según marca la corredera. El viento reinante lo abate 7° a Br. Para este rumbo, la tablilla de desvíos indica Δ = 5° NE. La variación local para toda la zona de navegación es de 3° NW.

A HO = 14.50, cambia al Ra = 185°. La velocidad de la corredera se mantiene en 12′, el abatimiento es ahora 8° a Br y el desvío, Δ = 6° NE.

A HO = 19.30, cambia al Ra = 256°. La velocidad de la corredera se mantiene, el abatimiento es 2° a Er y el desvío, Δ = 4° NW. En este momento entra en zona de corriente, Rc = NE, Ihc = 1′.

A HO = 06.35 (del día siguiente), cambia a Ra = 250°. La velocidad de corredera, la corriente, el abatimiento y el desvío se mantienen.

A HO = 11.40, cambia a Ra = 270°. La velocidad de corredera y la corriente se mantienen. El abatimiento es ahora de 4° a Er y el desvío, Δ = 6° NW.

Navega en estas condiciones hasta HO = 17.55, momento en que desaparece la corriente, rola el viento a sur (abatimiento de 6°), cambia a Ra = 225° con un desvío Δ = 7,5° NW y marca el faro de Punta Europa a 60° por estribor. La corredera sigue marcando 12′ y sigue navegando así hasta HO = 18.25 en que vuelve a marcar el faro de Punta Europa a 115° por estribor.
(Preguntas 1, 2, 3.)

Situado, entra en una zona de corriente no bien determinada, que supuestamente tiene un Rc = 065° e Ihc = 2′. Teniéndola en cuenta, da rumbo para pasar a 3 millas del faro de Isla Tarifa (desvío Δ = 6° NW). El viento sigue siendo sur y produce ahora un abatimiento de 4°. La corredera sigue marcando 12′. *(Pregunta 4.)*

A HO = 20.55 toma Da = 166,5° al faro de Punta Malabata y simultáneamente comprueba estar en la oposición de los faros de Isla Tarifa y Cabo Espartel.
(Preguntas 5, 6, 7.)

Teniendo en cuenta la corriente hallada y habiendo calmado totalmente el viento, a HO = 20.55 da rumbo para recalar a 1 milla al Sur verdadero del faro de Barbate. Para aprovechar la marea, se propone llegar a HO = 22.25. El desvío a este rumbo es Δ = 3° NW. *(Preguntas 8 y 9.)*

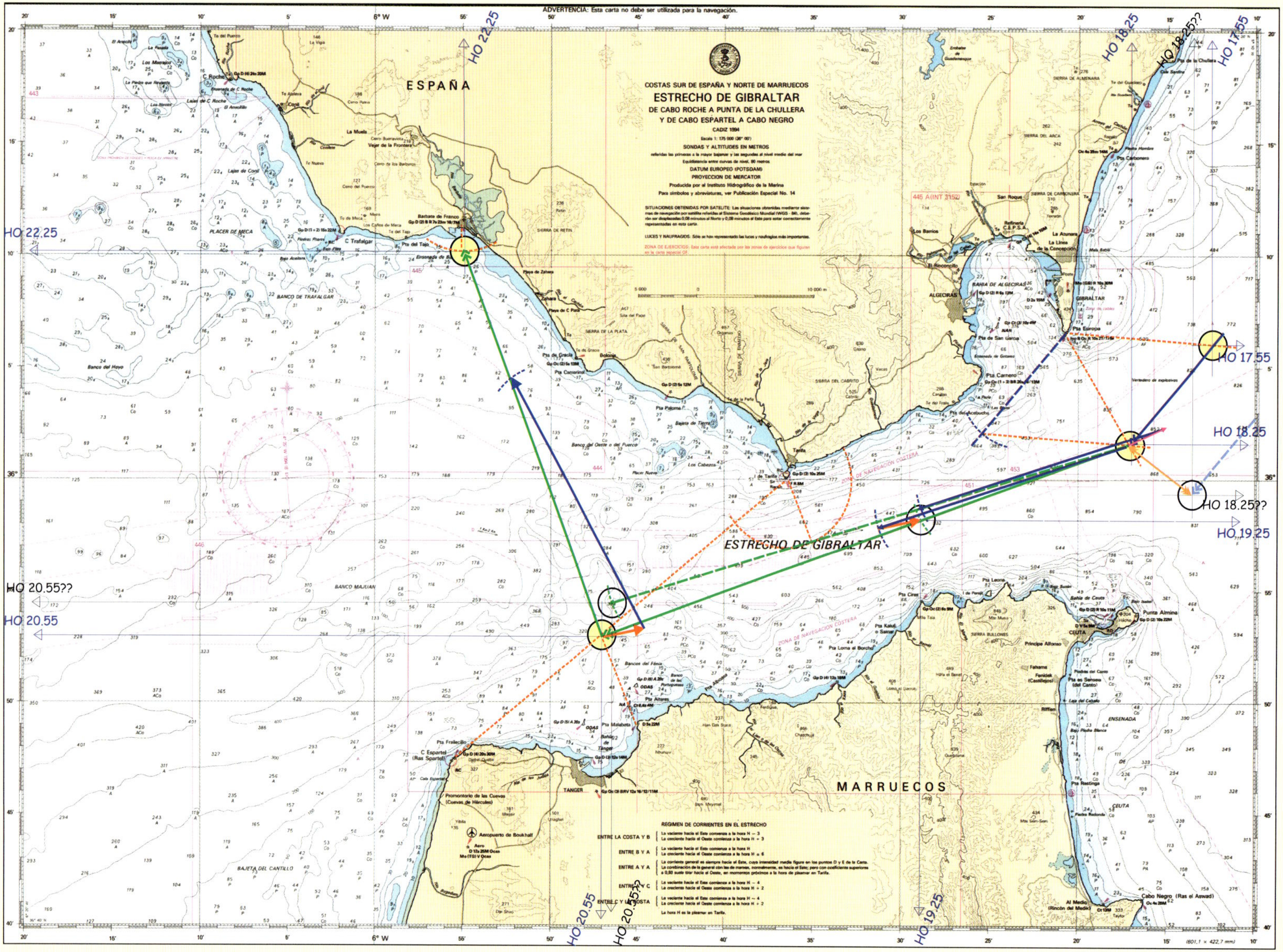
ADVERTENCIA: Esta carta no debe ser utilizada para la navegación.
COSTAS SUR DE ESPAÑA Y NORTE DE MARRUECOS
ESTRECHO DE GIBRALTAR
DE CABO ROCHE A PUNTA DE LA CHULLERA
Y DE CABO ESPARTEL A CABO NEGRO
CADIZ 1994
SONDAS Y ALTITUDES EN METROS
DATUM EUROPEO (POTSDAM)
PROYECCION DE MERCATOR
ESPAÑA
MARRUECOS
ESTRECHO DE GIBRALTAR
REGIMEN DE CORRIENTES EN EL ESTRECHO
HO 22.25
HO 20.55
HO 20.55??
HO 19.25
HO 18.25
HO 18.25??
HO 17.55

Se pide:

1. Situaciones estimadas a HO = 17.55 y 18.25 .... **l = 36° 04,0′ N; L = 005° 08,7′ W y l = 39° 59,4′ N; L = 005° 13,5′ W**
2. Situaciones observadas a HO = 17.55 y 18.25 .... **l = 36° 06,1′ N; L = 005° 12,3′ W y l = 36° 01,6′ N; L = 005° 17,0′ W**
3. Distancia entre las situaciones estimadas y observadas a HO = 18.25 ... **DST = 3,5 millas**
4. Ra para pasar a 3 millas del faro de Isla Tarifa .... **Ra = 258°**
5. Situación real a HO = 20.55 .... **l = 35° 53,0′ N y L = 005° 47,0′ W**
6. Rc y Ihc real a partir de HO = 18.25 .... **Rc real = 082° y la Ihc real = 1,7′**
7. SOG y COG entre HO = 20.55 y 22.25 .... **SOG = 12,3′; Ref (COG) = 338,5°**
8. Velocidad de corredera entre HO = 20.55 y 22.25 .... **Vb = 12,8′**
9. Ra para ir a la posición situada a 1 milla al Sv del faro de sectores de Barbate **Ra = 337°**

Desarrollo del problema:

Cuadro de estima a múltiples rumbos

	tn					Ct						Δl		A	
Intervalo Navegado	**T(h^m)**	**T(h)**	**Vb**	**DST**	**Ra**	**dm**	**Δ**	**Rv**	**Abto**	**Rs**	**Rs/Cd**	**N**	**S**	**E**	**W**
Día 1°															
HO 13.00 - 14.50	1h 50^m	1,833	12	22,00	140°	−3°	+5°	142°	−7° Br	135°	S 45° E		15,6	15,6	
HO 14.50 - 19.30	4h 40^m	4,667	12	56,00	185°	−3°	+6°	188°	−8° Br	180°	S		56,0		
Día 2°															
HO 19.30 - 06.35	11h 05^m	11,083	12	133,00	256°	−3°	−4°	249°	+2° Er	251°	S 71° W		43,3		125,8
Corriente	11h 05^m	11,083	1	11,08						45°	N 45° E	7,8		7,8	
HO 06.35 - 11.40	5h 05^m	5,083	12	61,00	250°	−3°	−4°	243°	+2° Er	245°	S 65° W		25,8		55,3
Corriente	5h 05^m	5,083	1	5,08						45°	N 45° E	3,6		3,6	
HO 11.40 - 17.55	6h 15^m	6,250	12	75,00	270°	−3°	−6°	261°	+4° Er	265°	S 85° W		6,5		74,7
Corriente	6h 15^m	6,250	1	6,25						45°	N 45° E	4,4		4,4	
												15,9	147,2	31,4	255,8
Diferencia total en minutos													131,3		224,3

Latitud: 38° 15,3′ N – 2° 11,3′ S | l a HO 17.55: **36° 04,0′ N**

Latitud media: 38° 15,3′ N – 1° 05,65′ S | lm = 37° 09,6′ N | cos lm = 0,797; ΔL = 224,3/0,797 = 281,5′ al W

Longitud: 000° 27,2′ W + 4° 41,5′ W | L a HO 17.55: **005° 08,7′ W** *(Pregunta 1)*

HO 17.55 - 18.25	0h 30^m	0,5	12	6,00	225°	−3°	7,5°	214,5°	+6° Er	220,5°	S 40,5° W	4,6	3,9

(Viento S)

Latitud: 36° 04,0′ N – 4,6′ S | l a HO 18.25: **39° 59,4′ N**

lm: 36° 04,0′ N – 2,3′ S | lm = 36° 01,7′ N | cos lm = 0,8087; ΔL = 3,9/0,8087 = 4,8′ al W

Longitud: 005° 08,7′ W + 4,8′ W | L a HO 18.25: **005° 13,5′ W** *(Pregunta 1)*

En la resolución de las situaciones finales por cálculo de estima tras múltiples cambios de rumbo mediante el cuadro anterior debe observarse que la simplificación del cálculo trae consigo un *error de longitud* debido a la utilización de una latitud media entre la de salida y de llegada, que no tiene por qué coincidir con las latitudes medias que se habrían utilizado si se hubiese efectuado un cálculo de estima para cada cambio de rumbo. Si se hubiese efectuado el cálculo de estima rumbo a rumbo las soluciones a la pregunta 1 serían:

A HO 17.55: l = 36° 04,0′ N; **L = 005° 05,6′ W**
A HO 18.25: l = 39° 59,4′ N; **L = 005° 10,4′ W**

Valores que serían siempre más cercanos a los reales aunque más laboriosos de obtener y que representan una Δl = 3,1′ entre los dos modelos de cálculo. La situación observada se consigue en este planteamiento mediante la toma de 2 demoras no simultáneas (a HO 17.55 y a HO 18.25) al faro de Punta Europa, en la pregunta 2.

Situaciones observadas por dos marcaciones no simultáneas, sabiendo el rumbo de superficie (Rs) y la velocidad del barco (Vb):
Se hallan las demoras verdaderas inversas en función de los rumbos verdaderos y las marcaciones. Se trazan sobre la carta desde el faro de Punta Europa, junto con el rumbo superficie, que a su vez se delimita por la distancia navegada en los 30 minutos que separan las dos observaciones:

HO = 17.55: *Dv = Rv (214,5°) + M (60°); Dv = 274,5°*; (Dv inversa = 94,5°)
HO = 18.25: *Dv = Rv (214,5°) + M (115°); Dv = 329,5°,* (Dv inversa = 149,5ª)
DSTn en 30′ = 12′/2; DSTn = 6 millas al Rs = 220,5°

Trazando una paralela a la primera demora verdadera desde el extremo del vector Rs, donde ésta corte a la segunda demora, estará la situación a HO = 18.25. Desde la misma se trazan 6 millas de Rs en sentido contrario. Donde este rumbo corte la 1ª Dv estará la posición a HO = 17.55:

Situación a HO = 17.55: **l = 36° 06,1′ N; L = 005° 12,3′ W** *(Pregunta 2).*
Situación a HO = 18.25: **l = 36° 01,6′ N; L = 005° 17,0′ W** *(Pregunta 2).*

Midiendo los minutos de latitud entre la situación estimada (l = 35° 59,4′ N; L = 005° 13,5′ W) y la observada (l = 36° 01,6′ N; L = 005° 17,0′ W) a HO = 18.25 con la apertura del compás, se obtiene la distancia entre las posiciones calculadas y trazadas en la carta. También podría hallarse la DST por cálculo de la estima indirecta entre las dos posiciones. **DST = 3,5 millas** *(Pregunta 3).*

Corriente supuesta:

Desde la situación observada a HO = 18.25 se traza un rumbo para pasar a 3 millas del faro de Isla Tarifa. Éste será el supuesto rumbo efectivo. Se representa el vector de la corriente supuesta Rc = 065° e Ihc = 2'. Desde el extremo del vector corriente así definido, se traza un Rs horario de 12 millas de largo, hasta el punto de cruce con el Ref (supuesto).

Así se forma un triángulo de corriente (supuesta) para 1 hora de navegación:
Se mide el Rs = 253° y se calcula Rv en función del viento Sur, que produce un abatimiento de Abto = 4° Er.
Rs (253°) = Rv + Abto (+4°); Rv = 249°. Se calcula el Ra en función de la corrección total para el rumbo: *Rv (249°) = Ra + dm (–3°) + Δ (–6°);* **Ra = 258°** *(Pregunta 4).*

Se halla ahora el punto de cruce a HO = 20.55 entre la oposición con los faros de Isla Tarifa y el de Cabo Espartel, así como la Dv inversa desde el faro de Punta Malabata:
Dv = 166,5° + dm (–3°) + Δ (–6°); Dv = 157,5°; (Dv inversa = 337,5°)
La intersección representa la situación real a HO = 20.55:

l = 35° 53,0' N; L = 005° 47,0' W *(Pregunta 5).*

Se mide la distancia efectiva entre la situación real a HO = 18.25 y la de HO = 20.55, así como el Ref y Vef, entre las dos posiciones observadas:

DST = 25,8 millas recorridas en 2,5 h; Ref (real) = 251° y
Vef (real) = 10,3' (SOG entre HO = 18.25 y 20.55).

Desde el punto de partida a HO = 18.25 se traza la situación real tras una hora de navegación sobre el Ref y a Vef. Ahora se traza, desde la situación de partida, el Rs anteriormente hallado (Rs = 253°) con una longitud de 12 millas. Uniendo el extremo del Rs con la posición real alcanzada después de una hora de navegación se halla el desplazamiento real por la corriente en una hora, es decir el **Rc (real) = 082°** y la **Ihc (real) = 1,7'** *(Pregunta 6).*

Triángulo de corriente a Barbate:

Desde la posición observada a HO = 20.55 se traza un rumbo al punto situado a una milla al sur del faro de sectores de Barbate. Se mide su distancia y se calcula el SOG necesario para recorrerla en 1,5 horas y así recalar a HO = 22.25: DST = 18,5 millas;
SOG = 12,3' *(Pregunta 7).*

Considerando la corriente hallada, se cierra un triángulo entre el **Ref (COG) = 338,5°** *(Pregunta 7).* medido sobre la carta y delimitado por su SOG, así como el Rc y su Ihc.

Se traza desde el extremo del vector corriente un Rv (no existe viento) hasta alcanzar el final horario del Ref; Rv = 331°. Midiendo el largo del vector Rv, se obtiene la **Vb = 12,8'** *(Pregunta 8).*

Esta velocidad de corredera es la necesaria para alcanzar el punto de recalada a HO = 22.25 prevista. En función de la corrección total: *Rv (331°) = Ra + dm (–3°) + Δ (–3°);*
Ra = 337° *(Pregunta 9).*

12 Situación por marcación e isobática. Distancia a la costa y medición de ángulo horizontal. Pleamar en Gibraltar: altura de marea y hora oficial. Rumbo, velocidad y situación por tres demoras verdaderas no simultáneas + demora verdadera simultánea. Triángulo simple de corriente. Cálculo loxodrómico directo e indirecto, con viento.

Un yate navega el día 29 de mayo al Rv = 345° con una Vb = 15 nudos. Al ser HO = 17.03 se encuentra sobre la isobática de los 500 m tomando simultáneamente una marcación M = 015° Br del faro de Punta Almina. *(Pregunta 1.)*

Sigue navegando igual y a HO = 17.48 detecta un problema en la máquina, disminuyendo la velocidad. A causa de la avería, sobre la HO = 21.00 se decide entrar en el puerto de Gibraltar, haciendo coincidir el momento de la recalada con la próxima pleamar. Al día siguiente (30 de mayo), una vez reparadas las máquinas, el yate sale a navegar a HO = 13.08; HO = HZ + 2. *(Preguntas 2, 3, 4.)*

Tras navegar a varios rumbos durante el 30 de mayo, se toman las siguientes demoras verdaderas del faro de Punta Carnero: A HO = 14.24: Dv = 280°; a HO = 14.44: Dv = 342°; a HO = 15.09: Dv = 027° y simultáneamente, del faro de Isla Tarifa, Dv = 280°. *(Preguntas 5, 6, 7.)*

Después de navegar a otros rumbos, al ser HO = 21.57 el yate está situado en l = 35° 52,1' N; L = 005° 55,5' W y le afecta una corriente de rumbo SSE con Ihc = 3'. Pone Rv para navegar al Ref = 260° con Vb = 11'. *(Pregunta 8.)*

Más tarde, desaparecida la corriente anterior, el yate se encuentra en l = 35° 39,0' N; L = 006° 22,0' W y navega con una Vb = 11 nudos y al Rv = 195° durante 5 horas afectado por un viento de poniente que le provoca un abatimiento de 15°. *(Preguntas 9 y 10.)*
(Nota: Situación del faro de Cabo Espartel: l= 35° 47,5' N; L = 005° 55,3' W.)

Se pide:

1. Distancia (DST) al faro de Punta Almina a HO = 17.03 .... **DST = 5,3 millas**
2. Ángulo horizontal entre los faros de P. Europa y de P. Carnero a HO = 17.48 **AH = 33°**
3. Hora oficial a la que entrará en el puerto de Gibraltar .... **HO = 02.16 del 30.05.**
4. Altura de marea en el puerto de Gibraltar a HO = 13.08 .... **Alt.Marea: 0,70 m**
5. Situación del yate a HO = 14.24 .... **l = 36° 04,0' N; L = 005° 20,4' W**
6. R y V a la que navegará entre HO = 14.24 y HO = 15.09 .... **Ref = 235°; Vef = 11,4'**
7. Situación del yate a HO = 15.09 .... **l = 35° 59,0' N; L = 005° 29,0' W**
8. Rv y situación del yate a HO = 23.09 .... **Rv = 275°; l = 35° 49,8' N; L = 006° 10,0' W**
9. Situación del yate tras navegar 5 horas al Rv = 195° .... **l = 34° 44,0' N; L = 006° 22,0' W**
10. Distancia al faro de Cabo Espartel después de navegar las 5 horas .... **DST = 67,1 millas**

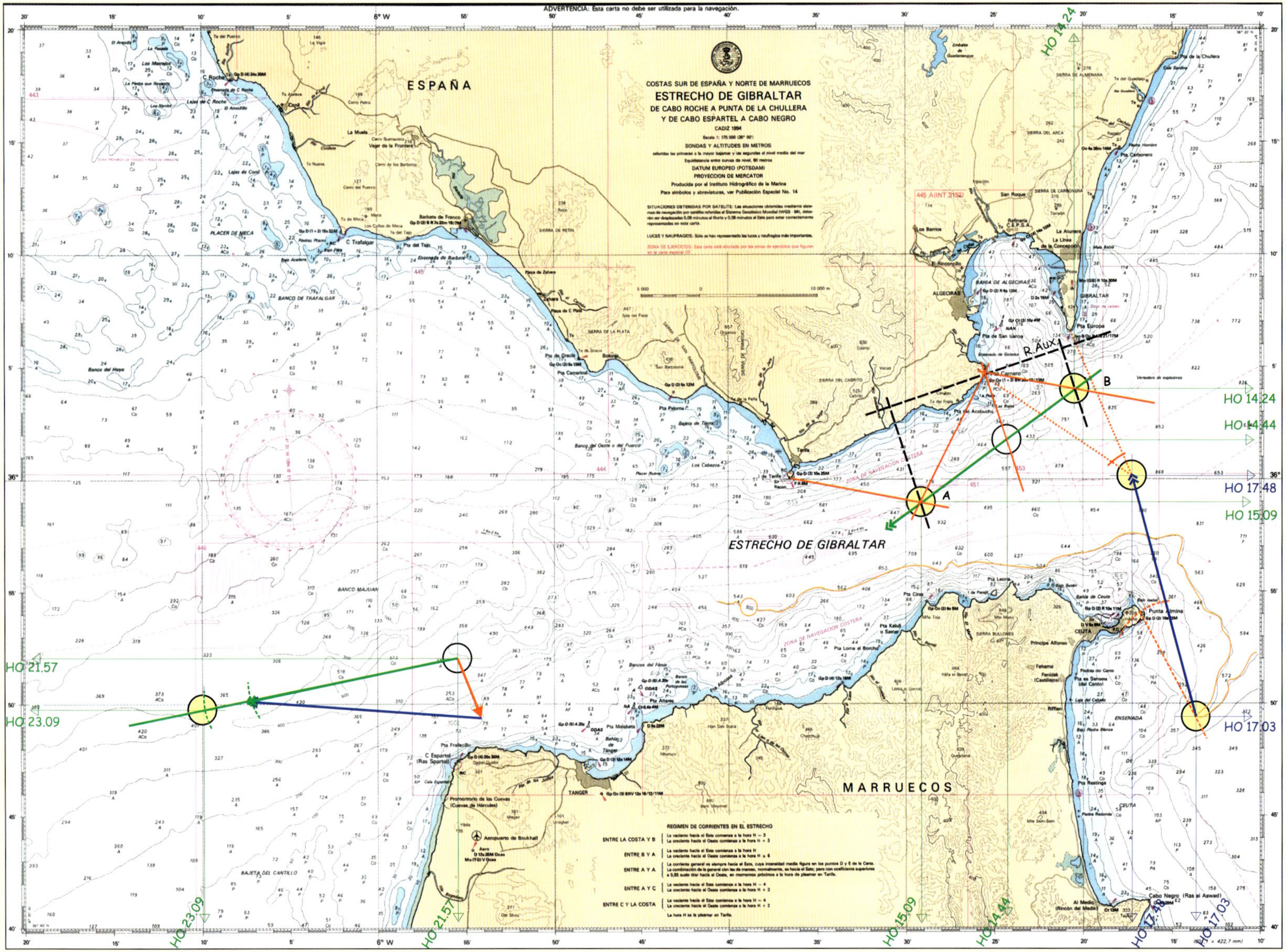

ADVERTENCIA: Esta carta no debe ser utilizada para la navegación.
COSTAS SUR DE ESPAÑA Y NORTE DE MARRUECOS
ESTRECHO DE GIBRALTAR
DE CABO ROCHE A PUNTA DE LA CHULLERA
Y DE CABO ESPARTEL A CABO NEGRO
CADIZ 1994
SONDAS Y ALTITUDES EN METROS
DATUM EUROPEO (POTSDAM)
PROYECCION DE MERCATOR
Producida por el Instituto Hidrográfico de la Marina
ESPAÑA
MARRUECOS
ESTRECHO DE GIBRALTAR
REGIMEN DE CORRIENTES EN EL ESTRECHO
R. Aux
A
B
HO 14.24
HO 14.44
HO 15.09
HO 17.03
HO 17.48
HO 21.57
HO 23.09

Desarrollo del problema:

Situación observada por marcación e isobática simultáneas:
Se halla la demora verdadera inversa en función del rumbo verdadero y la marcación:
Dv = Rv (345°) – M (15°) Br; Dv = 330° (Dv inversa = 150°).

Se traza sobre la carta desde el faro de Punta Almina hasta cruzar el codo de la isobática de 500 m, marcada en la carta. La situación encontrada a HO = 17.03, de l = 35° 49,4′ N y L = 005° 13,6′ W está, del faro de Punta Almina a una **DST = 5,3 millas** *(Pregunta 1).*

Desde la situación encontrada a HO = 17.03 se navega a Rv = 345° durante 45^m y a Vb = 15 nudos hasta HO = 17.48 alcanzando la situación de l = 36° 00,2′ N y L = 005° 17,1′ W y desde donde se trazan sendas líneas imaginarias a los faros de Punta Carnero y Punta Europa. El ángulo horizontal, **AH = 33°** *(Pregunta 2).*

Marea:
El horario oficial HO = 21.00 está adelantado en 2 horas con respecto al HTU, descrito en el Anuario de Mareas (véanse páginas 148-150) para el puerto patrón de Gibraltar. Así, ha de buscarse una pleamar siguiente a la HTU = 19.00 del día 29.05. Ésta se produce a HTU = 00.16 del día 30.05. y corresponde al **HO = 02.16 del 30.05** *(Pregunta 3).*

Si el barco decide salir al día siguiente de Gibraltar, a HO = 13.08 (HTU de Gibraltar, 11.08), ha de calcularse la corrección aditiva para sumarla a la altura de la bajamar y así conocer la altura de marea del momento de la salida:
Duración de la creciente entre HTU = 06.17 y HTU = 12.53 = 6h 36^m (396^m)
Intervalo desde la bajamar más próxima: Desde HTU = 06.17 a HTU = 11.08; 4h 51^m (291^m).

$\alpha°$ =$180^m \cdot I$ (291^m) / Dc (396^m); $\alpha°$ = 132,3°;
CA = ½ Am (0,80 m– 0,20 m)·(1 – cos 132,3°); CA = 0,50 m.
Altura de marea a HTU = 11.08 (HO = 13.08) = Alt.Bjm (0,20 m) + CA (0,50 m);
Alt.Marea a HO 13.08 del 30.05. = 0,70 m *(Pregunta 4).*

Situación por dos demoras simultáneas a distintos puntos; y situación, rumbo y velocidad por tres demoras no simultáneas a un punto:
Desde el faro de Punta Carnero se trazan las inversas a las demoras verdaderas para cada momento de la observación y también la simultánea al faro de Isla Tarifa:

HO = 14.24; Dv = 280° (Dv inversa = 100°);
20^m más tarde: HO = 14.44; Dv = 342° (Dv inversa = 162°);
25^m más tarde: HO = 15.09; al faro de Punta Carnero: Dv = 027° (Dv inversa = 207°);
y simultáneamente: HO = 15.00; al faro de Isla Tarifa: Dv = 280° (Dv inversa = 100°).

Trazando una perpendicular a la 2ª Dv, tomada al faro de Punta Carnero a HO = 14.44, se obtiene una recta auxiliar desde la que se traza una paralela a dicha demora que pase por el corte de las 2 demoras simultáneas tomadas a HO = 15.09 (punto «A»). El intervalo de recta auxiliar (4,6 millas) así hallado entre la 2ª y la 3ª demora es proporcional a los 25 minutos de navegación transcurridos entre las 2 observaciones. Se halla el intervalo de recta auxiliar proporcional a los 20 minutos de navegación transcurridos entre la 1ª y la 2ª demora:

I = (4,6'·20^m) / 25^m; Intervalo de recta auxiliar proporcional a 20^m de navegación = 3,6 millas.

Sobre la «recta auxiliar» y desde la 2ª Dv se miden estas 3,6 millas hacia el NE.
En este punto se traza otra paralela a la 2ª Dv hasta su corte con la 1ª Dv. Uniendo este punto de corte «B» con el punto «A», se obtiene el rumbo navegado entre HO = 14.24 y HO = 15.09. Su distancia navegada permite calcular la velocidad horaria del yate.
La situación a HO = 14.24: **l = 36° 04,0' N; L = 005° 20,4' W** *(Pregunta 5).*
Entre HO = 14.24 y HO = 15.09: **Rv = 235°; Vb = 11,4 nudos** *(Pregunta 6).*

Sobre el corte de las demoras verdaderas tomadas a HO = 15.09 hacia los faros de Punta Carnero e Isla Tarifa se encuentra la posición a HO = 15.09: **l = 35° 59,0'N; L = 005° 29,0'W** *(Pregunta 7).*

Triángulo de corriente:
Se representan los vectores de corriente (Rc + Ihc) y de Ref desde la situación de partida. Desde el extremo del vector corriente se aplica la punta del compás con apertura de 11 millas, de acuerdo con la velocidad horaria del buque y se marca su cruce con el vector de Ref. Esto cierra el triángulo horario de corriente. Se prolonga el vector Ref hasta un tn de 1h 12^m (1,2 h) y se marca la posición a HO = 23.09: **l = 35° 49,8' N; L = 006° 10,0' W. Rv = 275°** *(Pregunta 8).*

Cálculo de estima:
Se trata del cálculo de estima directa desde la posición indicada de l = 35° 39,0' N; L = 006° 22,0' W para navegar durante 5 horas a Vb = 11' (DSTn = 55 millas) al *Rs = Rv (195°) – Abto/Br (15°)*; Rs = 180°. El Δl = 55' y el ΔL = 0, al navegar hacia el Sv. En consecuencia, transcurridas cinco horas de navegación (HO = 02.57 del 31.05.) la posición del yate sería: **l = 34° 44,0' N; L = 006° 22,0' W** *(Pregunta 9).*

Para hallar la distancia entre esta situación a HO = 02.57 y la del faro del Cabo Espartel (l = 35° 47,5' N; L = 005° 55,3' W) se trata de resolver una estima indirecta entre las dos situaciones indicadas:
Δl: 1° 03,5' al N (63,5'); /2 = 31,75' al N; lm = 35° 15,75' N; cos lm = 0,816515622.
ΔL = 26,7' al E.
A = ΔL (26,7')·cos lm (0,816515622); A = 21,8'.
tg R = A (21,8') / Δl (63,5'); R = 18,95°; R = N 19 E.
DST = Δl (63,5') / cos R (19°); **DST = 67,1 millas al rumbo N 19 E** *(Pregunta 10).*

13 Problema de marea, sonda del momento, ABQ (agua bajo quilla) en puerto secundario. Hallar Rc e Ihc de corriente desconocida (sin utilizar una recta auxiliar), por triángulo simple; y situación por dos demoras verdaderas simultáneas. Rumbo con abatimiento para estar «al través de...». Situación por tres distancias simultáneas y medición de ángulo horizontal. Cálculo de estima directa.

El 15 de agosto, un yate con un calado de 1,27 m se encuentra atracado en el puerto de Sancti-Petri, en un lugar donde la sonda de la carta indica 2,0 m estimando iniciar su salida a HO = 12.15 para navegar hacia el Estrecho.
El adelanto de la hora oficial es de dos horas (HO = HZ + 2). *(Preguntas 1, 2.)*

Más tarde, al ser HO = 13.46, y ya situado en l = 36° 11,2' N; L = 006° 05,5' W, pone rumbo verdadero, Rv = 135° con una Vmq = 9 nudos. Al ser HO = 15.16 y temiendo la existencia de corriente, se toman simultáneamente las siguientes demoras, Dv = 356° al faro de Camarinal, en Punta Gracia y Dv = 060,5° al faro de Punta Paloma. *(Preguntas 3, 4.)*

Al ser HO = 15.45, desaparecida la corriente anterior, el yate se encuentra situado a 4 millas al sur del faro de Punta Paloma. En este momento se decide poner rumbo directo al faro de Punta Alcázar, conociendo la existencia de un viento de poniente, que producirá un abatimiento de 15°. *(Preguntas 5, 6.)*

Después de navegar a otros rumbos y desaparecido el viento anterior, se toman simultáneamente los siguientes ángulos verticales al faro de Isla Tarifa (h = 44 m) = 15,1'; al faro de Punta Cires (h= 44 m) = 14,9'; y al faro de Punta Carnero (h= 41 m) = 12,9'. *(Preguntas 7, 8.)*

Más tarde, al ser HO = 17.00, en ausencia de viento y corriente, se sitúa el yate en l = 36° 04,7' N; L = 005° 15,2' W. Desde esta situación decide navegar al Rv = 094° durante 8 horas con una Vmq = 8,5 nudos. *(Preguntas 9 y 10.)*

Se pide:

1. ABQ en el puerto de Sancti-Petri al iniciar la salida .... **ABQ = 1,45 m**
2. HO de la próxima pleamar en el puerto de Sancti-Petri .... **HO = 19.25**
3. Ref y Vef del yate entre HO = 13.46 y 15.16 .... **Ref = 124,5°; Vef = 11,3 nudos**
4. Rc + Ihc que han afectado al yate .... **Rc = 090°; Ihc = 3'**
5. Rv para recalar al faro de Punta Alcázar .... **Rv = 154°**
6. Situación del yate al estar al través del faro de Isla Tarifa .... **l = 35° 58,2' N; L = 005° 41,2' W**
7. Ángulo horizontal entre Punta Paloma y Punta Carnero al llegar a Punta Alcázar .... **AH = 57°**
8. Situación observada por tres distancias simultáneas .... **l = 36° 00,0' N; L = 005° 30,0' W**
9. Situación del yate tras navegar 8 horas al Rv = 094° .... **l = 36° 00,0' N; L = 003° 51,3' W**
10. Tiempo que tardará el yate en recorrer las 68 millas a 12 nudos .... **tn = 5h 40^{m}**

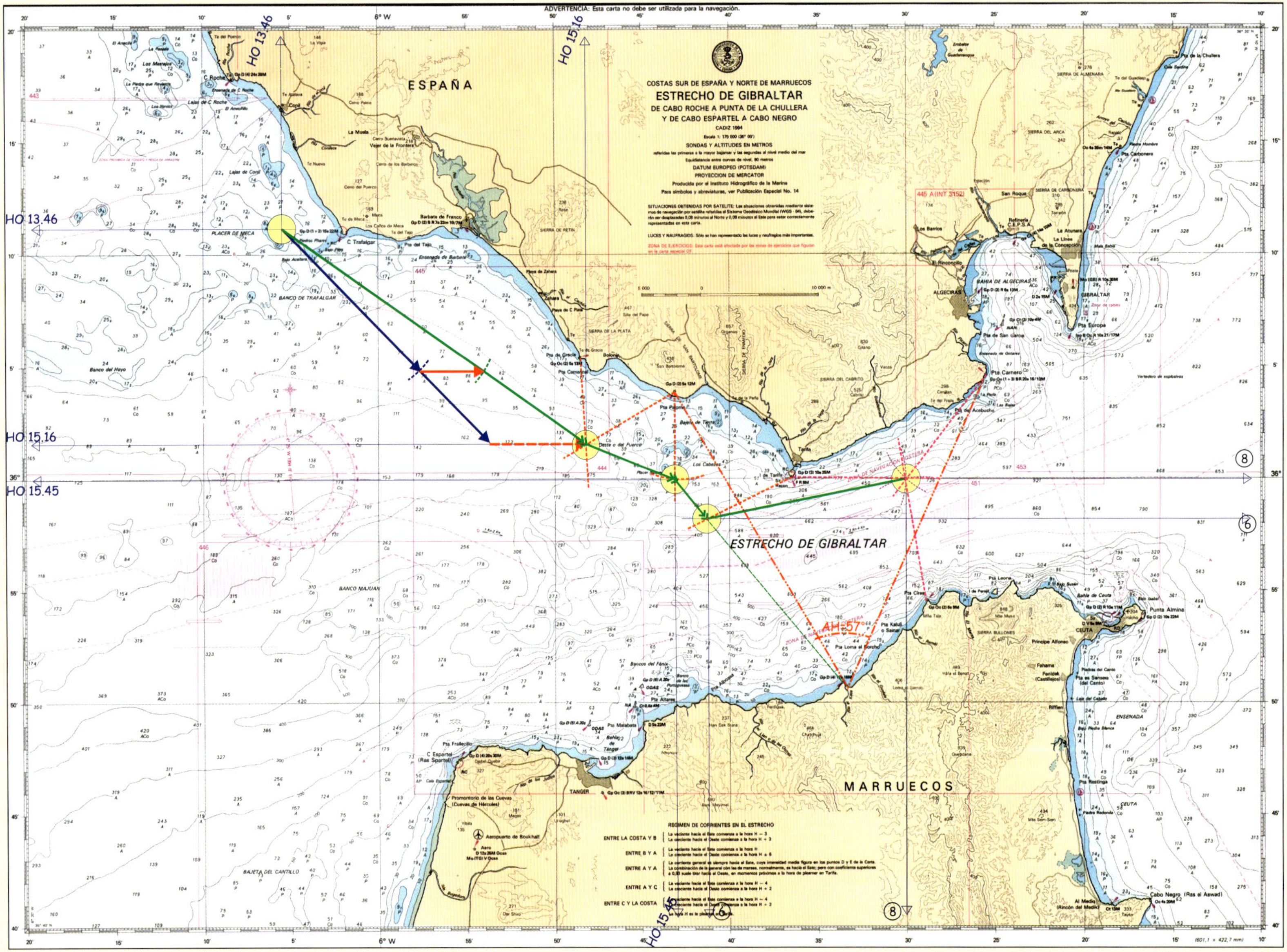
ADVERTENCIA: Esta carta no debe ser utilizada para la navegación.
COSTAS SUR DE ESPAÑA Y NORTE DE MARRUECOS
ESTRECHO DE GIBRALTAR
DE CABO ROCHE A PUNTA DE LA CHULLERA
Y DE CABO ESPARTEL A CABO NEGRO
CADIZ 1984
SONDAS Y ALTITUDES EN METROS
DATUM EUROPEO (POTSDAM)
PROYECCION DE MERCATOR
Producida por el Instituto Hidrográfico de la Marina
Para símbolos y abreviaturas, ver Publicación Especial No. 14
ESPAÑA
MARRUECOS
ESTRECHO DE GIBRALTAR
HO 13.46
HO 15.16
HO 15.45
AH 57
REGIMEN DE CORRIENTES EN EL ESTRECHO
ENTRE LA COSTA Y B
ENTRE B Y A
ENTRE A Y A
ENTRE A Y C
ENTRE C Y LA COSTA
C Trafalgar
PLACER DE MECA
BANCO DE TRAFALGAR
ALGECIRAS
GIBRALTAR
Tarifa
TANGER
CEUTA
Cabo Negro (Ras el Aswad)
C Espartel (Ras Spartel)

Desarrollo del problema:

Marea: El puerto de Sancti-Petri es secundario del puerto patrón Cádiz:

Diferencias			Cádiz a 15.08			Corrección puerto Sancti-Petri		
	Hora	*Altura (m)*		*Hora*	*Altura (m)*		*Hora*	*Altura*
Pleamar	+0h 05^m	–0,19 m	1ª pleamar	04h 27^m	3,07	**1ª pleamar**	**05h 03^m**	**2,88**
Bajamar	+0h 05^m	–0,02 m	1ª bajamar	10h 51^m	0,67	**1ª bajamar**	**10h 56^m**	**0,65**
			2ª pleamar	17h 20^m	3,12	**2ª pleamar**	***17h 25^m***	2,93
			2ª bajamar	23h 16^m	0,78	2ª bajamar	23h 21^m	0,76

Se largan amarras a HO = 12.15 – 2h; HZ = 10.15 (durante la primera vaciante de la mañana).
Amplitud de marea = 2,88 – 0,65 = 2,23 m.
Duración de la vaciante = 5h 53^m (353^m);
Intervalo desde las 10h 56^m – 10h 15^m = 41^m;
$\alpha = 180 \cdot 41^m / 353^m$; $\alpha = 20{,}91°$;
Corrección aditiva, CA = 2,23·(1 – cos 20,91°) / 2; CA = 0,07 m.
Sm = Sc (2,00) + Bjm (0,65) + CA (0,07); Sm = 2,72 m.
ABQ = Sm (2,72) – Calado (1,27); **ABQ = 1,45 m** *(Pregunta 1)*.
La próxima pleamar en Sancti-Petri, será a **HO = HZ (17.25) + 2 = 19.25** *(Pregunta 2)*.

Navegación bajo corriente desconocida desde HO = 13.46 en situación:
l = 36° 11,2' N y L = 006° 05,5' W hasta HO = 15.16 en que se toman simultáneamente:
Dv = 356° al faro de Camarinal en Punta Gracia; (demora inversa = 176°).
Dv = 060,5° al faro de Punta Paloma; (demora inversa = 240,5°).
Su intersección da la posición verdadera. Uniendo las dos posiciones se obtiene el rumbo efectivo, COG = 124,5°. La distancia navegada, medida sobre la carta, dividida por el tiempo navegado (90 minutos) y multiplicado por 60, da la velocidad horaria efectiva (SOG = 11,3'); **Ref = 124,5°** *(Pregunta 3)*.

Uniendo la posición efectivamente alcanzada a HO = 15.16 con la que se hubiese alcanzado al Rv = 135° tras 90 minutos de navegación a Vmq = 9', da el rumbo de corriente desconocida, Rc = 090° y reduciendo su distancia de 90 minutos a una hora, se obtiene su **Ihc = 3'** *(Pregunta 4)*.

A HO = 15.45 el yate se sitúa a 4 millas al sur del faro de Punta Paloma.
Se traza un rumbo directo desde esta posición al faro de Punta Alcázar. Éste sería la derrota deseada. Para contrarrestar el viento del W, que le abate 15° hacia babor, debe hallarse el Rv.
Sabiendo que el Rs = 149° medido sobre la carta a Punta Alcázar, se aplica
Rs (149°) = Rv – 15°; **Rv = 154°** *(Pregunta 5)*.

Para situarse al través del faro de Isla Tarifa debe hallarse la demora verdadera a dicho faro que cruce el rumbo en base a una marcación de 90° por babor y en función del Rv. Como *Dv = Rv (154°) – 90°*; Dv = 64° (Dv inversa = 244°). Desde el faro de Isla Tarifa se traza dicha demora y donde corte la derrota, marca la posición del yate en el momento en que tiene el faro por el través de babor: **l = 35° 58,2' N y L = 005° 41,2' W** *(Pregunta 6).*

Si se trazan dos Dv desde el faro de Punta Alcázar al de Punta Paloma y al de Punta Carnero, y se mide su diferencia, se obtiene entre las dos referencias seleccionadas, un ángulo horizontal de **AH = 57°** *(Pregunta 7).*

Mediante la ecuación que relaciona la altura (h) de un faro sobre el nivel medio del mar y los minutos de ángulo vertical tomados entre su base y la cúspide de su torre desde el barco, se puede hallar la distancia a la que se encuentra la embarcación del faro en un momento dado:

DST = 13/7·h/α': *DST al faro de Isla Tarifa = 13/7·h (44 m) /* α (15,1'); DST = 5,4 millas.
DST al faro de Punta Cires = 13/7·h (44 m) / α (14,9'); DST = 5,5 millas.
DST al faro de Punta Carnero = 13/7·h (41 m) / α (12,9'); DST = 5,9 millas.

Trazando tres arcos de circunferencia con radio correspondiente a las distancias en millas halladas, haciendo centro con el compás en cada uno de los faros, se observa que los tres se cortan en un mismo punto de situación, **l = 36° 00,0' N y L = 005° 30,0' W** *(Pregunta 8).*

Estima directa:
En el cálculo de estima a HO = 17.00 desde la posición de l = 36° 04,7' N y L = 005° 15,2' W al Rv = 094° y a una Vmq = 8,5 nudos, para calcular la posición de llegada ocho horas más tarde se procede de la siguiente manera:

Δl = DSTn (8,5'·8h)·cos Rv (94°); Δl = 4,7' al S; latitud de llegada = 36° 00,0' N
Distancia navegada, *DSTn = Vmq (8,5')·tn (8h)*; DSTn = 68 millas.
lm = latitud de llegada (36° 00,0' N) + Δl (4,7') / 2 lm = 36° 02,3'N; cos lm = 0,80862356;
A = DSTn (8,5'·8 h)·sen Rv (94°); A = 67,8' al E
A (67,8') = ΔL·cos lm (0,80862356); ΔL = 83,9' (1° 23,9' al E);
Longitud de llegada = 003° 51,3' W

La posición de llegada resulta: **l = 36° 00,0' N; L = 003° 51,3' W** *(Pregunta 9).*
Las 68 millas serán recorridas a 12 nudos en 5,67 horas = 68 millas / 12 horas = **5h 40^{m}**
(Pregunta 10).

14 Corrección total por ángulo horizontal y demoras de aguja, y situación por distancia a un punto. Situación por dos demoras de aguja; corriente supuesta y situación verdadera por distancia y demora verdadera. Cálculo de estima directa con corriente.

El día 23 de abril, al ser HO = 09.30, un yate navega a una Vmq = 12 nudos. En este instante toma, simultáneamente, Da = 268° al faro de Punta Europa y Da = 198° al de Punta Almina, así como distancia = 10 millas al de Punta Carnero. La variación local de la zona, dm = 4,5° NW. *(Preguntas 1, 2.)*

Situados, pone rumbo a un punto que se encuentra situado al norte y a 5 millas del faro de Punta Cires (el desvío se mantiene para este rumbo). A HO = 10.30 toma Da = 207° al faro de Punta Cires y Da = 272° al de Isla Tarifa. *(Pregunta 3.)*

Situados en el punto «Q», se entra en zona de corriente supuesta de Rc = 27 NE e Ihc = 2,7', poniendo rumbo a un punto situado al NW verdadero del faro de Cabo Espartel y a 7,5 millas de distancia. Desvío a este rumbo, Δ = 2,5° NW. La Vb = 12 nudos. A HO = 12.00 se toma Da = 197,5° al faro de Cabo Espartel y Da = 139° al de Punta Malabata. *(Preguntas 4, 5, 6, 7, 8.)*

Situados en «C» y teniendo en cuenta la corriente verdadera hallada, se navega durante 6 horas a un Rv = S 70 W, siempre con Vmq = 12'. *(Preguntas 9 y 10.)*

Se pide:

1. Situación observada a HO = 09.30 .... **l = 36° 07,5' N; L = 005° 13,6' W**
2. Corrección total de la aguja del barco .... **Ct = 8° NW**
3. Situación «Q» observada a HO = 10.30 .... **l = 36° 01,0' N; L = 005° 26,2' W**
4. Ra entre HO = 10.30 y HO = 12.00 .... **Ra = 251°**
5. Situación estimada «A» a HO =12.00 .... **l = 35° 57,2' N; L = 005° 43,7' W**
6. Situación verdadera «C» a HO = 12.00 .... **l = 35° 55,5' N; L = 005° 53,6' W**
7. Ref y Vef real entre HO = 10.30 y HO = 12.00 .... **Ref = 256°; Vef = 15,3'**
8. Rc e Ihc verdadera que ha afectado desde «Q» .... **Rc = 290°; Ihc = 4,5'**
9. Ref, Vef a partir de «C», a HO = 12.00 .... **Ref = 80,5 SW; Vef = 15,5'**
10. Situación estimada a HO = 18.00 .... **l = 35° 40,1' N; L = 007° 46,7' W**

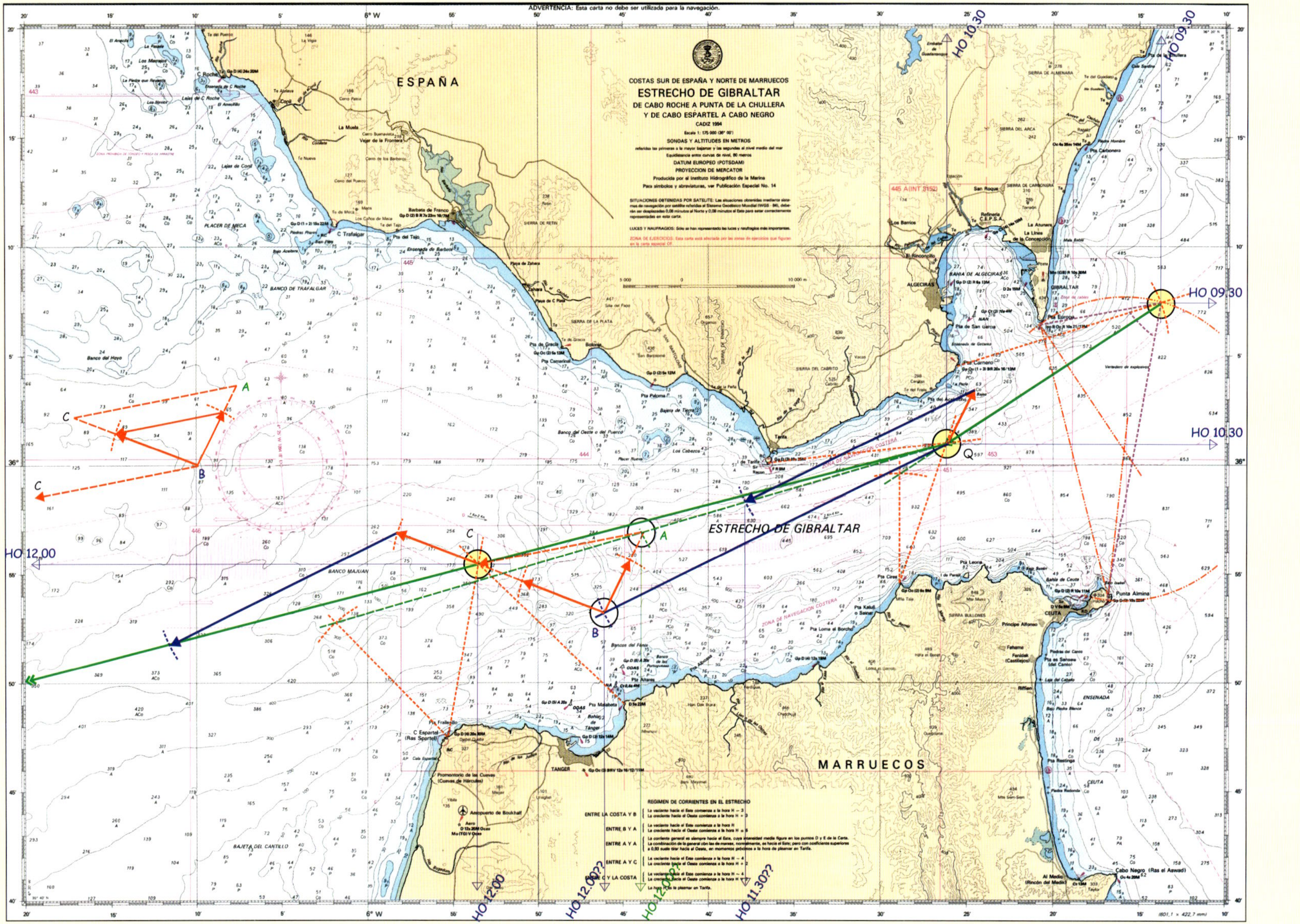
ADVERTENCIA: Esta carta no debe ser utilizada para la navegación.
COSTAS SUR DE ESPAÑA Y NORTE DE MARRUECOS
ESTRECHO DE GIBRALTAR
DE CABO ROCHE A PUNTA DE LA CHULLERA
Y DE CABO ESPARTEL A CABO NEGRO
CADIZ 1994
Escala 1: 175 000 (36° 00')
SONDAS Y ALTITUDES EN METROS
DATUM EUROPEO (POTSDAM)
PROYECCION DE MERCATOR
Producida por el Instituto Hidrográfico de la Marina
Para símbolos y abreviaturas, ver Publicación Especial No. 14
ESPAÑA
MARRUECOS
ESTRECHO DE GIBRALTAR
REGIMEN DE CORRIENTES EN EL ESTRECHO
HO 09.30
HO 10.30
HO 12.00
HO 12.00??
HO 11.30??
A
B
C
Q

Desarrollo del problema:

Debido a que la diferencia de dos demoras de aguja puede considerarse como un ángulo horizontal, que no depende de la Ct porque:
Dv' = Da' + Ct y *Dv" = Da" + Ct*. Restando las dos ecuaciones entre sí:
AH = Dv' – Dv" y AH = Da' – Da". En consecuencia, puede hallarse el arco capaz desde el cual se ven las dos referencias mediante demoras de aguja:
AH = 268° – 198°; AH = 70°.

Uniendo los faros citados y trazando dos rectas desde los mismos con ángulo α = *90° – AH (70°)*; α = 20°. En el corte de las dos rectas se centra el compás con apertura hacia cualquiera de los faros de referencia, trazando el arco capaz desde cuyos infinitos puntos se ven los faros de referencia con AH = 70°. El corte del arco capaz con otro arco de DST = 10 millas, trazado desde el faro de Punta Carnero indica la posición a HO = 09.30: **l = 36° 07,5′ N; L = 005° 13,6′ W** *(Pregunta 1).*

Desde la situación hallada para HO = 09.30, se miden sobre la carta las dos Dv a los faros de referencia y comparando con las de aguja tomadas para hallar la corrección total:

Dv = 253,5° al faro de Punta Carnero y DST = 10 millas.
Dv = 260° al faro de Punta Europa. Diferencia con Da = 268°; Ct = –8° (8° NW).
Dv = 190° al faro de Punta Almina. Diferencia con Da = 198°; **Ct = –8° (8° NW).** *(Pregunta 2).*

Desde la situación hallada a HO = 09.30 se traza un rumbo al punto situado a 5 millas al N del faro de Punta Cires: Rv = 237°; *Rv (237°) = Ra +* Δ *(–3,5°) + dm (–4,5°);* de aquí, Ra = 245°. A HO = 10.30 se obtienen las siguientes demoras simultáneas:

Dv al faro de Punta Cires = Da (207°) + Ct (–8°); Dv = 199° (Dv inversa = 019°).
Dv al faro de Isla Tarifa = Da (272°) + Ct (–8°); Dv = 264° (Dv inversa = 084°).

El corte indica la posición «Q», a HO = 10.30: **l = 36° 01,0′ N; L = 005° 26,2′ W** *(Pregunta 3).*

La DSTn = 12 millas en la hora transcurrida confirma que la Vb = 12′ no ha cambiado.

A partir de la posición «Q», a HO = 10.30, se construye el triángulo horario de corriente con Rcs = N 27 E de Ihcs = 2,7′ para poner un rumbo supuestamente efectivo Ref = 254° a un punto situado a 7,5 millas al NW del faro de Cabo Espartel y con Vmq = 12 nudos. Se mide un Rv = 244°.

Rv (244°) = Ra + Δ (–2,5°) + dm (–4,5°); **Ra = 251°** *(Pregunta 4).*

De acuerdo con la corriente supuesta, a HO = 12.00 y tras 1,5 horas de navegación, se habría navegado una DSTn = 15 millas sobre el Refs = 254° desde la posición «Q», alcanzando una situación estimada «A», a **HO = 12.00 de l = 35° 57,2′ N; L = 005° 43,7′ W** *(Pregunta 5).*

También podría suponerse haber navegado sin corriente supuesta durante 1,5 horas a 12 nudos, recorriendo 18 millas sobre el Rv = 244° y alcanzando la situación estimada «B» a HO = 12.00: l = 35° 53,2′ N; L = 005° 46,0′ W.

Mediante el corte de las 2 demoras tomadas a HO = 12.00 se observa la situación verdadera:

Dv al faro Espartel = Da (197,5°) + Δ (–2,5°) + dm (–4,5°); Dv = 190,5° (Dv inversa = 010,5°).
Dv al faro de Punta Malabata = Da (139°) + Δ (–2,5°) + dm (–4,5°);
Dv = 132° (Dv inversa = 312°).

Situación verdadera «C» a HO = 12.00: **L = 35° 55,5′ N; L = 005° 53,6′ W** *(Pregunta 6).*

En consecuencia, el **Ref = 256° real** entre las posiciones «Q» y «C», y **Vef =15,5′ real** al haber navegado 23,2 millas en 1,5 horas *(Pregunta 7).*

La corriente real puede determinarse por varios procedimientos con los datos determinados:

Desde el punto «B» puede trazarse el Rc = 290° y la DST entre dicho punto «B» y la situación verdadera alcanzada a HO = 12.00 (punto «C») dará la intensidad con que ha afectado la corriente a la embarcación durante 1,5 horas de navegación.
La verdadera **Ihc = 4,5′ al Rc real = 290°** *(Pregunta 8).*

Otra posibilidad consistiría en sumar vectorialmente la corriente supuesta en «A» (Rcs = 027°; Ihcs = 2,7′) y la complementaria entre «B» y «C» (Rc = 260°; Ihc = 5,5′) para 1 hora de efecto. Su resultante coincide con **Rc real = 290° e Ihc real = 4,5′** *(Pregunta 8).*

Hallada la corriente real, se establece un triángulo de corriente desde la posición «C», a HO = 12.00 de l = 35° 55,5' N; L = 005° 53,6' W, aplicando el Rv = S 70 W (250°) desde el extremo del vector de corriente conocida y con una distancia horaria de Vmq = 12' nudos. El rumbo efectivo resulta de cerrar este triángulo: a partir de «C» **el Ref = 260,5° (80,5° SW) con Vef = 15,5 nudos** *(Pregunta 9).*

Por cálculo de estima directa se obtiene la posición alcanzada después de 6 horas de navegación en estas condiciones:

Δl = DSTn (6 h·15,5)·cos Ref (260,5°); Δl = 15,35' al S.
lm = 35° 55,5' N – 7,7'; lm = 35° 47,8' N; cos·lm = 0,8111;
Apto = DSTn (6 h·15,5)·sen Ref (260,5°); Apto = 91,7' al W.
ΔL = A (91,7') / cos lm (0,8111)·ΔL = 113,1' (1° 53,1').

Situación a HO = 18.00: **l = 35° 40,1' N; L = 007° 46,7' W** *(Pregunta 10).*

Observaciones a las preguntas 9 y 10:

Además de una resolución gráfica del triángulo de corriente y cálculo posterior de estima entre las posiciones a HO = 12.00 y HO = 18.00 con el Ref y la Vef obtenida, puede llegarse a una solución con menor índice de error en el Ref, la DSTn y la Vef entre las dos posiciones indicadas, utilizando únicamente cálculos de estima, partiendo de los datos más exactos de que se dispone:

La situación de partida «C», de l = 35° 55,5' N; L = 005° 53,6' W, el Rv = 250°; Vb = 12', Rc = 290° e Ihc = 4,5' *(de las preguntas 6 y 8).*

Δl = DSTn (6 h·12)·cos Rv (250°); **Δl =** – 24,7' al S.
lm = 35° 43,2' N; cos lm = 0,8119;
Apto = DSTn (6 h·12)·sen Ref (250°); Apto = 67,7' al W.
ΔL = A (67,7') / cos lm (0,8119)·ΔL = 83,3' (1° 23,3') al W; por efecto de la corriente:
Δl = DSTn (6 h·4,5)·cos Rv (290°); Δl = +9,2' al N.
lm = 35° 35,0' N; cos lm = 0,8132;
Apto = DSTn (6 h·4,5)·sen Ref (290°); Apto = 25,4' al W.
ΔL = A (25,4') / cos lm (0,8132)·ΔL = 31,2' al W.

Sumando algebraicamente los cambios de latitud y longitud a la posición «C» a HO = 12.00, se obtiene para la posición a HO = 18.00: **l = 35° 40,1′ N; L = 007° 48,1′ W** *(Pregunta 10).*

Obsérvese que en longitud hay una diferencia de 1,4 minutos. En consecuencia, haciendo el cálculo para encontrar la distancia y el rumbo loxodrómico directos entre la posición a HO = 10.00 y HO = 12.00:

Δl = 15,4′ al S; lm = 35° 47,8′ N; cos lm = 0,8111;
ΔL = 1° 54,5′ (114,5′) al W.
Apto = ΔL (114,5′)·cos lm (0,8111); Apto = 92,9′ al W.
tg Ref = Apto / Δl = A (114,5′) / Δl (15,4′);
Ref = S 80,6 W (260,6°); DSTn = 94,2 millas en 6h; Vef = 15,7 nudos
(Pregunta 9).

En el Ref hay una diferencia de sólo una décima de grado, pero en la DSTn durante las 6 horas se aprecian 1,2 millas de diferencia, lo que a su vez supone una diferencia en la Vef = 15,7′ en vez de Vef = 15,5′ *(Pregunta 9).*

15 Cálculo loxodrómico directo e indirecto con varios rumbos, y viento. Situación por dos marcaciones no simultáneas al mismo punto. Rc e Ihc de corriente supuesta (sin recta auxiliar). Situación por dos demoras simultáneas. Triángulo de corrientes.

Un yate se encuentra el 2 de abril a HO = 02.15 en una situación «P», a 5 millas al sur de la posición de l = 36° 25,0′ N; L = 009° 30,0′ W, navegando a Ra = 212° y a una velocidad de 10 nudos. El viento de componente Oeste le abate 15°. Para este rumbo el desvío, Δ = 1° NE. La variación local para toda la zona de navegación es de 8° NW. A HO = 06.00 mete cinco grados a babor. La velocidad sube a 11′, el abatimiento debido al viento del W baja a 10° y el desvío, Δ = 0°. Navega en estas condiciones hasta HO = 11.00. *(Pregunta 1.)*

A HO = 00.00 del día 3 de abril, calmado el viento, se encuentra el yate en la posición «Q», de l = 36° 57,0′ N; L = 009° 00,0′ W, dando rumbo directo a un punto «R», de l = 36° 36,0′ N; L = 006° 32,0′ W. Δ = 2° NW. *(Pregunta 2.)*

A HO = 01.00 del 6 de abril, el yate navega al Ra = 142°, a una Vb = 11′ y Δ = 1° NE. Marca el faro de Cabo Trafalgar al 315°. Se mantiene el mismo rumbo y velocidad y a HO = 01.30 marca el mismo faro por el través de babor. Situado en un punto «B», entra en una zona de corriente supuesta de Rcs = 90 e Ihcs = 3′, dando rumbo al faro de Punta Malabata. Δ = 1° NE. *(Pregunta 3.)*

A HO = 03.00 demora (de aguja) simultáneamente el faro de Cabo Espartel al 211° y el de Punta Malabata al 135°. *(Preguntas 4, 5, 6.)*

Situado en «E» y teniendo en cuenta la corriente hallada, cae a babor hasta que el faro de Isla Tarifa marca 027° Br. La Vb sigue siendo 11′ y Δ = 2° NW. *(Preguntas 7, 8, 9 y 10.)*

Se pide:

1.	Situación estimada a HO = 11.00 del día 02.04.	**l = 34° 51,1′ N; L = 010° 00′ W**
2.	Ra y DST directa entre los puntos «Q» y «R»	**Ra = 110°; DST= 120,4 millas**
3.	Situación «B» a HO = 01.30 del día 06.04.	**l = 36° 07,0′ N; L = 006° 06,8′ W**
4.	Ra a partir de «B»	**Ra = 153°**
5.	Situación verdadera de «E» a HO = 03.00	**l = 35° 53,7′ N; L = 005° 52,0′ W**
6.	Rc y Ihc real entre «B» y «E»	**Rc = 081,5°; Ihc = 1,9′**
7.	Ra al que se navega a partir de «E» a HO = 03.00	**Ra = 100°**
8.	Ref y Vef a partir de «E» a HO = 03.00	**SOG = 13′; COG = 088,5°**
9.	HO en «G», donde el faro de Isla Tarifa demora al N	**HO = 03.58**
10.	Situación observada «G»	**l = 35° 54,1′ N; L = 005° 36,6′ W**

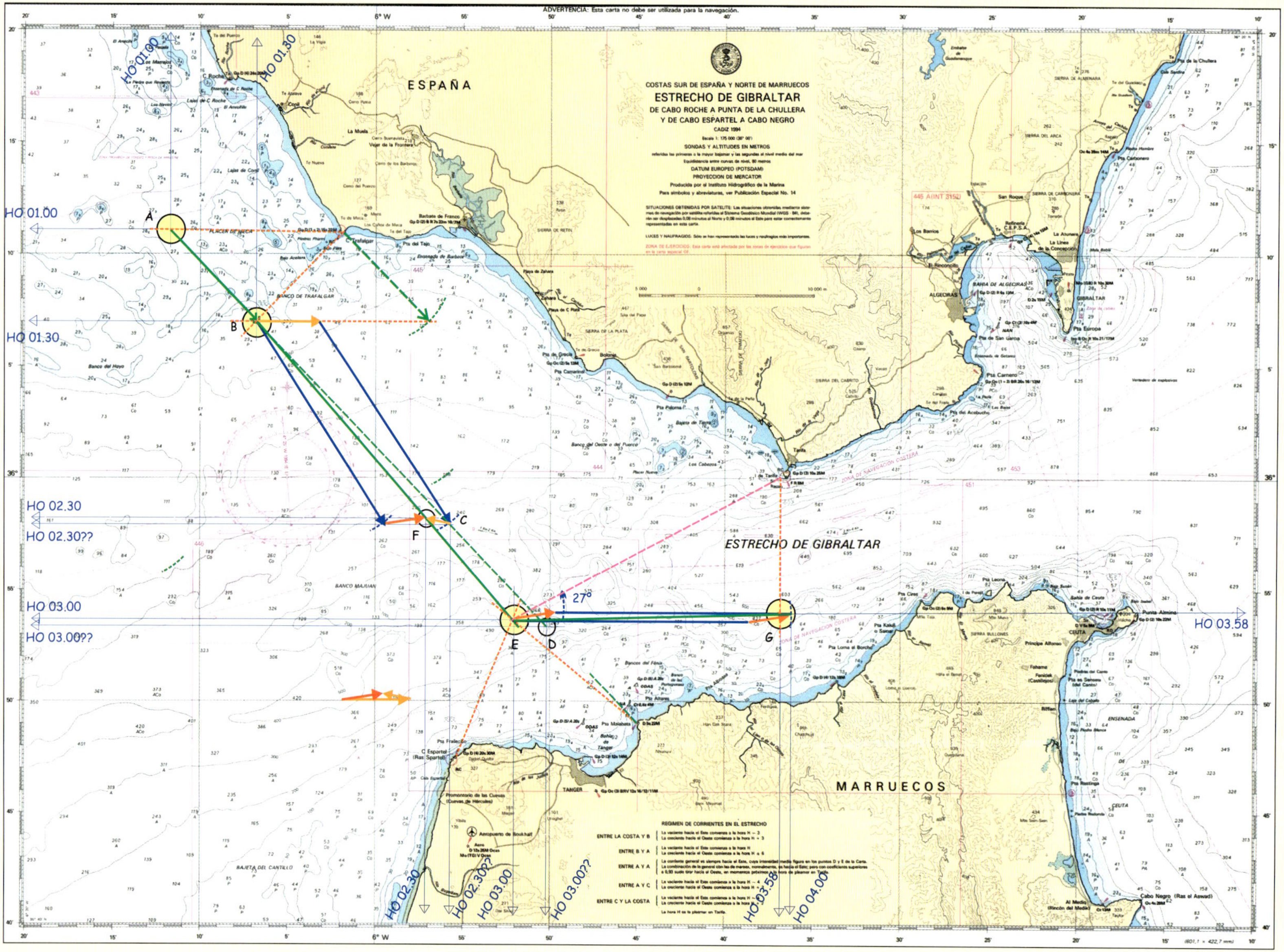

ADVERTENCIA: Esta carta no debe ser utilizada para la navegación.
COSTAS SUR DE ESPAÑA Y NORTE DE MARRUECOS
ESTRECHO DE GIBRALTAR
DE CABO ROCHE A PUNTA DE LA CHULLERA
Y DE CABO ESPARTEL A CABO NEGRO
CADIZ 1994
SONDAS Y ALTITUDES EN METROS
DATUM EUROPEO (POTSDAM)
PROYECCION DE MERCATOR
Producida por el Instituto Hidrográfico de la Marina
ESPAÑA
MARRUECOS
ESTRECHO DE GIBRALTAR
REGIMEN DE CORRIENTES EN EL ESTRECHO
HO 01.00
HO 01.30
HO 02.30
HO 02.30??
HO 03.00
HO 03.00??
HO 03.58
HO 04.00
A
B
C
D
E
F
G
27°

Desarrollo del problema:

Cuadro de estima a múltiples rumbos:

Al encontrarse el yate situado en «P», a 5 millas al sur de una posición definida como l = 36° 25,0′ N y L= 009° 30,0′ W, primero se han de calcular las coordenadas de «P» mediante un cálculo de estima, para luego seguir la navegación a varios rumbos:

	tn					Ct						Δl		A	
Intervalo Navegado	**T(h y m)**	**T(h)**	**Vb**	**DST**	**Ra**	**dm**	**Δ**	**Rv**	**Abto**	**Rs**	**Rs/Cd**	**N**	**S**	**E**	**W**
Salida de «P»				5,00						180°			5,00		
HO 02.15 - 06.00	3h 45m	3,75	10	37,50	212°	−8°	+1°	205°	−15° Br	190°	S 10° W		36,93		6,512
HO 06.00′ - 11.00	5h 00m	5,00	11	55,00	217°	−8°	−10°	209°	−10° Er	199°	S 19° W		52,00		17,91
										Diferencia total en minutos:			**93,9′**		**24,4′**

Latitud: 36° 25,0′ N – 1° 33,9′ S | l a HO 11.00: **34° 51,1′ N**

Latitud media: 36° 25′N – 0° 47′ S   lm = 35° 38′ N cos lm = 0,81276;   ΔL = 24,4/0,813 = 30,0′ al W

Longitud: 009° 30′ W + 30′ W | L a HO 11,00: **010° 00′ W** *(Pregunta 1)*

Cálculo de estima indirecta entre «Q» de l = 36° 57,0′ N y L = 009° 00,0′ W y «R», de l = 36° 36,0′ N y L = 006° 32,0′ W, para el día 03.04. Se halla:
Δl = 21′ al S; (/2 = 10,5′ al S); lm = 36° 36,0′ N + 10,5′; lm = 36° 46,5′ N; cos lm = 0,801
ΔL = 2° 28′ (148′) al E; *A = 148′•cos lm (0,801)*; A = 118,547′ al E
tg R =A (118,547′) / Δl (21′); Rv = S 80 E; *Rv (100°) = Ra + Δ (–2° NW) + dm (–8° NW)* **Ra= 110°**;
DSTn= Δ l (21′) / cos R (100°); **DSTn entre «Q» y «R» = 120,4 millas** *(Pregunta 2).*

Situaciones observadas por dos marcaciones no simultáneas, sabiendo el Rv y Vb:
Para el día 06.04. se hallan las demoras verdaderas inversas en función de los rumbos verdaderos y las marcaciones:
Rv = Ra (142°) + dm (–8° NW) + Δ (+1° NE); Rv = 135°.
Se trazan sobre la carta, desde el faro de Cabo Trafalgar, junto con el rumbo verdadero, que a su vez se delimita por la distancia navegada en los 30 minutos a Vb = 11′, que separa las 2 observaciones:

HO = 01.00: *Dv = Rv (135°) + M (315°)*; Dv = 450° – 360°; Dv = 90° (Dv inversa = 270°)
HO = 01.30: *Dv = Rv (135°) – M través (90°) Br*; Dv = 45°; (Dv inversa = 225°)
DSTn en 30′ = 11′/2; DSTn = 5,5 millas al Rv = 135°
Trazando una paralela a la 1ª Dv desde el extremo del vector Rv, donde ésta corte a la 2ª Dv, estará situado el yate a HO = 01.30 (punto «B»). Se anota esta situación y desde la misma se traza el Rv inverso (315°) para 5,5 millas. Donde el rumbo corte ahora la 1ª Dv estará situado el yate:

Situación «A», a HO = 01.00: l = 36° 11,1′ N; L = 006° 11,0′ W.
Situación «B» a HO = 01.30: l = 36° 07,0′ N; L = 006° 06,8′ W *(Pregunta 3).*

Corriente supuesta a partir de HO = 01.30:
Desde la situación observada «B» se traza un rumbo (Refs) hacia el faro de Punta Malabata, teniendo en cuenta la corriente supuesta (Rcs = 090°; Ihcs = 3′) y la Vb = 11′. Mediante el triángulo de corriente supuesta se obtiene:

Refs = 135°; Vefs = 12,9′; Rv = 146°; Ct = +1° – 8°; Ct = –7°.
Desde «B», **Ra= 153°** *(Pregunta 4).*

Con este rumbo se estima llegar al punto «C» a HO = 02.30 y al «D» a HO = 03.00.
Se pasan a verdaderas las Da tomadas a HO = 03.00:

Dv al faro de Cabo Espartel = 211° + 1° – 8°; Dv = 204° (Dv inversa = 024°).
Dv al faro de Punta Malabata = 135° + 1° – 8°; Dv = 128° (Dv inversa = 308°).
Situación verdadera «E» a HO = 03.00: **l = 35° 53,7′ N; L = 005° 52,0′ W** *(Pregunta 5).*

La unión entre «D» y «E» supone la corriente complementaria (para 1,5 horas de navegación) a la supuesta inicialmente. La suma vectorial horaria de las dos, definiría la corriente real:
Rc real = 081,5°; Ihc real = 1,9′ *(Pregunta 6).*

La unión de «B» con «E» representaría el Ref real = 138° y la DSTn (18 millas/1,5 horas) indicaría la Vefr = 12 nudos. Desde «B», junto con el Rv = 146° y Vb = 11 nudos, se podría cerrar también un triángulo horario, que indicaría la corriente real horaria entre «B» y «F»: Rcr = 081,5°; Ihc = 1,9′.

A HO = 03.00 y desde «E» se procede al cambio de Ra, *cayendo a Br hasta marcar el faro* de Isla Tarifa al 027° Br. Desde la posición observada «E», la Dv al faro de Isla Tarifa = 063°.
Dv (063°) = Rv – M (027°) Br; Rv = 090°.
Rv (090°) = Ra + dm (–8°) + Δ (–2°). Desde «E», el **Ra = 100°** *(Pregunta 7).*

Con el Rv = 90°; Vb = 11′ y la corriente hallada Rc = 081,5°; Ihc = 1,9′, se traza otro triángulo de corriente, cuyo: **COG = 088,5°; y SOG = 13′** *(Pregunta 8).*

Se mide la DSTn = 12,6 millas hasta que el Ref corta la situación «G». El corte con la Dv = 000° al faro de Isla Tarifa a la Vef = 13′ supone un tn = 58 minutos para alcanzar la situación:
HO = 03.58 *(Pregunta 9).*
l = 35° 54,1′ N; L = 005° 36,6′ W *(Pregunta 10).*

16 Cálculo loxodrómico directo con varios rumbos, viento y corriente. Situación por dos marcaciones no simultáneas al mismo punto. Situación por dos demoras simultáneas. Corrección total por azimut de la estrella Polar. Rc e Ihc de corriente desconocida (recta auxiliar). Triángulo simple de corriente.

Un yate se encuentra a HO = 12.25 en posición de l = 36° 17,0′ N; L = 003° 30,0′ W, navegando a Ra = 315° y a una velocidad de 12 nudos. El viento Norte le abate 4° y hay una corriente Rc = 090° de Ihc = 2′. Para este rumbo el desvío, Δ = 2° NW. La variación local para toda la zona de navegación es de 5° NW. A HO = 14.55 pone 40° a Br. Con igual corriente, velocidad de máquina y viento, abate ahora 6° y se toma Za = 008° a la estrella Polar, supuesta en el polo. A HO = 17.55 calma el viento y sale de la zona de corriente manteniendo la Vmq. En este momento pone Ra = 256°; Δ = 1° NE. Se navega en estas condiciones hasta HO = 19.55. *(Pregunta 1.)*

Desde HO = 19.55 navega a varios rumbos y velocidades. A HO = 22.10, sin viento ni corriente, pone Ra = 235° (desvío, Δ = 2° NE), Vmq = 12 nudos y marca el faro de Punta Europa 50° Er. A HO = 22.40 vuelve a marcar el mismo faro 110° Er. *(Preguntas 2, 3.)*

Situado, pone rumbo a un punto «O» manteniendo la Vmq = 12 nudos. A este rumbo, el desvío, Δ = 1° NE. Al pasar por el punto «O» toma dos demoras de aguja simultáneas al faro de Punta Malabata = 229° y al de Punta Cires = 144°. *(Preguntas 4, 5, 6.)*

Situado, entra en zona de corriente desconocida manteniendo el rumbo de aguja y la Vmq:
A HO = 00.10 demora (de aguja) el faro de Punta Paloma al 350° y
a HO = 00.40 de nuevo demora (de aguja) el mismo faro al 050°. *(Preguntas 7, 8.)*

Situado, manteniendo la Vmq = 12 nudos y teniendo en cuenta la corriente hallada, pone rumbo directo a la luz roja de la bocana del puerto de Barbate (Δ = 2° NW). *(Preguntas 9 y 10.)*

Se pide:

1. Situación estimada a HO = 19.55 .... **l = 36° 20,7′ N; L = 004° 59,7′ W**
2. Situación observada a HO = 22.10 .... **l = 36° 05,3′ N; L = 005° 12,9′ W**
3. Situación observada a HO = 22.40 .... **l = 36° 01,7′ N; L = 005° 18,6′ W**
4. Rumbo de aguja a partir de HO = 22.40 .... **Ra = 260°**
5. Situación verdadera del punto «O» .... **l = 35° 58,6′ N; L = 005° 33,2′ W**
6. Hora oficial de llegada a «O» .... **HO = 23.41**
7. Situación verdadera del punto «P» .... **l = 36° 58,6′ N; L = 005° 50,0′ W**
8. Rc y Ihc real entre los puntos «O»y «P» .... **Rcv = 323°; Ihc = 3,8′**
9. Ra utilizado a partir de HO = 00.40 .... **Ra = 353°**
10. HO de llegada a la bocana de Barbate .... **HO = 01.30**

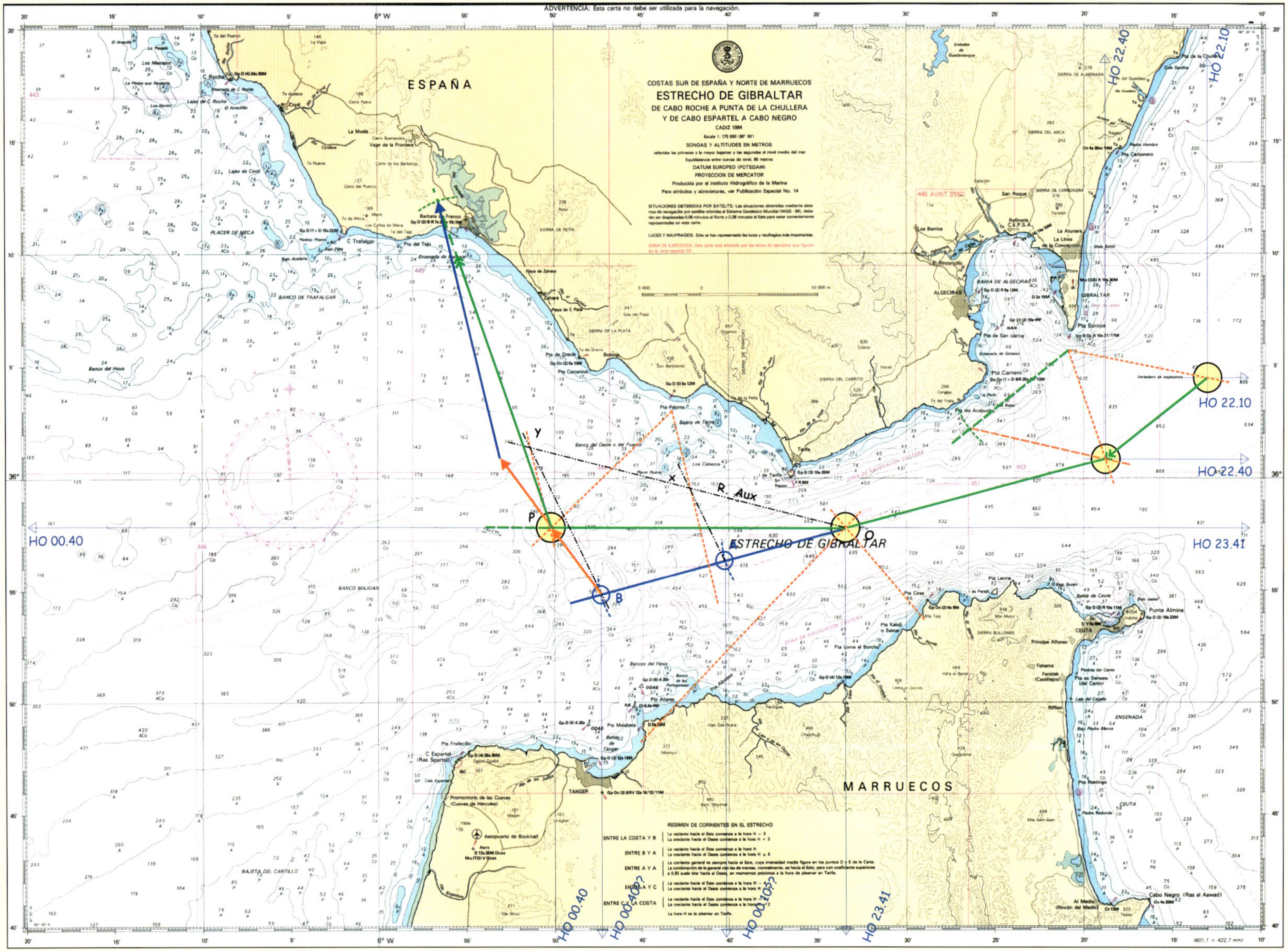
ADVERTENCIA: Esta carta no debe ser utilizada para la navegación.
COSTAS SUR DE ESPAÑA Y NORTE DE MARRUECOS
ESTRECHO DE GIBRALTAR
DE CABO ROCHE A PUNTA DE LA CHULLERA
Y DE CABO ESPARTEL A CABO NEGRO
CADIZ 1994
SONDAS Y ALTITUDES EN METROS
DATUM EUROPEO (POTSDAM)
PROYECCION DE MERCATOR
Producida por el Instituto Hidrográfico de la Marina
Para símbolos y abreviaturas, ver Publicación Especial No. 14
ESPAÑA
MARRUECOS
ESTRECHO DE GIBRALTAR
REGIMEN DE CORRIENTES EN EL ESTRECHO
HO 00.40
HO 00.40??
HO 00.10??
HO 23.41
HO 22.40
HO 22.10
P
O
B
Y
X
R. Aux

Desarrollo del problema:

Cuadro de estima a múltiples rumbos desde l = 36° 17,0′ N; L = 003° 30,0′ W

	tn					Ct						Δl		A	
Intervalo Navegado	**T(h y m)**	**T(h)**	**Vb**	**DST**	**Ra**	**dm**	**Δ**	**Rv**	**Abto**	**Rs**	**Rs/Cd**	**N**	**S**	**E**	**W**
HO 12.25 - 14.55	2h 30m	2,5	12′	30,00	315°	−5°	−2°	308°	−4° Br	304°	N 56° W	16,8			24,87
HO 12.25 - 14.55	2h 30m	2,5	2′	5,00				090°			E			5,0′	
HO 14.55 - 17.55	3h 00m	3,0	12′	36,00	275°	−5°	−3°	267°	−6° Br	261°	S 81° W		5,63		35,56
HO 14.55 - 17.55	3h 00m	3,0	2′	6,00				090°			E			6,0′	
HO 17.55 - 19.55	2h 20m	2,0	12	24,00	256°	−5°	+1°	252°		252°	S 72° E		7,42		22,83
								Diferencia total en minutos					**3,7′**	**72,3′**	**W**

Latitud: 36° 17,0′ N + 0° 03,7′ N — l a HO 19.55: **36° 20,7′ N**

Latitud media: 003° 30,0′ W + 1° 29,7′ W — lm = 37° 18,9′ N — cos lm = 0,8059; ΔL = 72,3 / 0,8059 = 89,7′ a W

Longitud: 37° 17,0′ N + 0° 01,9′ N — L_e a HO 19.55: **004° 59,7′ W** *(Pregunta 1)*

En la resolución de las situaciones finales por cálculo de estima tras múltiples cambios de rumbo mediante el cuadro anterior debe observarse que la simplificación del cálculo trae consigo *un error de longitud* debido a la utilización de una latitud media entre la de salida y de llegada, que no tiene por qué coincidir con las latitudes medias que se habrían utilizado si se hubiese efectuado un cálculo de estima completo tras cada cambio de rumbo.

Situaciones observadas por dos marcaciones no simultáneas, sabiendo el Rs y Vb:
Se hallan las demoras verdaderas inversas en función de los rumbos verdaderos y las marcaciones: *Rv = Ra (235°) + dm (−5° NW) + Δ (+2° E)*; Rv = 232°.

Se trazan las demoras corregidas sobre la carta desde el faro de Punta Europa, junto con el rumbo verdadero, que a su vez se delimita por la distancia navegada en los 30 minutos a Vb =12′, que separan las dos observaciones:

HO = 22.10: *Dv = Rv (232°) + M (50°) Er*; Dv = 282° (Dv inversa = 102°).
HO = 22.40: *Dv = Rv (232°) + M (110°) Er*; Dv = 342° (Dv inversa = 162°).
DSTn en 30 millas = 12′/2; DSTn = 6 millas al Rv = 232°.

Trazando una paralela a la primera Dv desde el extremo del vector Rv, donde aquella corte a la segunda Dv, estará situado el yate a HO = 22.40. Se anota esta situación y desde la misma se trazan hacia atrás 6 millas de Rv. Donde el rumbo corte ahora la primera Dv estará situado a HO = 22.10:

Situación a HO = 22.10: **l = 36° 05,3′ N y L = 005° 12,9′ W** *(Pregunta 2).*
Situación a HO = 22.40: **l = 36° 01,7′ N y L = 005° 18,6′ W** *(Pregunta 3).*

Desde la situación observada a HO = 22.40 se traza un rumbo verdadero sobre la carta que corte el punto de cruce de las dos demoras simultáneamente tomadas para definir el punto «O»:

Al faro de Punta Cires, *Dv = Da (144°) + Ct (+ 1° – 5°)*; Dv = 140° (Dv inversa = 320°) y al faro de Punta Malabata, *Dv = Da (229°) + Ct (–4°)*; Dv = 225° (Dv inversa = 045°).

El rumbo al punto de corte: Rv = 256°; Rv (256°) = Ra (260°) + Ct (–4°);
Ra = 260° *(Pregunta 4)*.
El corte de las 2 demoras se produce en «O»:
l = 35° 58,6' N; L = 005° 33,2' W *(Pregunta 5)*.

Se mide la DSTn = 12,2 millas, navegadas a Vb = 12 nudos; tn = 61^{m}.
Hora oficial de llegada al punto «O»: **HO = 23.41** *(Pregunta 6)*.

Corriente desconocida y triángulo de corriente:

En el momento de entrar en zona de corriente desconocida desde la posición «O» a HO = 23.41 sigue navegando el yate en las condiciones anteriores: Ra = 260° (Δ = 1° NE); Vb = 12' y con el viento en calma. Se marcan las posiciones teóricas en el momento correspondiente a la toma de demoras:

«A» a HO = 00.10, de l = 35° 40,0' N; L = 005° 40,0' W
y «B» a HO = 00.40, de l = 35° 55,3' N; L = 005° 46,3' W

Se representan las demoras tomadas al faro de Punta Paloma:

A HO = 00.10; *Dv = Da (350°) + Ct (–5° + 1°)*; Dv = 346° (Dv inversa = 166°).
A HO = 00.40; *Dv = Da (050°) + Ct (–5° + 1°)*; Dv = 046° (Dv inversa = 226°).

Viendo que no cortan la derrota en las posiciones estimadas (señal de la existencia de corriente), se traza una recta auxiliar desde la posición de partida y, aplicando el teorema de segmentos proporcionales según Thales, se halla la posición a HO = 00.40 (tras 59^{m} de navegación):

1° Se une la situación estimada a la HO = 00.10 (punto «A») con el corte de la Dv a Punta Paloma y la correspondiente recta auxiliar (punto «X»).
2° Desde la situación estimada a HO = 00.40 (punto «B») se traza una paralela a la recta (A–X) hasta volver a cortar la recta auxiliar (punto «Y»).
3° Desde «Y» se traza una paralela a la 1ª Dv, tomada a Punta Paloma a HO = 00.10 y donde corte a la 2ª Dv a Punta Paloma, tomada a HO = 00.40, se marca un punto «P», que representa la situación verdadera a HO = 00.40:
l = 35° 58,6' N; L = 005° 50,0' W *(Pregunta 7)*.

Uniendo las situaciones estimadas y observadas a HO = 00.40 («B» con «P»), se obtiene el **Rc real = 323°** *(Pregunta 8)*, para el tn = 61^m. Para conocer Ihc, ha de proporcionarse el vector horario de corriente: **Ihc = 3,8'** *(Pregunta 8)*.

Desde la situación «P», a HO = 00.40 (l = 35° 58,6' N; L = 005° 50,0' W) se traza el rumbo a la punta SE (luz roja) de la bocana de Barbate para construir el triángulo correspondiente a la corriente hallada. Se cierra el lado contiguo al vector horario de corriente con el Rv de 12 nudos, que corresponde a la Vb. Dicho triángulo horario rebasa la posición de llegada. Sin embargo, ello sólo indica que se tardará en llegar menos de 1 hora.

Los datos obtenidos en estas condiciones son: SOG = 15,5 nudos. Rv = 346°; **Ra = 353°** *(Pregunta 9)*.

Se mide la DSTn = 12,9 millas hasta la bocana de Barbate sobre la derrota realizada. El tn correspondiente, resulta de *tn = DSTn (12,9 millas) / Vef (15,5 nudos);* tn = 50^m, en función de la Vef medida de 15,5 nudos. En consecuencia, la recalada se produce a **HO = 01.30** *(Pregunta 10)*.

17

Cálculo loxodrómico directo con varios rumbos, viento y corriente. Situación por dos marcaciones no simultáneas al mismo punto. Rc e Ihc de corriente desconocida (sin recta auxiliar), con cambio de rumbo. Situación por dos demoras simultáneas. Rumbo con viento «para pasar a...». Triángulo de corriente simple.

Un yate se encuentra a HO = 17.20 en posición: l = 37° 05,0′ N; L = 007° 20,0′ W, navegando a Ra = 202° y a una velocidad de 9 nudos. El viento norte le abate 10°. Para este rumbo el desvío, Δ = 2° NE. La variación local para toda la zona de navegación es de 8° NW. A HO = 24.00, cambia al Ra = 121°. La velocidad se mantiene en 9 nudos, el abatimiento debido al viento norte sigue siendo de 10° y el desvío, Δ = 3° NW.

A HO = 03.20 del día siguiente, cambia al Ra = 095°. La velocidad se mantiene, el abatimiento sigue siendo de 10° debido al viento norte reinante y el desvío, Δ = 0°. Continúa en estas condiciones hasta HO = 07.00. *(Pregunta 1.)*

Después de varios rumbos y velocidades, a HO = 10.00 y navegando al Ra = 065°, a una Vb = 9′ y sometido a un abatimiento de 10° debido al viento norte reinante (Δ = 4° NW), marca el faro de Cabo Espartel a cuatro cuartas por Er. Se mantiene el mismo rumbo y velocidad y a HO = 10.30 se marca el mismo faro por el través de estribor. *(Preguntas 2, 3.)*

En este momento se entra en una zona de corriente desconocida, manteniendo el rumbo, la velocidad y en las mismas condiciones de viento y abatimiento. A HO = 12.00 se meten 20° a Er del rumbo de aguja. Δ = 1° NE y el abatimiento, debido al viento norte reinante, es de 15°. A HO = 12.30 demoras de aguja simultáneas al faro de Isla Tarifa, Da = 314° y al de Punta Carnero; Da = 044°. *(Preguntas 4, 5, 6, 7, 8, 9.)*

Situado y teniendo en cuenta la corriente hallada, sigue navegando al mismo rumbo en iguales condiciones. En el momento de marcar el faro de Punta Carnero por el través da rumbo para pasar a dos millas del faro de Punta Almina. Δ = 0°; Abto = 10° debido al viento norte reinante y Vb = 9′. *(Preguntas 10, 11, 12 y 13.)*

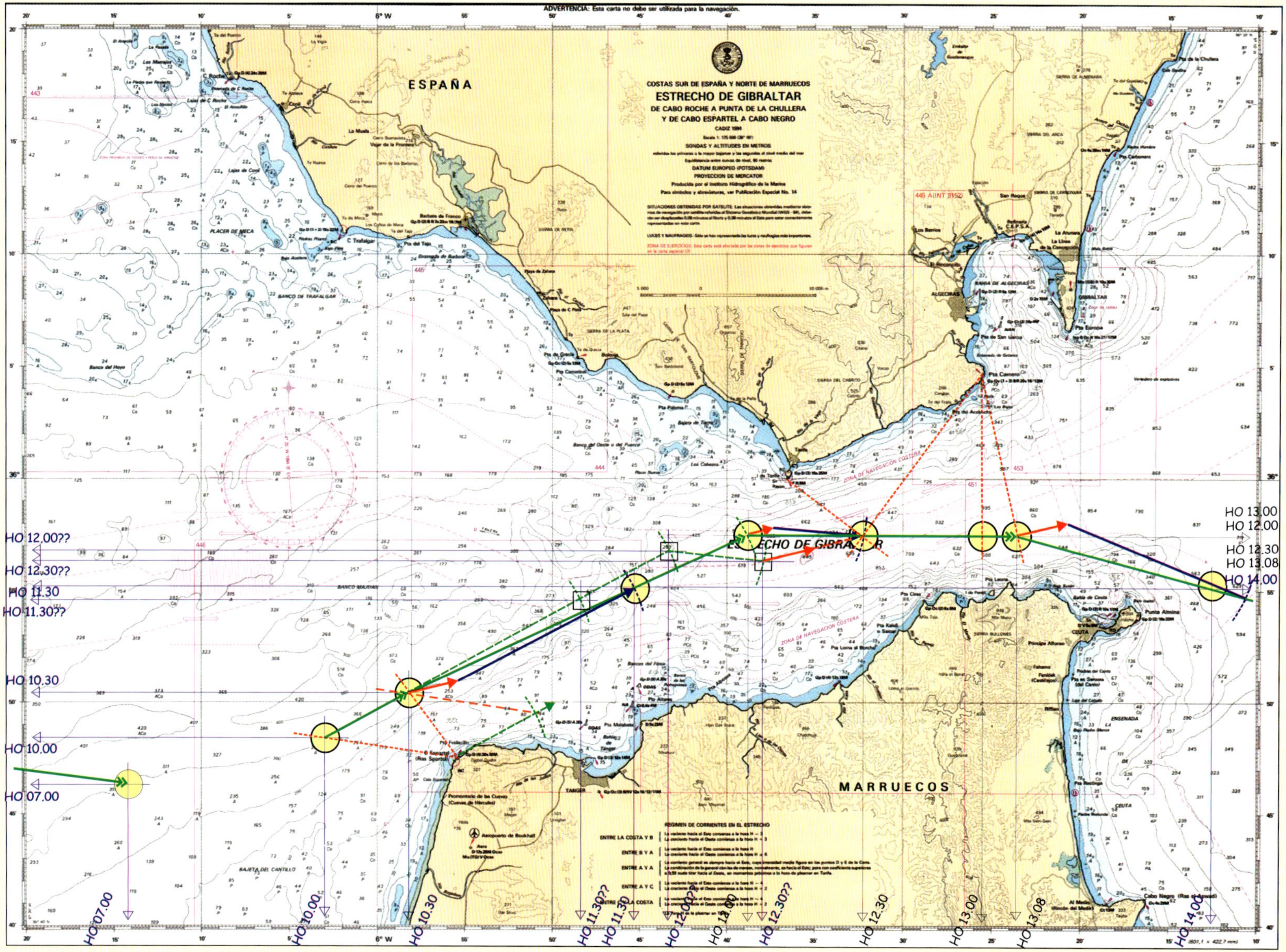
ADVERTENCIA: Esta carta no debe ser utilizada para la navegación.
COSTAS SUR DE ESPAÑA Y NORTE DE MARRUECOS
ESTRECHO DE GIBRALTAR
DE CABO ROCHE A PUNTA DE LA CHULLERA
Y DE CABO ESPARTEL A CABO NEGRO
CADIZ 1994
SONDAS Y ALTITUDES EN METROS
DATUM EUROPEO (POTSDAM)
PROYECCION DE MERCATOR
ESPAÑA
MARRUECOS
ESTRECHO DE GIBRALTAR
ZONA DE NAVEGACION COSTERA
REGIMEN DE CORRIENTES EN EL ESTRECHO
HO 07.00
HO 10.00
HO 10.30
HO 11.30
HO 11.30??
HO 12.00
HO 12.00??
HO 12.30
HO 12.30??
HO 13.00
HO 13.08
HO 14.00

Se pide:

1. Situación estimada a HO = 07.00 .... l = 35° 46,3′ N y L = 006° 14,8′ W
2. Situación observada a HO = 10.00 .... l = 35° 48,4′ N y L = 006° 03′ W
3. Situación observada a HO = 10.30 .... l = 35° 50,4′ N y L = 005° 58,2′ W
4. Nuevo Ra a partir de HO = 12.00 .... Ra = 085°
5. Situación estimada a HO = 12.30 .... l = 35° 56,4′ N y L = 005° 37,9′ W
6. Situación verdadera a HO = 12.30 .... l = 35° 57,4′ N y L = 005° 32,2′ W
7. Rc y Ihc real a partir de HO = 10.30 .... Rc = 077°; Ihc = 2,4′
8. Ref y Vef reales entre HO = 10.30 y HO = 12.00 .... Ref = 066°; Vef = 11,5 nudos
9. Ref y Vef reales entre HO = 12.00 y HO = 12.30 .... Ref = 090°; Vef = 10,8 nudos
10. HO en que se demora el faro de Punta Carnero al Norte verdadero .... HO = 13.00
11. HO en que se marca por el través el faro de Punta Carnero .... HO = 13.08
12. Nuevo Ra para pasar a dos millas del faro de Punta Almina .... Ra = 109°
13. Situación verdadera a HO = 14.00 .... l = 35° 55,2′ N y L = 005° 12,4′ W

Desarrollo del problema:

Cuadro de estima a múltiples rumbos:

	tn					Ct						Δl		A	
Intervalo Navegado	**T(h y ^{m})**	**T(h)**	**Vb**	**DST**	**Ra**	**dm**	**Δ**	**Rv**	**Abto**	**Rs**	**Rs/Cd**	**N**	**S**	**E**	**W**
Día 1°															
HO 17.20 - 24.00	6h 40^{m}	6,666	9	60,00	202°	−8°	+2°	196°	−10° Br	186°	S 06° W		59,7		6,3
Día 2°															
HO 24.00 - 03.20	3h 20^{m}	3,333	9	30,00	121°	−8°	−3°	110°	+10° E	120°	S 60° E		15,0	26,0	
HO 03.20 - 07.00	3h 40^{m}	3,666	9	33,00	095°	−8°	0°	087°	+10° E	097°	S 83° E		4,0	32,8	
											Diferencia total en minutos		**78,7**	**52,5**	

Latitud: 37° 05,0′ N - 1° 18,7′ S	l a HO 07.00: **35° 46,3′ N**		
Latitud media: 37° 05,0′ N - 0° 39,35′ S	lm = 36° 25,7′ N	cos lm = 0,805;	ΔL = 52,5 / 0,805 = 65,2′ al E
Longitud: 007° 20,0′ W - 1° 05,2′ E	L a HO 07.00: **006° 14,8′ W**	*(Pregunta 1)*	

En la resolución de las situaciones finales por cálculo de estima tras múltiples cambios de rumbo mediante el cuadro anterior debe observarse que la simplificación del cálculo trae consigo *un error de longitud* debido a la utilización de una latitud media entre la de salida y de llegada, que no tiene por qué coincidir con las latitudes medias que se habrían utilizado si se hubiese efectuado un cálculo de estima completo tras cada cambio de rumbo.
En el presente caso, la longitud estimada obtenida por cálculo fraccionado es más cercana a 006° 15,3′ W que al resultado obtenido por el cálculo simplificado en el cuadro arriba descrito.

Situaciones observadas por dos marcaciones no simultáneas, sabiendo el Rs y Vb:
Se hallan las demoras verdaderas inversas en función de los rumbos verdaderos y las marcaciones:

Rv = Ra (065°) + dm (–8° NW) + Δ (–4° NW); Rv = 053°.
Rs = Rv (053°) + Abto (+10° N); Rs = 063°.

Se trazan las dos Dv sobre la carta desde el faro de Cabo Espartel, junto con el rumbo de superficie, que a su vez se delimita por la distancia navegada en los 30 minutos a Vb = 9′, que separan las dos observaciones:

HO = 10.00: *Dv = Rv (53°) + M4/4 (45°) Er*; Dv = 98° (Dv inversa = 278°) y
HO = 10.30: *Dv = Rv (53°) + M través (90°) Er*; Dv = 143° (Dv inversa = 323°).
DSTn en 30^m = 9′/2; DSTn = 4,5 millas al Rs = 63°.

Trazando una paralela a la primera demora desde el extremo del vector Rs, donde aquella corte a la segunda demora, estará situado el yate a HO = 10.30. Se anota esta situación y desde la misma se trazan hacia atrás 4,5 millas de Rs. Donde el rumbo corte ahora la 1ª Dv estará situado:

Situación a HO = 10.00: **l = 35° 48,4′ N y L = 006° 03,0′ W** *(Pregunta 2).*
Situación a HO = 10.30: **l = 35° 50,4′ N y L = 005° 58,2′ W** *(Pregunta 3).*

Corriente desconocida:

Desde la situación observada a HO = 10.30 se prolonga el Rs = 063° durante 1,5 horas, a V = 9 nudos hasta alcanzar la posición estimada de l = 35° 56,8′ N y L = 005° 43,4′ W a HO = 12.00 y proceder al cambio de Ra, cayendo 20° a Er.
Desde HO = 12.00 hasta HO = 12.30 se navega a:
Ra = 065° + 20° Er; **Nuevo Ra = 085°** *(Pregunta 4).*

Rv = Ra (85°) + dm NW (–8°) + Δ NE (+1°); Nuevo Rv = 078°.
Rs = Rv (078°) + Abto N (+15°); Nuevo Rs = 093°.
En estas condiciones se alcanzará la posición estimada a HO = 12.30 en
l = 35° 56,4′ N; L = 005° 37,9′ W *(Pregunta 5).*

Comparando la situación estimada con la observada mediante las dos demoras simultáneas:

Dv al faro de Isla Tarifa: Da (314°) + dm (–8° NW) + Δ (+1° NE);
Dv = 307° (Dv inversa = 127°)
Dv al faro de Punta Carnero: Da (044°) + Ct (–8° + 1°); Dv = 037° (Dv inversa = 217°).

Su punto de corte da la situación a HO = 12.30: **l = 35° 57,4' N** y **L = 005° 32,2' W** *(Pregunta 6).*

Un trazo de unión entre las situaciones observada y estimada, indica el rumbo de la corriente para 2 horas de navegación: **Rc = 077°; Ihc = 2,4'** *(Pregunta 7).*

Con la corriente hallada se reconstruye la derrota navegada desde que el yate entró en zona de corriente desconocida (HO = 10.30) hasta la situación observada a HO = 12.30 (con Ra = 065° hasta HO = 12.00 y con Ra = 085° hasta HO = 12.30): Para ello se representan en la carta los triángulos de corriente (ahora conocida), incluyendo el cambio de rumbo y obteniendo los siguientes R y V de superficie y efectivos:

Entre HO = 10.30 y 12.00: Rs = 063° y Vb = 9' sobre una DSTn = 11,5 + 5,75 millas; DSTn = 17,3 millas. **Ref real = 066°; Vef real = 11,5 nudos** *(Pregunta 8).*

Situación verdadera HO = 12.00: l = 35° 57,4' N; L =005° 38',8' W.

Alcanzada esta situación, se cae 20° Er de aguja, estableciendo nuevo triángulo de corrientes para 0,5 horas de navegación, hasta alcanzar la situación observada a HO = 12.30:

Rc = 077°; Ic ½h = 1,2'; Rs = 093°; Vb = 9', DSTn = 4,5 millas;
DSTef = 5,4 millas en tn = 0,5h, hasta la situación ya conocida a HO = 12.30
Entre HO = 12.00 y HO = 12.30: **Ref real = 090°; Vef real = 10,8 nudos** *(Pregunta 9).*

Desde la HO = 12.30 se sigue navegando en las condiciones conocidas hasta demorar el faro de Punta Carnero al Norte verdadero (Dv inversa = 180°). Se traza dicha demora hasta cortar la derrota efectiva de Ref = 090°.
DSTn = 5,4 millas, que a Vef = 10,8' suponen 30 minutos de navegación.
Luego en este momento **HO = 13.00** *(Pregunta 10).*

Se sigue navegando en las condiciones anteriores hasta demorar el faro de Punta Carnero por el través de Br:

Dv = Ra (085°) + dm (–8° NW) + Δ (+1° NE) – M Br (090°); Dv = –12°.
Dv = 360° – 12°; Dv = 348° (Dv inversa = 168°).

Se traza esta demora inversa desde el faro hasta que corte la derrota efectiva (COG = 090°). DSTn = 1,5 millas. A SOG = 10,8′ suponen 8 minutos más de navegación. Luego en el momento de demorar el faro de Punta Carnero por el través de Br, serán **HO = 13.08** *(Pregunta 11).*

A HO 13.08 y teniendo en cuenta el viento y la corriente hallada, se da rumbo para pasar a dos millas del faro de Punta Almina. Desde la situación a HO = 13.08 (l = 35° 57,4′ N; L = 005° 23,6′ W) se traza el rumbo para pasar a 2 millas del faro de Punta Almina (Ref = 104,5°). Con los datos: Vb = 9′. Rc = 077° y Ihc = 2,4′, se representa el correspondiente triángulo horario de corrientes, obteniendo una nueva Vef = 10,9′ y un Rs = 111°.
Rs (111°) = Ra + dm (–8° NW) + Δ (0°) + Abto (+10° N); **Ra = 109°** *(Pregunta 12).*

Con la Vef =10,9′ hallada se marca la DSTn desde HO = 13.08 en 52 minutos; DSTn = 9,45 millas, obteniendo la posición alcanzada a HO = 14.00:
l = 35° 55,2′ N; L = 005° 12,4′ W *(Pregunta 13).*

18

Marea en puerto patrón. Rumbo y velocidad para alcanzar una posición determinada. Rumbo a pasar por un punto, y demora verdadera. Corriente desconocida sin recta auxiliar. Situación por ángulo horizontal (AH) y distancia (DST). Dos triángulos con corriente hallada. Cálculo de la hora oficial (HO) de llegada.

El 16 de diciembre un yate se encuentra en el puerto de Ceuta, en un lugar donde la carta indica una sonda de 4 m, deseando salir del puerto entre la primera y la segunda pleamar y en el momento en que la sonda sea de 4,5 m. HO = HZ + 1. *(Pregunta 1.)*

Una vez salido del puerto pone rumbo y velocidad para llegar a un punto «M», que se encuentra al Este verdadero del faro de Punta Europa y a una distancia de 6,6 millas. Alcanzado el punto «M» a HO = 19.00, cambia de rumbo y navega al Rv = 238°, a una velocidad de 12 nudos. A HO = 19.30 toma Dv al faro de Punta Europa. *(Preguntas 2, 3, 4.)*

Situado, entra en zona de corriente desconocida y navega a Vmq = 12 nudos, dando rumbo para pasar a 3 millas del faro de Isla Tarifa. A HO = 21.00 toma por la proa ángulo horizontal entre los faros de Isla Tarifa y de Punta Cires, AH = 114° y, simultáneamente, distancia radar a Isla Tarifa = 4,4 millas. *(Preguntas 5, 6, 7.)*

Situado y teniendo en cuenta la corriente hallada pone rumbo para pasar a 4 millas del faro de Cabo Espartel, manteniendo Vmq = 12'. A HO = 23.00, navegando en la misma zona de corriente y con igual velocidad de corredera, se ordena al patrón entrar en el puerto de Tánger. *(Preguntas 8, 9 y 10.)*

Se pide:

1. HO de salida de Ceuta .... **HO = 18h 11m 30seg**
2. Situación a HO = 19.00 .... **l = 36° 06,6' N; L = 005° 12,7' W**
3. Situación a HO = 19.30 .... **l = 36° 03,4' N; L = 005° 18,8' W**
4. Dv al faro de Punta Europa .... **Dv = 335°**
5. Situación a HO = 21.00 .... **l = 35° 59,7' N; L = 005° 31,2' W**
6. Rumbo e intensidad horaria de la corriente real .... **Rc = 058°; Ihc = 4,9'**
7. COG y SOG desde HO = 19.30 .... **COG = 250°; SOG = 7'**
8. Situación a HO = 23.00 .... **l = 35° 54,5' N; L = 005° 47,5' W**
9. Rv, SOG para ir a Tánger .... **Rv = 200,5°; SOG = 8,6'**
10. HO de llegada al faro del rompeolas de Tánger el 16.12. .... **HO = 23.49**

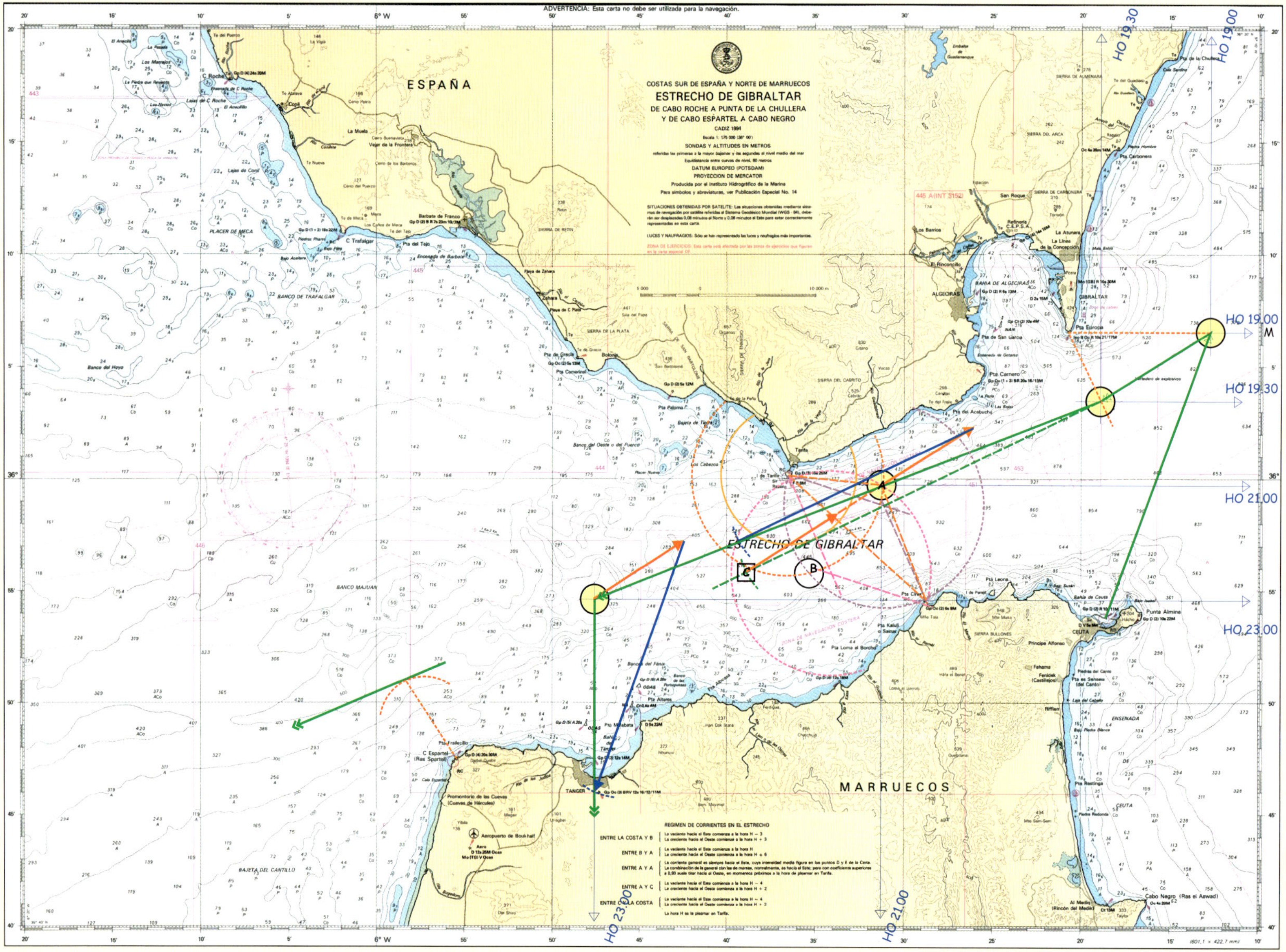

ADVERTENCIA: Esta carta no debe ser utilizada para la navegación.
COSTAS SUR DE ESPAÑA Y NORTE DE MARRUECOS
ESTRECHO DE GIBRALTAR
DE CABO ROCHE A PUNTA DE LA CHULLERA
Y DE CABO ESPARTEL A CABO NEGRO
CADIZ 1994
SONDAS Y ALTITUDES EN METROS
DATUM EUROPEO (POTSDAM)
PROYECCION DE MERCATOR
Producida por el Instituto Hidrográfico de la Marina
ESPAÑA
MARRUECOS
ESTRECHO DE GIBRALTAR
TANGER
ALGECIRAS
GIBRALTAR
CEUTA
Tarifa
C Trafalgar
C Espartel
Punta Almina
Cabo Negro (Ras el Aswad)
REGIMEN DE CORRIENTES EN EL ESTRECHO
HO 19.00
HO 19.30
HO 21.00
HO 23.00
HO 19.00
HO 19.30
HO 21.00
HO 23.00

Desarrollo del problema:

Datos sobre la marea en puerto patrón de Ceuta el 16.12.:

HTU	Altura de marea (m)
01.53	0,38
08.42	0,80
14.57	0,40
21.17	0,76

De la 1ª a la 2ª pleamar se produce una creciente entre HTU 14.57 y HTU 21.17 (duración = 06h 20^m):
Sm (4,5 m) = Sc (4 m) + Alt.Bjm (0,40 m) + CA; CA = 0,10 m.
CA (0,10 m) = ½ Am (0,76–0,40)·(1 – cos α); (1 – cos α) = 0,55…; α = 63,6122°
α = *180·I^m / Dc (380^m)*; I^m = 134,29^m (2h 14,5^m)·HTU de salida = 14h 57^m + 2h 14,5^m;

HTU Salida = 17h 11,5^m.
Como HO = HZ + 1: **HO salida = 18h 11,5^m del día 16.12.** *(Pregunta 1).*

Se sitúa la posición «M» en la carta mediante el cruce de la Dv al E del faro de Punta Europa y el trazo de una distancia de 6,6 millas mediante la correspondiente apertura del compás. Situación a HO = 19.00: **l = 36° 06,6′ N; L = 005° 12,6′ W** *(Pregunta 2).*

Desde esta posición el yate pone Rv = 238°, y navega durante media hora con Vb = 12′. Se marca esta posición en la carta a HO = 19.30:
l = 36° 03,4′ N; L = 005° 18,8′ W *(Pregunta 3).*
Desde esta posición se traza la Dv hasta el faro de Punta Europa:
A HO = 19.30, **Dv = 335°** *(Pregunta 4).*

Se traza la derrota efectiva supuesta desde HO = 19.30 hasta HO = 21.00 a Vb = 12′ (punto C). Se dibuja el arco de DST = 4,4 millas de radio desde el faro de Isla Tarifa, a cortar con el arco capaz del AH = 114° entre aquel faro y el de Punta Cires.
Hay dos posiciones en principio válidas, pero sólo la «A» está situada de tal manera que el ángulo horizontal haya podido tomarse a proa de la embarcación:
Situación a HO = 21.00: **l = 35° 59,7′ N; L = 005° 31,2′ W** *(Pregunta 5).*

De la unión de los puntos «C» y «A» se obtiene el Rc = 058° y la longitud del vector corriente que, dividido por 1,5 horas de navegación, indica su **Ihc = 4,9'** *(Pregunta 6)*.

La unión de la posición a HO = 19.30 con la posición «A» a HO = 21.00 permite establecer el **COG = 250°; y SOG = 7 nudos** *(Pregunta 7)*.

Situados y considerando la corriente hallada se establece el Ref para pasar a 4 millas del faro de Cabo Espartel con un Rv = 245° y a Vef =7,2'.
De esta manera, y tras navegar durante 2 horas en estas condiciones, a HO = 23.00 está en la posición **l = 35° 54,5' N; L = 005° 47,5' W** *(Pregunta 8)*.

Vira entonces hacia la punta del rompeolas del puerto de Tánger, que se encuentra a 7 millas de distancia, con Ref = 180° y teniendo en cuenta la corriente hallada anteriormente, el **Rv = 200,5° y la Vef = 8,6'** para ir a Tánger *(Pregunta 9)*.
Así llegará a la luz del espigón de Tánger a **HO = 23.49** *(Pregunta 10)*.

19

Situación por ángulo horizontal y oposición. Rumbo a pasar por determinado punto, y demora verdadera. Corriente desconocida sin recta auxiliar. Situación por ángulo horizontal y distancia. Triángulo con corriente hallada. Cálculo loxodrómico con corriente.

El 16 de diciembre, al ser HO = 12.00, un yate se encuentra en la oposición de los faros de Punta Europa y de Punta Almina, tomando simultáneamente Da = 353,5°, al primero, y Da = 303° al faro de Punta Carnero. *(Pregunta 1.)*

Situado, entra en zona de corriente desconocida y navegando a Vmq = 12 nudos, da rumbo para pasar a 3 millas de distancia del faro de Isla Tarifa.
A HO = 13.30 toma simultáneamente AH = 102° entre los faros de Punta Cires y de Isla Tarifa. Además, distancia radar a este último de 4,1 millas, mientras lo está viendo por la aleta de estribor. *(Preguntas 2, 3, 4, 5.)*

Situado y teniendo en cuenta la corriente hallada, pone rumbo para pasar a 4 millas del faro de Cabo Trafalgar, manteniendo la Vmq = 12 nudos. *(Preguntas 6, 7.)*

A HO = 15.30, navegando en la misma zona de corriente, el yate recibe una llamada de auxilio procedente de una embarcación pesquera, que se encuentra en l = 35° 28,0′ N; L = 006° 34,1′ W, donde no le afecta viento ni corriente alguna. Para ir a su encuentro el yate enmienda el rumbo y la velocidad para llegar a su costado a HO = 18.30. *(Preguntas 8, 9 y 10.)*

Se pide:

1. Situación a HO =12.00 .... **l = 36° 02,3′ N; L = 005° 19,3′ W**
2. Situación estimada a HO = 13.30 .... **l = 35° 55,8′ N; L = 005° 39,9′ W**
3. Situación observada a HO = 13.30 .... **l = 35° 56,0′ N; L = 005° 36,5′ W**
4. Rumbo e intensidad horaria de la corriente verdadera .... **Rc = 084°; Ihc = 1,8′**
5. Ref desde HO = 12.00 .... **Ref = 246°**
6. Ref y Vef desde HO = 13.30 .... **Ref = 297°; Vef =10,5′**
7. Rv a partir de HO = 13.30 .... **Rv = 292,5°**
8. Situación a HO = 15.30 .... **l = 36° 05,5′ N; L = 005° 59,4′ W**
9. Ref y Vef y DSTn para auxiliar al pesquero .... **Ref = 217°; Vef = 15,6′; DSTn = 46,9 millas**
10. Rv y Vmq para auxiliar al pesquero .... **Rv = 221,5°; Vmq = 17′**

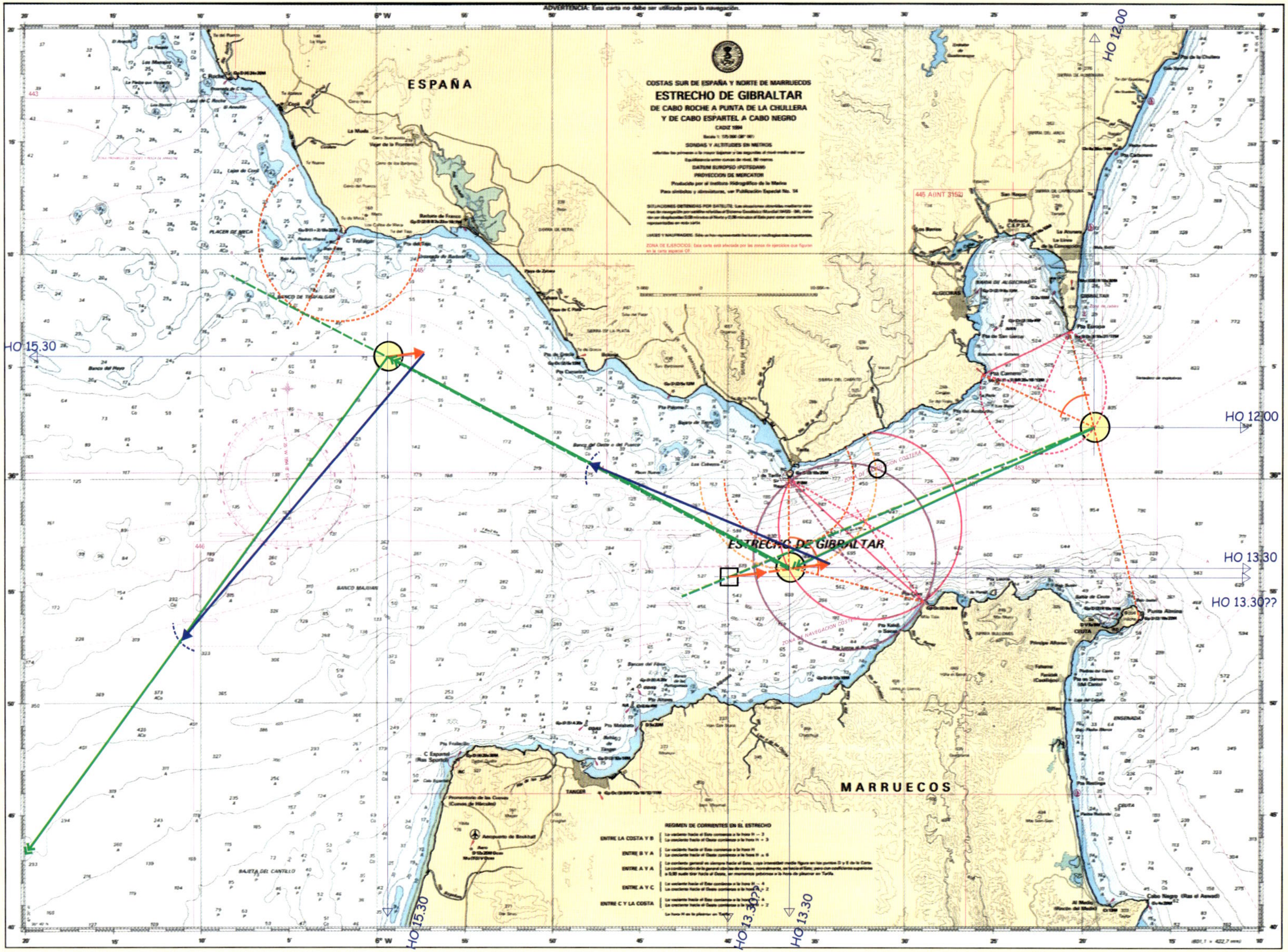
ADVERTENCIA: Esta carta no debe ser utilizada para la navegación.
ESPAÑA
COSTAS SUR DE ESPAÑA Y NORTE DE MARRUECOS
ESTRECHO DE GIBRALTAR
DE CABO ROCHE A PUNTA DE LA CHULLERA
Y DE CABO ESPARTEL A CABO NEGRO
MARRUECOS
ESTRECHO DE GIBRALTAR
HO 15.30
HO 15.30
HO 12.00
HO 12.00
HO 13.30
HO 13.30
HO 13.30??
HO 13.30??

Desarrollo del problema:

La diferencia entre las dos demoras de aguja a los faros de Punta Europa (353,5°) y de Punta Carnero (303°), indica un AH = 50,5° entre las dos visuales. Unidas las mismas con una recta, se dibuja desde ambos extremos dos rectas que forman un ángulo $\alpha = 90° - AH\ (50{,}5°)$; $\alpha = 39{,}5°$ con la unión. En su punto de corte se centra el compás con una apertura igual a la distancia hacia una de las dos referencias y se traza el arco capaz desde el faro de Punta Europa al de Punta Carnero. Su corte con la oposición entre los faros de Punta Europa y de Punta Almina da:
Situación a HO = 12.00 del dia 16.12.: **l = 36° 02,3′ N; L = 005° 19,3′ W** *(Pregunta 1).*

Desde la situación hallada se traza la derrota para pasar a 3 millas al sur del faro de Isla Tarifa y tras 1,5 horas de navegación a 12 nudos, habrá recorrido sobre ella 18 millas. Este punto sería la situación estimada a HO = 13.30: **l = 35° 55,8′ N; L = 005° 39,9′ W** *(Pregunta 2).*

Para hallar la situación observada en función del AH = 102° entre los faros de Isla Tarifa y de Punta Cires, se unen estas dos referencias y se trazan, desde ambos extremos, las 4 rectas que forman el ángulo $\beta = AH\ (102°) - 90°$; $\beta = 12°$ hacia ambos lados de la recta de unión. El cruce, dos a dos, de las cuatro rectas representan los centros de 2 arcos capaces, que cortan una circunferencia de radio igual a la DST = 4,1 millas hasta el faro de Isla Tarifa. Habrá dos puntos de corte de las dos circunferencias, que ofrecerán un AH = 102° a las dos referencias. Sin embargo, sólo hay una de ellas, que además sitúe el faro de Isla Tarifa desde una visual por la aleta de estribor del yate:
Situación observada a HO = 13.30: **l = 35° 56,0′ N; L = 005° 36,5′ W** *(Pregunta 3).*

Uniendo las situaciones estimada y observada, se obtiene el Rc = 084° y la DST entre dichas posiciones representa la intensidad de la misma durante 1,5 horas. Dividiendo la DST medida por 1,5 se obtiene la **Ihc = 1,8′** *(Pregunta 4).*

Si se traza de nuevo la derrota desde la posición de salida a HO = 12.00 hasta la posición real de llegada a HO = 13.30, se obtiene el **Ref = 246°** realmente navegado *(Pregunta 5).*

Se traza ahora la derrota efectiva desde la situación hallada a HO = 13.30 para pasar a 4 millas del faro de Cabo Trafalgar. Considerando la corriente hallada, se traza el Rv con un largo correspondiente a su Vmq = 12 nudos desde el extremo del vector corriente.
El Ref = 297°; Vef = 10,5' *(Pregunta 6).*
El Rv = 292,5° *(Pregunta 7).*

Navegando en estas condiciones desde HO = 13.30 y transcurridas dos horas habrá recorrido 21 millas sobre la derrota efectiva hasta HO = 15.30 a Vef = 10,5', alcanzando la posición **l = 36° 05,5' N; L = 005° 59,4' W, a HO = 15.30** *(Pregunta 8).*

Estando en esta posición se recibe la llamada de socorro del pesquero, procediendo a calcular por estima el rumbo, la distancia y la Vmq a dar al yate para llegar a su posición en 3 horas:

Desde la posición a HO = 13.30 en l = 36° 05,5' N; L = 005° 59,4' W, afectado por una corriente de Rc = 084°; Ihc = 1,8', hasta la posición de la embarcación que ha pedido socorro: l = 35° 28,0' N; L = 006° 34,1' W, no afectado por viento ni por corriente, se halla Ref y DST:

Δl = 37,5' al S·lm = l 35° 28,0' N – 18,75' al S; lm = 35° 46,75' N; cos lm = 0,811276462.
ΔL = 34,7' al W;
Apto = ΔL (34,7')·cos lm (0,8113); Apto = 28,1513' al W.
tg Ref = Apto (28,1513') / Δl (37,5'); R = 36,896°; Ref = S 37 W (217°).
Δl (37,5') = DSTn·cos Ref (0,80); DSTn = 46,9 millas / 3h; Vef = 15,6 nudos.

Representando gráficamente desde la situación de salida a HO = 15.30, tanto el vector corriente como el de **Ref = 217° y Vef = 15,6'** necesarios para socorrer al pesquero situado a **DST = 46,9 millas** *(Pregunta 9).*
Cerrando el triángulo de corrientes para obtener el **Rv = 221,5°; Vmq = 17 nudos** que ha de mantener el yate que procede a dar el socorro *(Pregunta 10).*

20 Marea en puerto secundario. Triángulos de corriente conocida. Situación por tres demoras no simultáneas al mismo punto, con viento. Situación por dos marcaciones simultáneas a puntos diferentes. Cálculo loxodrómico directo con cambio de rumbo.

El día 20 de diciembre, un yate con un calado de 1,55 m se encuentra amarrado en Isla Cristina (muelle), puerto secundario del puerto patrón de Huelva, en un punto que aparece en la carta con una sonda de 1,00 m.
Al ser HO = 05.16 se decide salir a navegar en el momento en que el yate tenga 2 m de agua bajo la quilla (HO = HZ + 1). *(Preguntas 1, 2.)*

Al ser HO = 12.00, el yate se encuentra en l = 35° 50,0′ N y L = 005° 50,0′ W.
Conociendo la existencia de una corriente de Rc = 287° e Ihc = 1,5′ se realizan las siguientes navegaciones:
De HO = 12.00 a HO = 13.30 al Rv = 080°; Vmq = 8 nudos.
De HO = 13.30 a HO = 14.30 máquinas paradas.
De HO = 14.30 a HO = 16.00 al Rv = 060°; Vmq = 8′. *(Preguntas 3, 4.)*

A partir de HO = 16.00 se levanta un viento de levante, que provoca un abatimiento de 15°. Se toma del faro de Punta Carnero una Dv = Norte. Media hora más tarde, del mismo faro se toma una Dv = N 45 W y, tras otra media hora, siempre habiendo mantenido el rumbo y la velocidad, se toma del mismo faro una Dv = W. *(Pregunta 5.)*

Tiempo más tarde, tras haber navegado a varios rumbos y desaparecida la corriente (el viento de levante aún produce un abatimiento de 15°) el yate navega al Rs = 220°.
Se toman simultáneamente las siguientes marcaciones a HO = 22.34:
Faro de Punta Europa, M = 65° por Er.
Faro de Punta Almina, M = 25° por Br. *(Preguntas 6, 7.)*

Tiempo más tarde y navegando en niebla cerrada, en ausencia de viento y corriente, el yate se sitúa en l = 37° 10,0′ N y L = 007° 20,0′ W. Se decide seguir las siguientes derrotas con una Vmq = 8 nudos:
Durante 10 horas al Rv = 180°.
Durante 12 horas más, al Rv = 270°. *(Preguntas 8, 9 y 10.)*

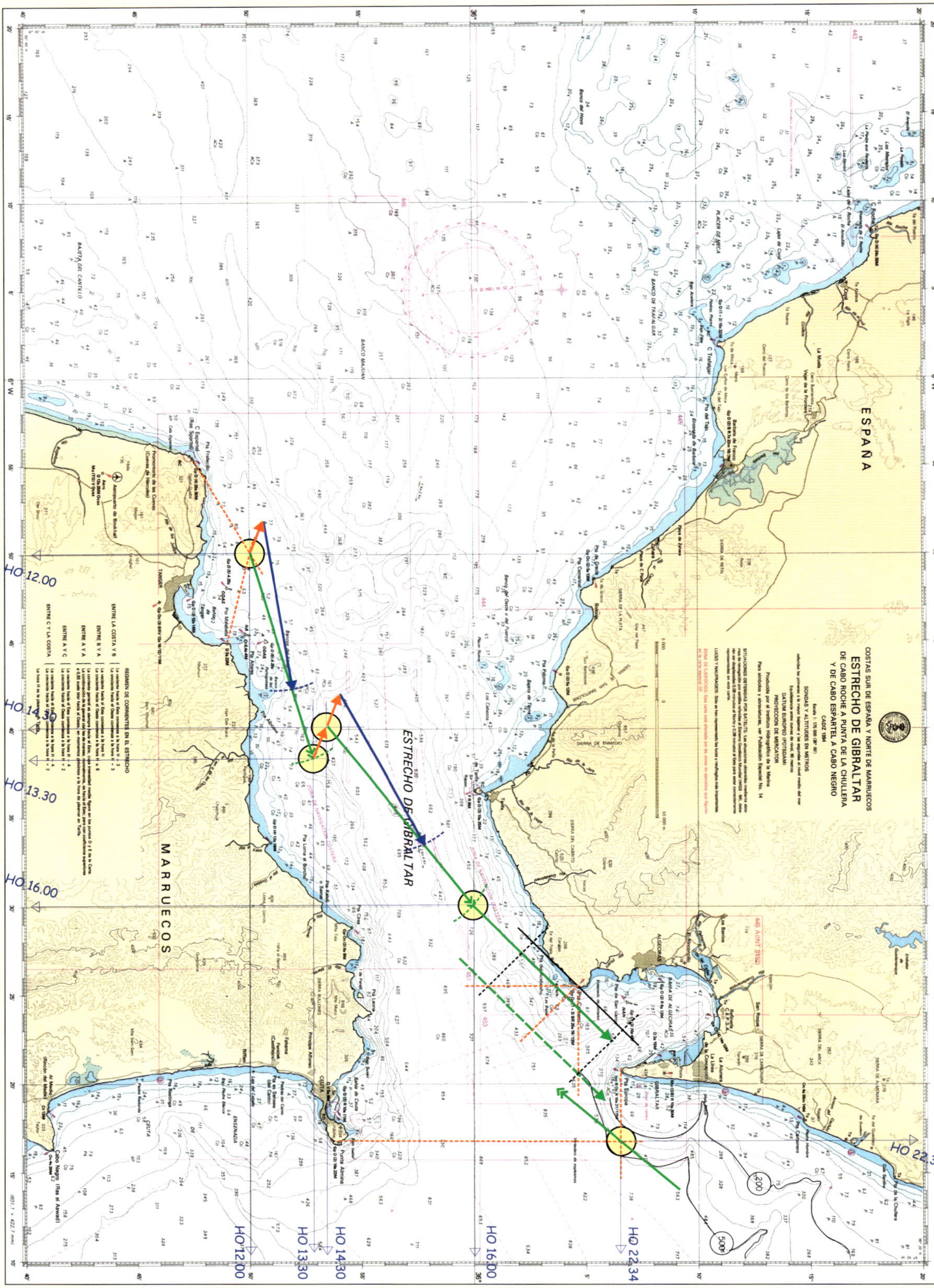

COSTAS SUR DE ESPAÑA Y NORTE DE MARRUECOS
ESTRECHO DE GIBRALTAR
DE CABO ROCHE A PUNTA DE LA CHULLERA
Y DE CABO ESPARTEL A CABO NEGRO
ESPAÑA
MARRUECOS
ESTRECHO DE GIBRALTAR
HO 12.00
HO 14.30
HO 13.30
HO 16.00
HO 22.34

Se pide:

1. ¿A qué HO saldrá a navegar el yate? .... **HO = 10.02**
2. ¿Cuál será la altura de marea en el momento de salir a navegar? .... **Alt.Marea = 2,55 m**
3. AH con que se verán los faros de Cabo Espartel
   y Punta Malabata a HO = 12.00 .... **AH = 139,5°**
4. Situación del yate a HO = 16.00 .... **l = 36° 00,0′ N; L = 005° 30,0′ W**
5. Rumbo efectivo del yate a partir de HO = 16.00 .... **COG = 045°**
6. Situación a HO = 22.34 .... **l = 36° 06,7′ N; L = 005° 16,7′ W**
7. Situado a HO = 22.34, ¿qué sonda aproximada tendrá el yate? .... **Sc = 200 – 500 m**
8. Situación del yate al final de la navegación .... **l = 35° 50,0′ N; L = 009° 18,4′ W**
9. ¿Qué distancia habrá navegado el yate? .... **DST = 176 millas**
10. Distancia loxodrómica directa entre los puntos de salida y llegada ...... **DST = 124,3 millas**

Desarrollo del problema:

Diferencias con Huelva			*Datos para Huelva a 20.12:*		*Para Isla Cristina (muelle):*	
	Horas	Altura	HTU	Altura	HO = +1	
Pleamar	+0h 10ᵐ	–0,08 m	**04h 06ᵐ**	**1,07 m**	**05h 16ᵐ**	**1,06 m**
Bajamar	+0h 10ᵐ	–0,01 m	**10h 12ᵐ**	**2,82 m**	**11h 22ᵐ**	**2,74 m**
			16h 46ᵐ	0,88 m	17h 56ᵐ	0,87 m
			22h 52ᵐ	2,77 m	00h 02ᵐ (día 21.12.)	2,69 m

Am = 1,68 m y Dc = 6h 06^m (366^m)
Sm = Calado (1,55 m) + ABQ (2 m); Sm = 3,55 m para salir del puerto de I. Cristina.
A la bajamar, la *Sm = Sc (1 m) + AltBjm (1,06 m);* Sm = 2,06 m.
A la pleamar, la Sm = *Sc (1 m) + AltPlm (2,74 m)*; Sm = 3,74 m.
Una sonda del momento de 3,55 m se encuentra sobre la marea creciente.

En el momento de salir a navegar, la corrección aditiva, CA, ha de ser tal, que se cumpla:
Sm (3,55 m) = Sc (1 m) + Alt.Bjm (1,06 m) + CA; CA = 1,49 m
CA (1,49 m) = ½ Am (1,68 m)·(1 – cos α); (1 – cos α) = 2·1,49 / 1,68; α = 140,7°
α (140,7°) = $180^m \cdot I^m / Dc$ (366^m); I = $286{,}1^m$; I = 4h 46^m
HO de salida estaría programada para HO = 05h 16^m + 04h 46^m;
HO = 10.02, momento en que el yate tendría 2 m de ABQ *(Pregunta 1).*

La altura de marea en el momento de la salida sería:
Sm (3,55 m) = Alt.Bjm (1,06 m) + CA (1,49 m).
A HO = 10.02 **Alt.Marea = 2,55 m** *(Pregunta 2).*

Se representan triángulos horarios de corriente desde la situación de l = 35° 50,0′ N;
L = 005° 50,0′ W, conociendo los datos de Rc, Ihc, Rv y Vmq para encontrar Ref (074°)
y Vef (6,7′) entre las HO = 12.00 y las HO = 13.00.

Se prolonga el Ref hasta las HO = 13.30, de acuerdo con la Vef hallada.
Situación a HO = 13.30: l = 35° 52,8′ N; L = 005° 38,2′ W.
Desde la situación a HO = 12.00 se traza Dv al faro de Cabo Espartel y al de Punta Malabata. El ángulo que forman corresponde al **AH = 139,5°** leído para estas dos visuales *(Pregunta 3)*.

Desde HO = 13.30 hasta HO = 14.30 el yate queda a merced de la corriente con la máquina parada durante 1 hora. A partir de este momento, se representa nuevo triángulo horario de corriente desde la posición en que ha quedado a HO = 14.30, y hasta las HO = 15.30. Su Ref (051°) y Vef (7′) se prolonga durante media hora de navegación para establecer la situación estimada a HO = 16.00: **l = 36° 00,0′ N; L = 005° 30,0′ W** *(Pregunta 4)*.

Se representan las tres demoras desde el faro de Punta Carnero. Se traza una recta auxiliar perpendicular a la segunda Dv. Se marca una línea paralela a la segunda Dv desde, por ejemplo 3 millas al SW sobre la recta auxiliar hasta que corte la primera Dv. Con la misma DST a Punta Carnero, por la parte NE de la recta auxiliar se traza otra paralela a la 2ª Dv hasta cortar la 3ª Dv. Los puntos así hallados y unidos entre sí representan la derrota a que efectivamente ha navegado: **Ref (COG) = 045°** *(Pregunta 5)*.
Con el abatimiento de 15° hacia babor, se halla el Rv = 060°.

A HO = 22.34 se hallan las dos Dv en función del *Rs (220°) = Rv + Abto (15° Er)*; Rv = 205°:
Dv al faro de Punta Europa = Rv (205°) + M (065°) Er; Dv = 270°; (Dv inversa = 090°).
Dv al faro de Punta Almina = Rv (205°) – M (025°) Br; Dv = 180°; (Dv inversa = 000°).
La situación, por el corte de las dos Dv simultáneas será a:
HO = 22.34: **l = 36° 06,7′ N; L = 005° 16,7′ W** *(Pregunta 6)*.
La posición a HO = 22.34 **se sitúa entre los veriles de los 200 y 500 m** *(Pregunta 7)*.

En la primera estima directa, al ser en dirección Sur, no varía la longitud:
Se navega durante 10 horas a 8′; DSTn = 80 millas al Sur. Nueva posición: l = 35° 50,0′ N; L = 007° 20,0′ W. Navega ahora desde esta situación a Vmq = 8′ durante 12 horas.
DSTn = 96 millas hacia el W sin cambio de latitud.
lm = 35° 50,0′ N; cos lm = 0,810723367.
El apartamiento, *A = Vmq (8′) x tn (12 h) x sen R (270°)*; A= 96′;
ΔL = A (96′) / cos lm (0,810723367); ΔL = 118,4′ W.
La posición final será **l = 35° 50,0′ N; L = 009° 18,4′ W** *(Pregunta 8)*.
La DST total navegada = 80 + 96 millas; **DSTn total = 176 millas** *(Pregunta 9)*.

Para hallar la distancia loxodrómica directa entre el punto de partida y el de llegada, se ha de hacer un nuevo cálculo de estima indirecta entre las dos situaciones conocidas:
l = 37° 10,0′ N; L = 007° 20,0′ W y l = 35° 50,0′ N; L = 009° 18,4′ W:
Δl = 1° 20′ (80′ al S) / 2 = 40′ S; lm = 36° 30,0′ N; cos lm = 0,803856861
ΔL = 1° 58,4′ (118,4′); *A = ΔL x cos lm*; A = 95,2′
tg Rv = A (95,2′ / ΔL (80′); Rv = 50°; Rv = S 50 W (230°)
DST total loxodrómica = Δl / cos Rv; **DST = 124,3 millas** *(Pregunta 10)*.

21 Marea en puerto secundario. Situación por dos marcaciones no simultáneas al mismo punto, con viento. Situación por AH y distancia. Triángulo simple de corriente, y rumbo a pasar por determinado lugar. Cálculo loxodrómico directo.

El día 23 de abril, al ser HO = 18.00 un yate, con un calado de 1,2 m se encuentra fondeado en el puerto de Sancti-Petri, en un punto que la carta náutica marca con una sonda de 0,51 m. El patrón decide que saldrá a navegar tan pronto como el yate tenga 2 m de agua bajo la quilla. El adelanto horario es HO = HZ + 2. *(Preguntas 1,2.)*

Tiempo más tarde estando ya a día 24 de abril, navega al Rv = 155°, con una Vmq = 11 nudos y con un viento del SW, que le produce un abatimiento de 20°.

Al ser HO = 09.05, toma del faro de Punta Camarinal, una M = 52° Br.
Al ser HO = 09.30, toma del faro de Barbate una M = 155° Br.
Al ser HO = 10.03, toma del faro de Punta Camarinal, una M = 143° Br.
Al ser HO = 10.33, toma un ángulo horizontal de 123° entre los faros de Punta Paloma e Isla Tarifa y, simultáneamente, una distancia al faro de Isla Tarifa de 2,8 millas. *(Preguntas 3, 4, 5, 6, 7.)*

Al ser HO = 14.00, situado bajo el faro de Punta Carnero, desaparecido el viento anterior y conociendo la existencia de una corriente de rumbo SSW e intensidad horaria 3 nudos, el patrón decide poner rumbo para pasar a 3 millas del faro de Punta Almina, deseando llegar al Este verdadero de dicho faro a HO = 15.45. *(Preguntas 8, 9.)*

Desaparecida la corriente anterior, el yate navega desde la situación verdadera a HO = 15.45, durante 9 horas y 40 minutos al Rv = 090°, con una Vmq = 11'. Adelanto horario HO = HZ + 2.

Se pide:

1. ¿A qué HO y día saldrá a navegar el yate? .... **HO = 23.18 del día 23.04.**
2. ¿Cuál será la altura de marea en el momento de salir a navegar? .... **Alt.Marea = 2,69 m**
3. ¿En qué situación se encontrará a HO = 09.05? .... **l = 36° 07,6' N; L = 005° 59,2' W**
4. ¿En qué situación se encontrará a HO = 09.30? .... **l = 36° 04,3' N; L = 005° 55,2' W**
5. ¿En qué situación se encontrará a HO = 10.03? .... **l = 36° 00,0' N; L = 005° 50,0' W**
6. ¿A qué DST mínima de la costa se encontrará el yate a HO = 10.03? ... **DST = 5,1 millas**
7. ¿En qué situación se encontrará a HO = 10.33? .... **l = 36° 00,0' N; L = 005° 40,0' W**
8. Al ser HO = 14.00, ¿a qué Rv deberá gobernar el yate? .... **Rv = 113°**
9. Al ser HO = 15.45, ¿con qué marcación debería ver el faro de Punta Almina? **M = 156° Er**
10. Situación al final de la navegación .... **l = 35° 54,0' N; L = 003° 00,2' W**
11. ¿A qué DST se encontrará el yate del faro de Punta Almina? .... **DST = 110,7 millas**

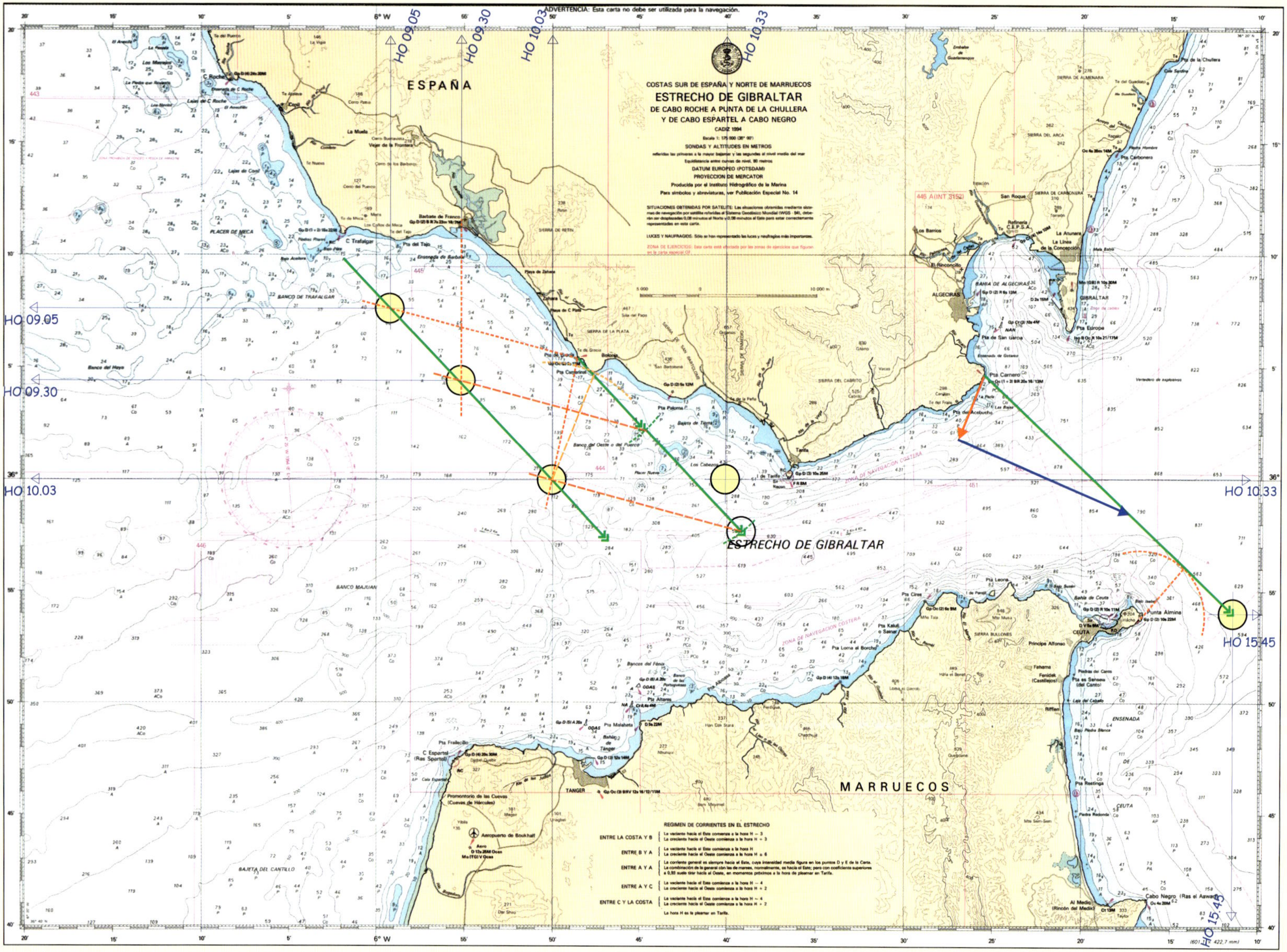
ADVERTENCIA: Esta carta no debe ser utilizada para la navegación.
COSTAS SUR DE ESPAÑA Y NORTE DE MARRUECOS
ESTRECHO DE GIBRALTAR
DE CABO ROCHE A PUNTA DE LA CHULLERA
Y DE CABO ESPARTEL A CABO NEGRO
ESPAÑA
MARRUECOS
ESTRECHO DE GIBRALTAR
HO 09.05
HO 09.30
HO 10.03
HO 10.33
HO 15.45
C. Trafalgar
Barbate de Franco
Tarifa
Algeciras
Gibraltar
Ceuta
Punta Almina
Tanger
C. Espartel
Cabo Negro
REGIMEN DE CORRIENTES EN EL ESTRECHO

Desarrollo del problema:

Marea en el puerto de Sancti-Petri:
En el Anexo de Mareas encontraremos que Sancti-Petri es un puerto secundario y sus diferencias con su puerto patrón, Cádiz, son las siguientes:

	Hora	Altura
Pleamar	$+0h\ 05^m$	–0,19 m
Bajamar	$+0h\ 05^m$	–0,02 m

Para los días 23 y 24 de abril las mareas en el puerto patrón de Cádiz:

Día	Hora (TU)	Altura
23 de abril	$15h\ 38^m$	1,23 m
23 de abril	$21h\ 52^m$	2,92 m
24 de abril	$04h\ 25^m$	1,02 m

Corregido para el día 23 y 24 de abril en el puerto secundario de Sancti-Petri:

Día	Hora (TU)	Altura
23 de abril	$15h\ 43^m$	1,21 m
23 de abril	$21h\ 57^m$	2,73 m
24 de abril	$04h\ 30^m$	1,00 m

A HO = 18.00 (HTU = 16.00) ya ha comenzado la marea entrante, puesto que la bajamar había tenido lugar hacía 17^m, a HTU = 15.43.
A HO = 23.57 (HTU = 21.57), la marea alcanzará una altura de pleamar de 2,73 m.
Con ello, la sonda del momento alcanzará:
Sm = Sc (0,51) + Alt.Plm (2,73); Sm = 3,24 m. En este momento el agua bajo la quilla alcanzaría *ABQ = Sm (3,24) – Calado (1,20)*; ABQ = 2,04 m.

Es decir, la posibilidad de largar amarras con 2,00 m de agua bajo la quilla en el puerto de Sancti-Petri, se produciría entre HO = 18.00 y HO = 23.57 del día 23 de abril. Se calcula el momento: *Sm = ABQ (2,00) + Calado (1,20)*; Sm = 3,20 m
Sm (3,20) = Sc (0,51 m) + Alt.Bjm (1,21 m) + CA; CA = 1,48 m
CA (1,48) = ½ Am (2,73 – 1,21)·(1 – cos α); cos α =– 0,947368421; α = 161,3282819°
Duración de la creciente = HTU Plm ($21h\ 57^m$) – HTU Bjm ($15h\ 43^m$); D creciente = $6h\ 14^m$ (374^m)
α (161,3282819°) = 180 x I Dc (374^m); Intervalo = 335^m ($5h\ 35^m$)

El momento de salir a navegar con ABQ = 2,00 m se producirá 5h 35^m después de la bajamar más próxima y antes de alcanzar la pleamar de la HTU 21h 57^m. Es decir, en el puerto de Sancti-Petri a HTU = 15h 43^m + 5h 35^m; HTU = 21h 18^m; **HO = 23h 18^m del día 23 de abril** *(Pregunta 1).*

A HO = 23h 18^m, Alt.Marea = Sm (3,20 m) – Sc (0,51 m); **Alt.Marea = 2,69 m** *(Pregunta 2).*

Situación por dos marcaciones no simultáneas al mismo punto:
Se trazan en la carta las tres Dv correspondientes a las marcaciones tomadas a las diferentes horas:

HO = 09.05; Dv al faro de Punta Camarinal:
Dv = Rv (155°) – M (52°) Br; Dv = 103° (Dv inversa = 283°).
HO = 09.30; *Dv al faro de Barbate = Rv (155°) – M (155°) Br*; Dv = 000° (Dv inversa = 180°).
HO = 10.03; Dv al faro de Punta Camarinal*:*
Dv = Rv (155°) – M (143°) Br; Dv = 012° (Dv inversa = 192°).
Rs = Rv (155°) – Abto (20°) Br; Rs = 135°

Se traza el Rs desde el faro de Punta Camarinal, delimitando su vector al tiempo navegado a 11 nudos desde HO = 09.05 a HO = 09.30 (tn = 25^m); *DSTn = 25^m x 11 nudos / 60^m*; DSTn = 4,6 millas.
Desde la punta del vector de rumbo auxiliar así obtenido, se traza ahora una paralela a la primera Dv a HO = 09.05 y donde corte a la Dv de HO = 09.30 se encuentra la situación a HO 09.30: **l = 36° 04,3' N y L = 005° 55,2' W** *(Pregunta 4).*

Dibujando una paralela al Rs a partir de esta situación en dirección inversa (315°) se observa la situación a HO = 09.05: **l = 36° 07,6' N y L = 005° 59,2' W** *(Pregunta 3).*

Y a su vez, por corte del Rs con la Dv de la hora HO = 10.03, se halla su situación: **l = 36° 00,0' N y L = 005° 50,0' W** *(Pregunta 5).*

Conociendo estas situaciones, se puede medir la distancia más corta a tierra firme: **DST = 5,1 millas** *(Pregunta 6).*

Situación por ángulo horizontal y distancia a tierra:
Uniendo las referencias del ángulo horizontal > 90°, se halla el ángulo:

$\beta = AH\ (123°) - 90°$; $\beta = 33°$

Trazando hacia tierra y desde las dos referencias del AH, sendas rectas con 33° respecto a la línea de unión, donde éstas se corten, se centra la aguja del compás y se traza el arco capaz entre el faro de Punta Paloma y el de Isla Tarifa. Después se traza otro arco con una apertura de compás de 2,8 millas desde el faro de Isla Tarifa. La situación observada a HO = 10.33 está sobre el corte de los dos arcos: **l = 36° 00,0' N y L = 005° 40,0' W** *(Pregunta 7).*

Triángulo de corriente:
Se traza el vector corriente en base a su dirección SSW (202,5°) y con 3 millas de largo. Además, se traza el COG desde el faro de Punta Carnero para pasar a 3 millas del faro de Punta Almina, prolongando esta derrota hasta alcanzar la situación deseada a HO = 15.45, al Ev (Dv = 90°) desde dicho faro. La distancia desde el faro de Punta Carnero a la posición descrita para HO = 15.45, dividida por 1h 45^m de navegación dará SOG = 9 nudos.
Se marca sobre el COG la DSTn en una hora y desde allí se traza el Rv hasta el extremo del vector de la corriente, cerrando el triángulo de corriente.

Vb = 8,5 nudos y Rv = 113° (*Pregunta* 8).

Para calcular la marcación con la que se verá al faro de Punta Almina a HO = 15.45, se considera que la Dv = 270° y el Rv = 113°; *Dv (270°) = Rv (113°) + M*;
M = 157° Er *(Pregunta 9).*

Cálculo loxodrómico:
A partir de la situación de partida a HO = 15.45 (l = 35° 54,0' N y L = 005° 11,5' W), navega el yate al Rv = 090°, a una Vb = 11 nudos durante 9 horas y 40 minutos (9,67 h). A este rumbo, la latitud no varía y el coseno de la latitud media (35° 54,0' N) tiene un valor de 0,81.

Apartamiento = tn (9h 40^m*) · Vb (11 nudos) · sen 90° (1)*; A = 106,3'
A (106,3') = $\Delta L \cdot \cos lm$ *(0,81)*; ΔL = 131,27' (2°11,3' al E).

Situación estimada al final de la navegación (HO = 01.25 del día siguiente, 25 abril):
l = 35° 54,0' N; L = 003° 00,2' W *(Pregunta 10).*

La DSTn = 106,3 millas. DST al faro de Punta Almina = 4,4 millas.
DST al final de la navegación = 110,7 millas *(Pregunta 11).*

22 Situación por dos marcaciones no simultáneas + Ra y Za de la estrella Polar y Vb. Rumbo para pasar por un punto determinado, con viento y corriente desconocida (sin recta auxiliar). Situación por dos demoras de aguja simultáneas para encontrar Rc e Ihc en comparación con situación estimada. Dos triángulos de corriente hallada y navegación a la deriva. Rumbo a un punto. Cambio de rumbo manteniendo las condiciones de navegación en el seno de la corriente hallada. HO de recalada a puerto patrón. Marea.

El 14 de diciembre, un yate navega al Ra = 062° y Vb = 12' en presencia de viento NNW, que le produce un abatimiento de 4°. Toma azimut de aguja Za a la estrella Polar, supuesta en el polo, de N 04 E. La declinación magnética en toda la zona de navegación es dm = 3,5° NW. *(Pregunta 1.)*

Al ser HO = 21.00 marca el faro de Cabo Espartel al 048° Er. Al ser HO = 21.25 vuelve a marcar el faro de Cabo Espartel al 098° Er. *(Preguntas 2, 3.)*

Situado, da rumbo para pasar a 2 millas del faro de Punta Cires, manteniendo la Vb = 12'. Desvío para este rumbo, Δ = +2°. Viento NNW, abatimiento = 3°.

A HO = 22.40 toma simultáneamente Da = 004° al faro de Isla Tarifa.
Y Da = 101° al de Punta Cires. *(Preguntas 4, 5, 6, 7.)*

Encalmado el viento, manteniendo la Vb = 12' y teniendo en cuenta la corriente hallada, da rumbo para pasar a 3 millas del faro de Punta Europa. A este rumbo, Δ = +1°. *(Preguntas 8, 9.)*

A HO = 23.20 la máquina se detiene por avería y el barco queda a la deriva hasta HO = 00.00 del día 15.12, momento en que da avante con la máquina reparada, navegando al rumbo y a la velocidad anterior en el seno de la misma corriente. *(Preguntas 10, 11.)*

A HO = 00.30 del día 15, se decide poner rumbo a la farola roja del rompeolas del puerto de Algeciras, manteniéndose la corriente y la Vb = 12'. Desvío, Δ = 2,5° NW. *(Preguntas 12, 13, 14.)*

Una hora después de la llegada al rompeolas, el yate atraca en un lugar de sonda de carta, Sc = 0,75 m. HO = HZ + 1. *(Pregunta 15.)*

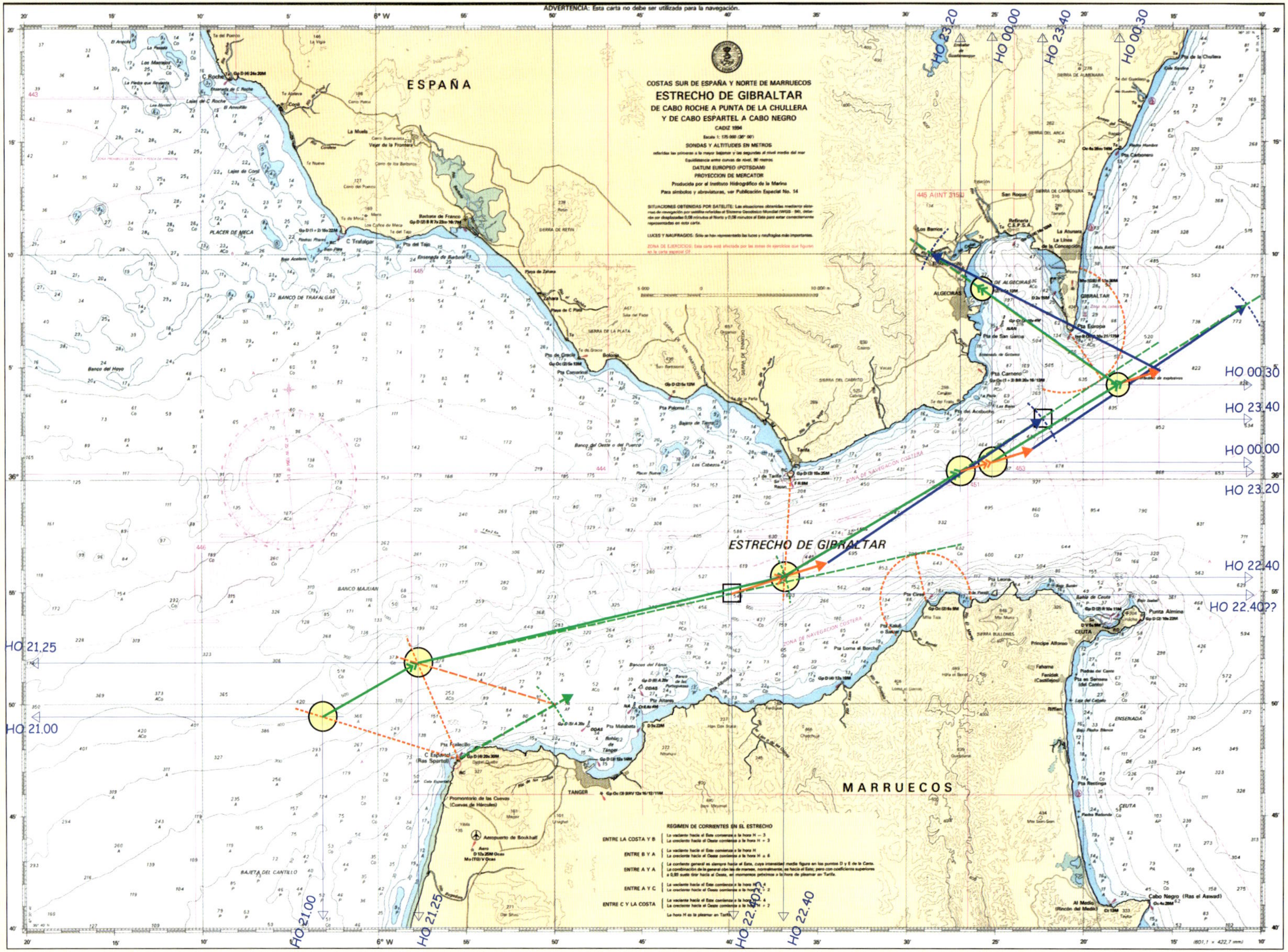
ADVERTENCIA: Esta carta no debe ser utilizada para la navegación.
COSTAS SUR DE ESPAÑA Y NORTE DE MARRUECOS
ESTRECHO DE GIBRALTAR
DE CABO ROCHE A PUNTA DE LA CHULLERA
Y DE CABO ESPARTEL A CABO NEGRO
CADIZ 1994
SONDAS Y ALTITUDES EN METROS
DATUM EUROPEO (POTSDAM)
PROYECCION DE MERCATOR
Producida por el Instituto Hidrográfico de la Marina
ESPAÑA
MARRUECOS
ESTRECHO DE GIBRALTAR
BANCO DE TRAFALGAR
PLACER DE MECA
BANCO MAJUAN
C Trafalgar
Tarifa
ALGECIRAS
GIBRALTAR
TANGER
CEUTA
Cabo Negro (Ras el Aswad)
C Espartel (Ras Spartel)
REGIMEN DE CORRIENTES EN EL ESTRECHO
ENTRE LA COSTA Y B
ENTRE B Y A
ENTRE A Y A
ENTRE A Y C
ENTRE C Y LA COSTA
HO 21.00
HO 21.25
HO 22.40
HO 22.40??
HO 23.20
HO 00.00
HO 23.40
HO 00.30

Se pide:

1. Corrección total, Rs y Rv entre HO = 21.00 y HO = 21.25 .... **Ct = 4° NW; Rs = 062°; Rv = 058°**
2. Situación a HO = 21.00 .... **l = 35° 49,4′ N; L = 006° 03,2′ W**
3. Situación a HO = 21.25 .... **l = 35° 51,8′ N; L = 005° 57,7′ W**
4. Rs, Rv y Ra para pasar a 2 millas del faro de Punta Cires .... **Rs = 78,5°; Rv = 75,5°; Ra = 077°**
5. Situación estimada a HO = 22.40 .... **l = 35° 54,8′ N; L = 005° 39,7′ W**
6. Situación verdadera a HO = 22.40 .... **l = 35° 55,6′ N; L = 005° 36,8′ W**
7. Rc e Ihc hallada a HO = 22.40 .... **Rc = 071°; Ihc = 2′**
8. Ref y Vef para pasar a 3 millas del faro de Punta Europa .... **Ref = 060°; Vef = 14,1 nudos**
9. Rv y Ra para pasar a 3 millas del faro de Punta Europa .... **Rv = 058°; Ra = 060,5°**
10. Situación a HO = 23.20 .... **l = 36° 00,3′ N; L = 005° 26,9′ W**
11. Situación a HO = 00.30 .... **l = 36° 04,2′ N; L = 005° 17,9′ W**
12. Ref y Vef para recalar en Algeciras .... **Ref = 307°; Vef = 10,6 nudos**
13. Rv, Ra y DSTn para recalar en Algeciras .... **Rv = 298°; Ra = 304°; DSTn = 8 millas**
14. HO de recalada al rompeolas de Algeciras .... **HO = 01.16 del 15.12.**
15. Sonda del momento en el lugar de atraque .... **Sm = 1,22 m**

Desarrollo del problema:

Se halla la corrección total en función del azimut de aguja: *Zv (000°) = Za (+004° NE) + Ct*; **Ct = –4° (4° NW)** *(Pregunta 1)*.
Ahora puede calcularse el *Rs = Ra (062°) + Ct (–4°) + Abto (+4°) Er*; **Rs = 062°** *(Pregunta 1)*.
Rs (062°) = Rv + Abto. Er (+4°); **Rv = 058°** *(Pregunta 1)*.

DSTn en 25^m a 12 nudos; DSTn = 5′.
A HO = 21.00, *Dv = Rv (058°) + M (048°) Er*; Dv = 106° (Dv inversa = 286°) al faro de Cabo Espartel.
A HO = 21.25, *Dv = Rv (058°) + M (098°) Er;* Dv = 156° (Dv inversa = 336°) al mismo faro.

Se representan gráficamente las dos Dv y el Rs (062°) desde el faro de Cabo Espartel. Desde el extremo del vector Rs, delimitado con la DSTn de cinco millas, se traza una paralela a la 1ª Dv y donde ésta corte a la 2ª:
Situación a HO = 21.25: **l = 35° 51,8′ N; L = 005° 57,7′ W** *(Pregunta 3)*.

Trazando el Rs hacia atrás, en su cruce con la 1ª Dv, se marca la
Situación a HO = 21.00: **l = 35° 49,4′ N; L = 006° 03,2′ W** *(Pregunta 2)*.

Situado, se traza rumbo para pasar a 2 millas del faro de Punta Cires: Rs = 78,5°.
Con viento NNW, *Rs (78,5°) = Ra + dm (–3,5°) + Δ (+2°) + Abto (+3°) Er*;
Ra = 077°; Rv = 75,5° *(Pregunta 4).*

Tras navegar desde HO = 21.25 en estas condiciones, a Vb = 12′ durante una hora y quince minutos y al Rs = 078,5°, debería encontrarse el yate sobre la derrota marcada en situación estimada a HO = 22.40: **l = 35° 54,8′ N; L = 005° 39,7′ W** *(Pregunta 5).*

El cruce de las dos Dv, tomadas simultáneamente a HO = 22.40:

Dv al faro de Isla Tarifa: Da (004°) + Ct (–1,5°); Dv = 002,5° (Dv inversa = 182,5°);
Dv al faro de Punta Cires: Da (101°) + Ct (–1,5°); Dv = 099,5° (Dv inversa = 279,5°), indica, sin embargo, que la situación verdadera a HO = 22.40:

l = 35° 55,6′ N; L = 005° 36,8′ W *(Pregunta 6).*

El vector de unión de las dos situaciones representa el Rc = 071° y la I = 2,5 millas para 1h 15^{m} de navegación. Estos valores pueden hallarse por representación gráfica o bien por un cálculo de estima indirecta entre las situaciones estimadas y observadas. **Rc = 071°; Ihc = 2′** *(Pregunta 7).*

Situados, con el viento en calma y considerando la corriente hallada, se traza rumbo para pasar a 3′ del faro de Punta Europa, observando Δ = +1° NE y dm = –3,5° NW.
El **Ref = 060°** y resolviendo el triángulo horario de corriente, sabiendo que la Vb = 12′, la **Vef = 14,1′** *(Pregunta 8).*

El **Rv = 058°** y considerando además, que la Ct = –2,5° a este rumbo, **Ra = 060,5°** *(Pregunta 9).*

Tras 40^{m} de navegación a Vef = 14,1′ sobre la derrota Ref = 060°, la DSTn = 9,4 millas cuando se avería la máquina a HO = 23.20 y por lo tanto la posición del yate en el momento de la avería es: **l = 36° 00,3′ N; L = 005° 26,9′ W** *(Pregunta 10).*

Hasta HO = 00.00 del día 15.12. estará derivando durante 40 minutos (1,33 millas) en dirección del Rc = 071°. A partir de este momento vuelve a arrancar máquina, Vb = 12′, y Rv = 058°; Vef = 14,1′. Navegando 7 millas al Ref = 060° hasta HO = 00.30, alcanzando la situación de: **l = 36° 04′ N; L = 005° 17,9′ W** *(Pregunta 11).*

A HO = 00.30 del día 15 vira para poner rumbo a la farola roja del rompeolas del puerto de Algeciras, que se encuentra a **8 millas** *(Pregunta 13)*.
Con $\Delta = -2{,}5^\circ$ y aún en el seno de la corriente Rc = 071°; Ihc = 2′: **Ref = 307°.**
A Vb = 12′, el **Vef = 10,6 nudos** *(Pregunta 12)*.

Rv = 298°. A este rumbo, la Ct = –6°; Resulta el **Ra = 304°** *(Pregunta 13)*.

En estas condiciones calcula que tardará 46 minutos en navegar las 8 millas a la Vef = 10,6′.
En consecuencia, la recalada a la luz roja del rompeolas del puerto de Algeciras se producirá a **HO = 01.16 del día 15.12.** *(Pregunta 14)*.

El atraque en Sc = 0,75 m se producirá una hora más tarde, es decir a HO = 02.16, que al ser el adelanto oficial de una hora respecto a la hora que corresponde por huso horario, resulta HTU = 01.16.
El puerto patrón de Algeciras muestra la siguiente tabla de mareas para el 15.12.:

HTU = 00h 25^m: 0,45 m
HTU = 07h 13^m: 0,92 m

Por lo tanto, el yate se encuentra en el momento del atraque, cerca de la primera bajamar y con la marea creciente.

Intervalo: 00h 25^m – 01h 16^m; $I = 51^m$;
Duración de la creciente: 00h 25^m – 07h 13^m; Dc = 6h 48^m (408^m);
Amplitud de marea: 0,92 – 0,45 m Am = 0,47 m

Aplicando las fórmulas:
Sm = Sc (0,75 m) + Alt.Bjm (0,45 m) + CA;
CA = ½ Am (0,47 m)·(1 – cos α)
$\alpha^\circ = 180 \cdot I\ (51^m)\ /\ Dc\ (408^m)$; $\alpha = 22{,}5^\circ$; $\cos\alpha = 0{,}923879532$; $(1 - \cos\alpha) = 0{,}076$
CA = ½ Am (0,47 m)·0,076; CA = 0,018 m

Sm = Sc (0,75 m) + Alt.Bjm (0,45 m) + CA (0,018 m); a HO = 02.16;
Sm = 1,22 m *(Pregunta 15)*.

23 Problema de corrientes conocidas y desconocidas. Situación por dos demoras simultáneas a diferentes puntos. Triángulo simple de corriente hallada. Navegación a un punto determinado sobre la carta con viento y corriente desconocida (con recta auxiliar). Navegación a puerto, con corriente hallada y viento, por triángulo simple.

Un yate navega en demanda del Estrecho de Gibraltar y con destino al puerto de Barbate. Al ser HO = 09.05 se para la máquina por avería en posición de l = 36° 08,8' N; L = 005° 14,8' W. El yate queda a la deriva mientras se procede a la reparación, lo cual se consigue a HO = 11.45, momento en que se toman simultáneamente Da = 291° al faro de Punta Carnero y Da = 012° al de Punta Europa. La corrección total Ct = 2° NW. La variación local para toda la zona de navegación es de 2,5° NW. *(Preguntas 1, 2.)*

Situados, reparada la avería y teniendo en cuenta la corriente hallada, el yate da rumbo para dirigirse a un punto «A», de l = 35° 56,8' N; L = 005° 44,2' W a una Vb = 10'. La tablilla de desvíos para el rumbo elegido indica Δ = +0,5°. *(Preguntas 3, 4.)*

A HO = 13.00, cesa la corriente hallada anteriormente y se levanta viento SW, que produce un Abto = 6°. En este momento entra en zona de corriente desconocida y enmienda el rumbo 36° a estribor, manteniendo la Vb = 10'. Desvío para el nuevo rumbo, Δ = –1,5°.

A HO = 13.35 toma marcación al faro de Punta Paloma = 120° Er.
A HO = 14.00 toma distancia al faro de Punta Camarinal = 3 millas. *(Preguntas 5, 6, 7.)*

Desde la situación obtenida a HO = 14.00 da rumbo a la punta del espigón exterior del puerto de Barbate (luz roja), manteniéndose Vb = 10', el viento y la posible corriente. Abatimiento = 6° y Δ = 2° NW. *(Preguntas 8, y 9.)*

Se pide:

1. Hallar la situación a HO = 11.45 .... **l = 36° 03,6' N; L = 005° 21,3' W**
2. Rc y Ihc entre HO = 09.05 y HO = 11.45 .... **Rc = 225° (SW); Ihc = 2,85'**
3. Hallar COG y SOG para dirigirse a «A» .... **COG = 250°; SOG = 12,5'**
4. Hallar Ra para navegar hacia «A» .... **Ra = 259°**
5. Situación a HO = 13.35 .... **l = 36° 01,6' N; L = 005° 46,8' W**
6. Situación a HO = 14.00 .... **l = 36° 04,1' N; L = 005° 51,7' W**
7. Rc y Ihc real a partir de HO = 13.00 .... **Rc = 309°; Ihc = 1,8'**
8. Rs y Ra a partir de HO = 14.00 .... **Rs = 337°; Ra = 335,5°**
9. HO de llegada al espigón del puerto de Barbate .... **HO = 14.38**

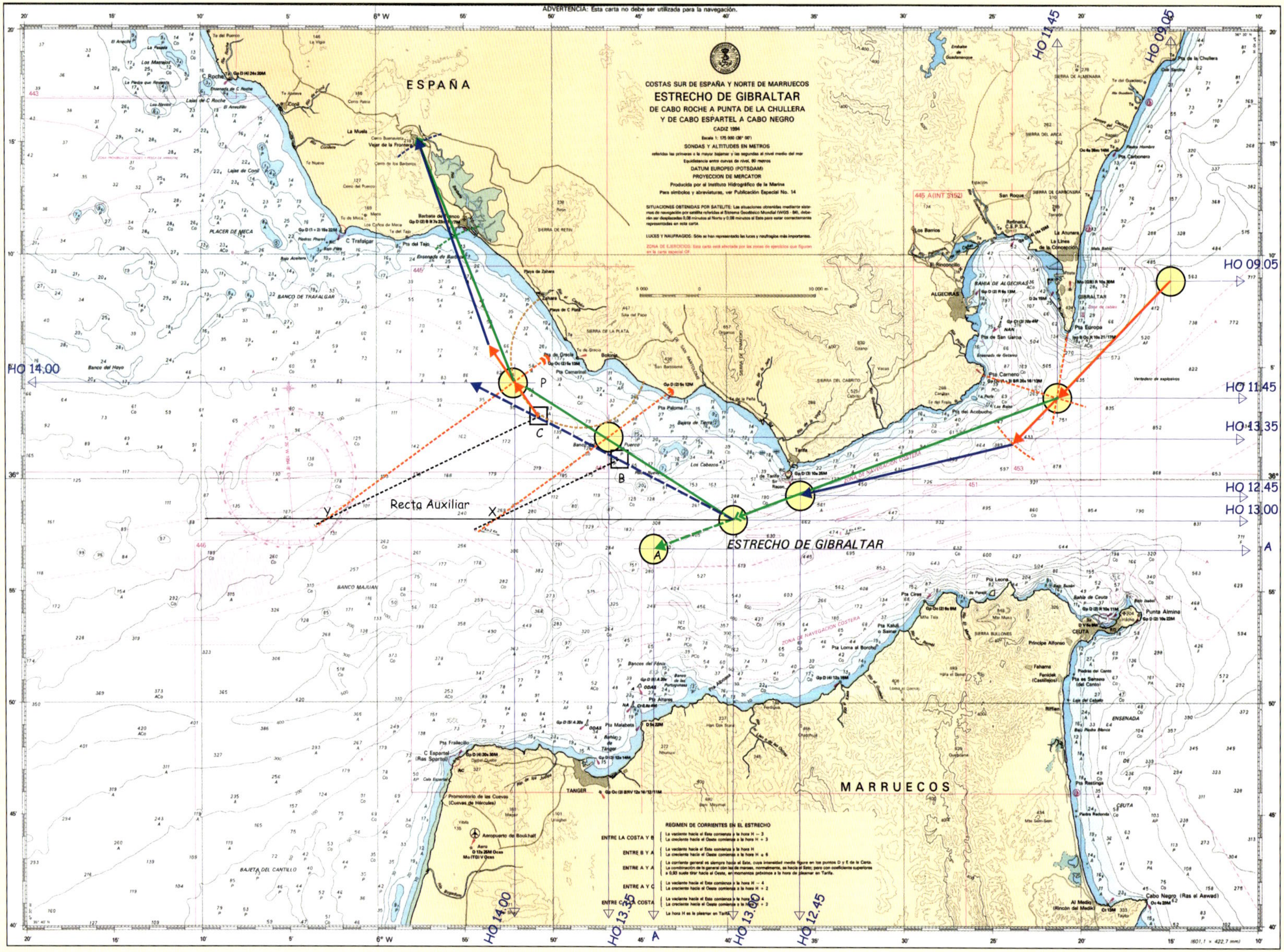
ADVERTENCIA: Esta carta no debe ser utilizada para la navegación.
COSTAS SUR DE ESPAÑA Y NORTE DE MARRUECOS
ESTRECHO DE GIBRALTAR
DE CABO ROCHE A PUNTA DE LA CHULLERA
Y DE CABO ESPARTEL A CABO NEGRO
CADIZ 1994
SONDAS Y ALTITUDES EN METROS
DATUM EUROPEO (POTSDAM)
PROYECCION DE MERCATOR
ESPAÑA
MARRUECOS
ESTRECHO DE GIBRALTAR
Recta Auxiliar
HO 09.05
HO 11.45
HO 12.45
HO 13.00
HO 13.35
HO 14.00
A
B
C
P
X
Y
REGIMEN DE CORRIENTES EN EL ESTRECHO

Desarrollo del problema:

Se marca la situación dada para HO = 09.05 en la carta.
Situación observada por dos demoras simultáneas a HO = 11.45:
Dv al faro de Punta Carnero = Da (291°) + Ct (–2°); Dv = 289° (Dv inversa = 109°)
Dv al faro de Punta Europa = Da (012°) + Ct (–2°); Dv = 010° (Dv inversa= 190°)

Su punto de cruce da la situación a HO = 11.45: **l = 36° 03,6′ N y L = 005° 21,3′ W** *(Pregunta 1).*

Uniendo el punto de origen a HO = 09.05 y el hallado para HO = 11.45, se obtiene la deriva total y, en consecuencia, entre estos dos horarios **Rc = SW (225°)** *(Pregunta 2).* Dividiendo la DST derivada (7,6 millas) por el tiempo transcurrido de 2h 45^m, se obtiene **Ihc = 2,85′** *(Pregunta 2).*

A partir de la posición a HO = 11.45 se traza el rumbo hacia el punto «A».
En este caso, el **COG = 250°** *(Pregunta 3).*
Se traza ahora el Rc = 225°, delimitado por la Ihc de 2,85 nudos. A partir de la cabeza del vector corriente se centra el compás con una apertura correspondiente a la velocidad de corredera del yate, Vb = 10′. Se marca el corte sobre el rumbo efectivo, cerrando el triángulo horario de corriente y hallando el rumbo verdadero, Rv = 257° así como la velocidad efectiva horaria **SOG = 12,5′** *(Pregunta 3).*

El punto de cierre del triángulo horario de corriente, corresponderá a la situación a HO = 12.45, de l = 35° 59,2′ N y L = 005° 35,8′ W.
Rv (257°) = Ra + dm (–2,5°) + Δ (+0,5°). Para dirigirse a «A», el **Ra = 259°** *(Pregunta 4).*

Mediante la velocidad efectiva hallada, se calcula la distancia navegada en los 15 minutos que faltan para HO = 13.00; DSTn = 12,5 millas · 15^m / 60^m = 3,125 millas.
La situación a HO = 13.00 es l = 35° 58,1′ N y L = 005° 39,6′ W. A partir de este punto altera el rumbo en 36° Er, cambia la corriente a desconocida y entra viento del SW, que le abate hacia Er.

Ra nuevo = 259° + 36° = 295°
Nuevo Rv = Ra (295°) + dm (–2,5°) + Δ (–1,5°); Rv nuevo = 291°.
Nuevo Rs = Ra (295°) + dm (–2,5°) + Δ (–1,5°) + Abto (6°); Rs nuevo = 297°.

Supone que este Rs será el nuevo Ref si hubiese corriente.
Se traza la Dv inversa desde el faro de Punta Paloma, tomada a HO = 13.35:

Dv = Rv (291°) + M (120°)Er – 360°; Dv = 051°; (Dv inversa = 231°).

Se representa el punto «B», donde supone estar a HO = 13.35 y el «C» a HO = 14.00, sobre el rumbo supuesto Rs (297°), en base a una Vb = 10'. Desde la situación de HO = 13.00, la DSTn en 35^m = 5,83 millas y 10 millas en 1 hora sobre dicho Rs = 297°.

A continuación, se traza la circunferencia de 3 millas de distancia al faro de Punta Camarinal. Una vez trazada una recta auxiliar cualquiera desde la situación a HO = 13.00, se une «B» con el cruce de la Dv a Punta Paloma y la recta auxiliar (X). Desde «C» se traza una paralela a «B-X» hasta alcanzar también la recta auxiliar (Y). Desde «Y» se traza una paralela a la Dv tomada a HO = 13.35 (demora trasladada) y donde corte a la circunferencia de la distancia de 3 millas al faro de de Punta Camarinal, representa la situación verdadera del yate a HO = 14.00 (punto «P»).

Situación: **l = 36° 04,1' N y L = 005° 51,7' W** *(Pregunta 6).*
Situación a HO = 13.35: **l = 36° 01,6' N y L = 005° 46,8' W** *(Pregunta 5).*

El vector de unión «C ⇒ P» es el de la corriente desconocida:
Rc = 309° y su **Ihc = 1,8'** *(Pregunta 7).*

A HO = 14.00 da rumbo desde «P» a la farola roja del espigón externo del puerto de Barbate, Ref = 325°, teniendo en cuenta la corriente hallada, se centra el compás en el extremo del vector corriente con una apertura de Vb = 10' hasta cruzar el Ref. De este triángulo de corriente, se deduce la **Vef = 11,8'** y el **Rs = 337°** *(Pregunta 8).*

Rs (337°) = Ra + dm (–2,5°) + Δ (–2°) + Abto (6°); **Ra = 335,5°** *(Pregunta 8).*

La distancia desde «P» hasta el puerto representa navegar 7,5 millas a Vef = 11,8 nudos. tn = 38^m desde HO = 14.00. La recalada al puerto de Barbate es **HO = 14.38** *(Pregunta 9).*

24 Altura de marea y ABQ. Situación por AH y demora verdadera. Rumbo para pasar por un punto determinado. Rs por tres marcaciones no simultáneas al mismo punto. Abatimiento. Triángulo simple de corriente. Dos cálculos loxodrómicos directos (contrarios).

El día 18 de diciembre un yate, con un calado de 0,5 m se encuentra atracado en el puerto de Tarifa, en un amarre que la carta náutica marca con una sonda de 1,5 m. Al ser HO = 00.53 el patrón decide salir a navegar. El adelanto horario oficial es HO = HZ + 1. *(Preguntas 1, 2.)*

Al ser HO = 13.45, el yate toma simultáneamente: ángulo horizontal de 90° entre los faros de Punta Paloma y el de la Isla Tarifa, así como una Dv = 000° de la cima del monte Órgano (altura del monte = 657 m). *(Pregunta 3.)*

Situado, pone rumbo para pasar a tres millas del faro de Cabo Trafalgar. *(Pregunta 4.)*

Tiempo más tarde, conociendo la existencia de un viento de componente sur el yate navega al Rv = 297°, toma del faro de Camarinal (cerca de Punta Gracia) una M = 063° Er. Media hora más tarde toma, del mismo faro, una M = 108° Er. Transcurrida otra media hora, vuelve a tomar del mismo faro una M = 153° Er. *(Pregunta 5.)*

Desaparecido el viento, al ser HO = 19.00 y situado en l = 36° 10,0′ N; L = 006° 10,0′ W, el yate entra en el seno de una corriente de rumbo S 80 W e intensidad horaria Ihc = 3 nudos, con la intención de navegar hacia el faro de Cabo Espartel con una Vmq = 12′. *(Preguntas 6, 7.)*

Horas después, desaparecida la corriente, el yate, al ser HO = 22.00, se encuentra en l = 35° 35,0′ N; L = 006° 10,0′ W. El patrón decide navegar al Rv = 193° con una Vmq = 12′. Después de tres horas de navegación, al ser HO = 01.00 del día 19, cambia de rumbo al Rv = N 13 E, manteniendo la Vmq = 12 nudos. *(Preguntas 8 y 9.)*

Se pide:

1. Al ser HO = 00.53, ¿cuál será la altura de marea en el puerto de Tarifa? .... **Alt.Marea = 0,94 m**
2. Al ser HO = 00.53, ¿cuánta agua bajo la quilla tendrá el yate? .... **ABQ = 1,94 m**
3. Situación a HO = 13.45 .... **l = 35° 58,8′ N; L = 005° 40,0′ W**
4. Rv para pasar a 3 millas del faro de Cabo Trafalgar .... **Rv = 297°**
5. ¿Cuántos grados de abatimiento afectan al rumbo del yate? .... **Abto = +18° Er**
6. Rv para arrumbar al faro de Cabo Espartel a partir de HO = 19.00 .... **Rv = 138°**
7. ¿A qué HO debería llegar el yate al faro de Cabo Espartel? .... **HO = 21.22**
8. Situación a HO = 01.00 del día 19.12. .... **l = 35° 00,0′ N; L = 006° 20,0′ W**
9. Situación a HO = 04.00 del día 19.12. .... **l = 35° 35,0′ N; L = 006° 10,0′ W**

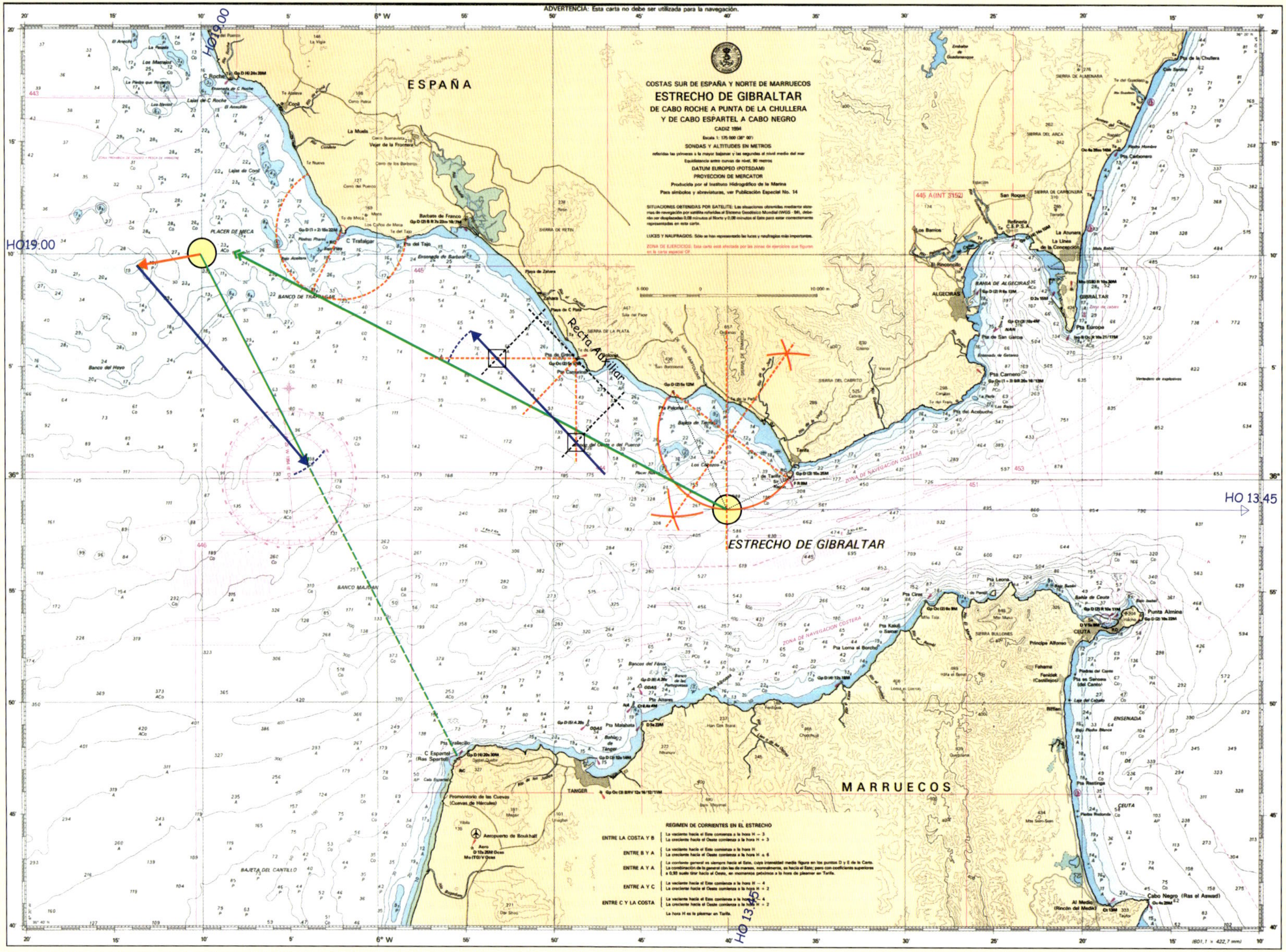
ADVERTENCIA: Esta carta no debe ser utilizada para la navegación.
COSTAS SUR DE ESPAÑA Y NORTE DE MARRUECOS
ESTRECHO DE GIBRALTAR
DE CABO ROCHE A PUNTA DE LA CHULLERA
Y DE CABO ESPARTEL A CABO NEGRO
CADIZ 1994
SONDAS Y ALTITUDES EN METROS
DATUM EUROPEO (POTSDAM)
PROYECCION DE MERCATOR
ESPAÑA
MARRUECOS
ESTRECHO DE GIBRALTAR
HO19:00
HO 13.45
Recta Auxiliar
PLACER DE MECA
BANCO DE TRAFALGAR
C Trafalgar
Barbate de Franco
Tarifa
Algeciras
BAHIA DE ALGECIRAS
GIBRALTAR
Pta Europa
Pta Carnero
C Espartel
TANGER
CEUTA
Punta Almina
Cabo Negro
BANCO MAJUAN
BAJETA DEL CANTILLO
Banco del Hoyo
REGIMEN DE CORRIENTES EN EL ESTRECHO
ENTRE LA COSTA Y B
ENTRE B Y A
ENTRE A Y A
ENTRE A Y C
ENTRE C Y LA COSTA
La hora H es la pleamar en Tarifa.

Desarrollo del problema:

Se anota la situación a HTU, entre la HTU = 22.04 de la 2ª pleamar del 17.12 y la HTU = 03.33 de la 1ª bajamar del 18.12. La HO = 00.53 corresponde a HTU = 23.53 del día 17.12.
Dv = 05.29 (329^m); I = 03.40 (220^m); Amplitud de marea = 1,09 – 0,47 m; Am = 0,62 m.
Con estos datos se halla la corrección aditiva (CA) por la tabla de interpolación (véase página 157) o bien por cálculo con las fórmulas:

$\alpha^o = 180 \cdot I\ (220^m) / Dv\ (329^m)$ y $CA = \frac{1}{2}\ Am\ (0{,}62\ m) \cdot (1 - \cos\alpha\ (-0{,}5055))$.
En ambos casos se obtiene CA = 0,467 m.
Sm = Sc (1,5 m) + Alt.Bjm (0,47 m) + CA (0,47 m); Sm = 2,44 m;
ABQ = Sm (2,44 m) – calado (0,5 m); **ABQ = 1,94 m** *(Pregunta 1).*

Altura de la marea = Alt.Marea (0,47 m) + CA (0,47 m); **altura de la marea = 0,94 m** *(Pregunta 2).*

Para resolver la situación mediante el ángulo horizontal, AH = 90°, se unen los 2 puntos de referencia con una recta y se traza su mediatriz. En el punto de corte de la recta de unión con la mediatriz se centra la punta del compás, trazando el arco capaz desde una de las situaciones de referencia hasta la otra por el lado mar. El corte del arco capaz con la demora verdadera desde el pico del monte Órgano nos indica la situación a HO = 13.45: **l = 35° 58,8′ N; L = 005° 40,0′ W** *(Pregunta 3).*

Trazando un arco de 3 millas desde el faro de Cabo Trafalgar y una tangente al mismo desde la situación hallada a HO = 13.45 se obtiene el **Rv = 297°** *(Pregunta 4).*

Se trazan las tres Dv inversas desde el faro de Punta Camarinal, halladas por suma del Rv = 297° a las correspondientes marcaciones por Er:

Dv_1 = 360° (Dv inversa = 180°); Dv_2 = 45° (Dv inversa = 225°); Dv_3 = 90° (Dv inversa = 270°)

separadas las tres por intervalos uniformes de 30 minutos de navegación sin cambiar de velocidad. Se traza una recta auxiliar por el faro de referencia, perpendicular a la segunda demora. A ambos lados, equidistantes al faro se trazan, desde la recta auxiliar, dos paralelas a la 2ª Dv, hasta que corten la 1ª y la 2ª demoras respectivamente. Los puntos de corte, unidos, representan el Rs navegado, cuya diferencia con el Rv de 297° representa el abatimiento a Er experimentado a causa del viento sur. **Abto = 18° Er** *(Pregunta 5).*

Desde la situación indicada a HO = 19.00 se traza el vector de corriente, definido por su rumbo e intensidad horaria. De allí también se traza la derrota deseada hasta el faro de Cabo Espartel, que representa el COG hasta dicho cabo. En el extremo del vector corriente se centra el compás con una apertura de 12 nudos, correspondiente a la Vb, hasta cortar la derrota efectiva. Este triángulo horario de corriente permite averiguar el **Rv = 138°** *(Pregunta 6).*

Hallando la DSTn = 25,3 millas hasta el faro de Cabo Espartel y con la Vef = 10,7′ se halla el intervalo de tiempo para llegar a destino desde HO = 19.00; tn = 141,9^{m} (2 horas y 22 minutos). **Llegada a HO = 21.22** *(Pregunta 7).*

Cuadro de estima a múltiples rumbos: desde l = 35° 35,0′ N; L = 006° 10,0′ W

	tn					Ct						Δl		A	
Intervalo Navegado	**T(h^{m})**	**T(h)**	**Vb**	**DST**	**Ra**	**dm**	**Δ**	**Rv**	**Abto**	**Rs**	**Rs/Cd**	**N**	**S**	**E**	**W**
HO 22.00 - 01.00	3h 00^{m}	3,0	12′	36,00				193°			S 13° W		35,1		8,1
Cos latitud. media = 0,816 ΔL = 9,9′ al W															
HO 01.00 - 04.00	3h 00^{m}	3,0	12′	36,00				013°			N 13° E	35,1		8,1	

Diferencia total en minutos 0,0 0,0

Latitud: l_e a HO 04.00: **35° 35′ N**

Latitud media: 35° 35,0′ N - 0° 35′ S **lm = 35° 00,0′ N** **L = 006° 20,0′ W** **A HO = 01.00** *(Preguntas 8 y 9)*

Longitud: L a HO 04.00: **006° 10,0′ W**

Como el barco navega durante tres horas al rumbo contrario que ha navegado las tres horas anteriores, es lógico que al cabo de seis horas de navegación regrese al punto de partida.

25 Situación por rumbo + marcación e isobática con viento. Rs y distancia mínima a la costa. Mareas/sonda momento/ABQ. Posición por AH + demora verdadera. Corriente conocida. Situación por Ref y enfilación. Loxodrómica de acercamiento en igual corriente para ambas embarcaciones. Rv, tn y localización del barco auxiliado.

El 14 de diciembre un yate navega hacia el puerto de Barbate con rumbo verdadero Rv = 064° y conociendo la existencia de un viento del W que le provoca un abatimiento de 10°. Al ser HO = 10.45 se encuentra sobre la isobática de 50 m y toma marcación del faro de Cabo Trafalgar M = 90° por Br. *(Preguntas 1, 2.)*

Situado, decide entrar en el puerto de Barbate para llenar los depósitos de combustible. Estima su llegada a HO = 11.23 (sonda de carta Sc = 1,5 m; calado = 0,8 m; HO = HZ + 1). *(Preguntas 3, 4.)*

Al ser la HO = 13.57, fuera de puerto y desaparecido el viento, el patrón decide situarse tomando AH = 90° entre los faros de Cabo Trafalgar y Punta Camarinal así como, simultáneamente, una Dv = 005° al faro de Barbate. *(Pregunta 5.)*

Más tarde, a HO = 14.30 y desde una situación de l = 35° 59,8′ N; L = 006° 00,2′ W decide navegar a una velocidad de máquina Vmq = 9 nudos con rumbo efectivo Sur, conociendo la existencia de una corriente de Rc = N 45 W e Ihc = 3,5 nudos. *(Preguntas 6, 7.)*

Aún afectado el yate por la corriente anterior y situado en l = 35° 46,8′ N; L = 006° 00,2′ W, recibe una llamada de socorro de un barco al garete, afectado por la misma corriente, en situación l = 35° 20,0′ N; L = 006° 35,0′ W. Se decide ir en su ayuda en el menor tiempo posible, aumentando su Vmq a 12 nudos. *(Preguntas 8, 9, 10 y 11.)*

Se pide:

1. Situación a HO = 10.45 .... **l = 36° 07,6′ N; L = 006° 00,0′ W**
2. Rs y distancia mínima a tierra a HO = 10.45 .... **Rs = 074°; DST mínima = 3,2 millas**
3. Sm y ABQ a HO = 11.23 en el puerto de Barbate .... **Sm = 2,72 m ABQ =1,92 m**
4. HO de la siguiente pleamar en el puerto de Barbate .... **HO = 19.49**
5. Situación a HO = 13.57 .... **l = 36° 02,1′ N; L = 005° 56,3′ W**
6. Rv y Vef a HO = 14.30 para navegar al Ref = Sur .... **Vef = 6,2 nudos; Rv = 164°**
7. HO estimada de enfilación Cabo Espartel/Punta Malabata con Ref = Sur **HO = 16.36**
8. Rv directo para ir en auxilio del yate al garete .... **Rv = 226,5°**
9. SOG navegado en demanda del buque al garete .... **SOG = 12,6 nudos**
10. Tiempo para llegar y DSTn real al buque en peligro .... **T = 3h 15^m DSTn = 40,9 millas**
11. Situación de estima para el encuentro de ambos yates .... **l = 35° 28,0′ N; L = 006° 44,9′ W**

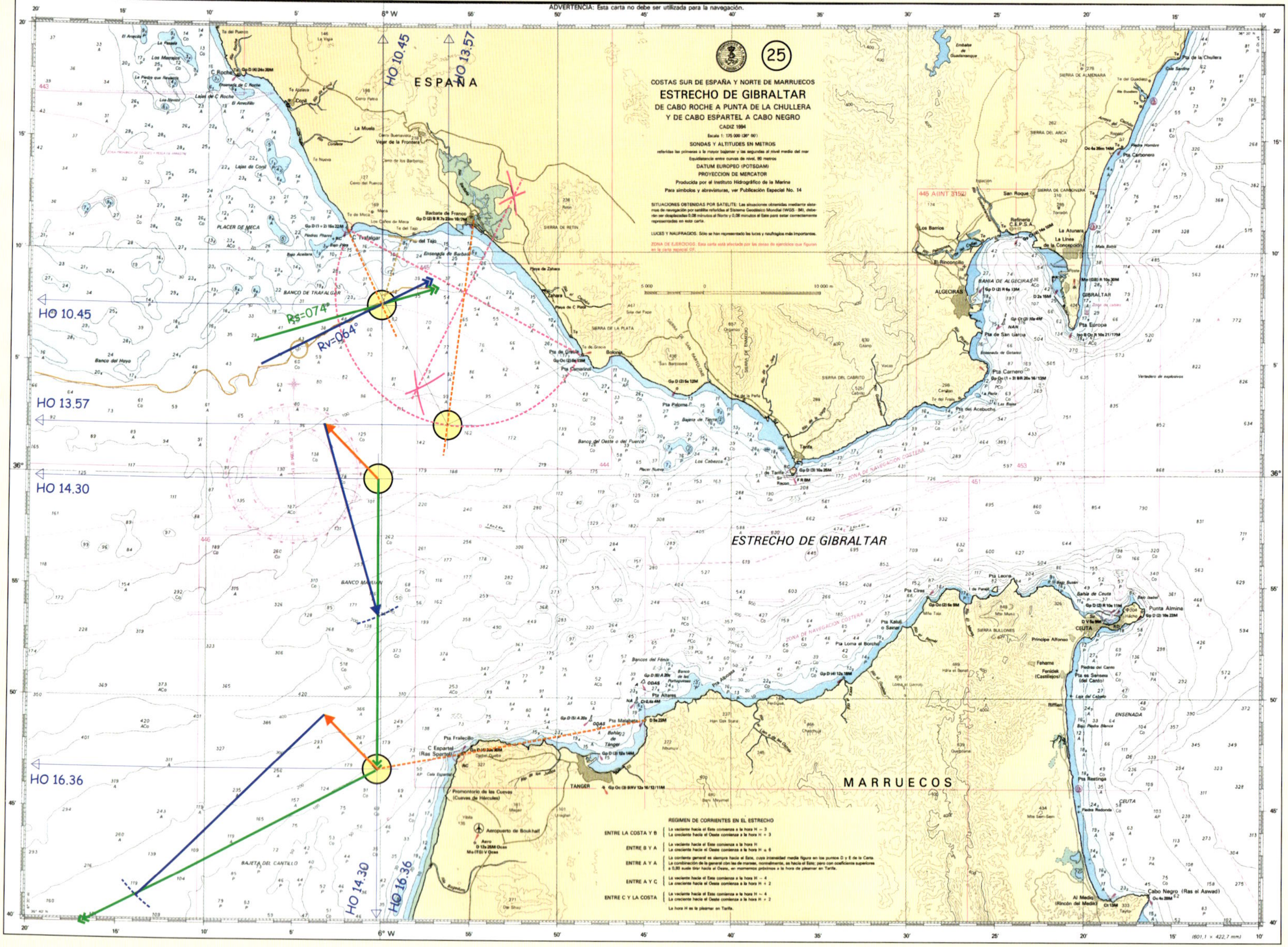

ADVERTENCIA: Esta carta no debe ser utilizada para la navegación.
25
COSTAS SUR DE ESPAÑA Y NORTE DE MARRUECOS
ESTRECHO DE GIBRALTAR
DE CABO ROCHE A PUNTA DE LA CHULLERA
Y DE CABO ESPARTEL A CABO NEGRO
CADIZ 1994
SONDAS Y ALTITUDES EN METROS
DATUM EUROPEO (POTSDAM)
PROYECCION DE MERCATOR
Producida por el Instituto Hidrográfico de la Marina
Para símbolos y abreviaturas, ver Publicación Especial No. 14
ESPAÑA
MARRUECOS
ESTRECHO DE GIBRALTAR
HO 10.45
HO 13.57
HO 14.30
HO 16.36
Rs=074°
Rv=064°
REGIMEN DE CORRIENTES EN EL ESTRECHO

Desarrollo del problema:

Al tomar M Br = 90° y navegar al Rv = 064°, se haya la Dv al faro de Cabo Trafalgar:
Dv = Rv (64°) + M Br (–90°); Dv = 334° (Dv inversa = 154°).
El trazo de esta demora inversa desde el faro de Cabo Trafalgar corta la isobática de los 50 m a HO = 10.45 en la situación: **l = 36° 07,6′ N; L = 006° 00,0′ W** *(Pregunta 1).*

Desde la situación hallada a HO = 10.45, se traza una apertura de compás hasta encontrar la línea más próxima de costa. La mínima se halla aproximadamente a una **DST = 3,2 millas** *(Pregunta 2).*
Como existe viento de W, el *Rs = Rv (064°) + Abto Er (+10°)*; **Rs = 074°** *(Pregunta 2).*

A HO = 11.23 atraca en el puerto de Barbate para tomar combustible en un lugar de Sc = 1,5 m. Barbate es un puerto secundario del puerto patrón de Cádiz. Se anotan sus diferencias y las condiciones de marea de Cádiz el día 14.04. de acuerdo con el Anuario de Mareas a HTU:

Datos para Cádiz a 14.04.:					
	Horas	Altura		HTU	Altura
Pleamar	–0h 20^m	–0,80 m		00h 06^m	1,15 m
Bajamar	–0h 20^m	–0,05 m		06h 32^m	2,69 m
Como H= = HZ + 1				12h 48^m	1,05 m
Hora de recalada en Barbate: HO = 11.23 (HTU = 10.23)				19h 09^m	2,50 m

Amplitud de marea entre HTU = 06.32 y HTU = 12.48 en Barbate:
Am = 2,69 – 0,80 – (1,05 – 0,05); Amplitud de marea = 0,89 m
Intervalo entre la hora de recalada en Barbate y la bajamar más próxima en dicho puerto:
12h 48^m – 00h 20^m – 10h 23^m; I = 02h 05^m (125 minutos).
Duración de la vaciante en Barbate a la bajamar más próxima:
Dv = 12h 48^m – 00h 20^m – (06h 32^m – 00h 20^m); Dv = 06h 16^m (376^m).
Con estos datos se calcula la corrección aditiva a HTU = 10.23 en Barbate:
α° = 180^m · I (125^m) / D (376^m); α° = 59,84°; cos α = 0,50241; (1 – cos α) = 0,4976.
CA = ½ Am (0,89 m) · (0,4976 m); CA = 0,22 m.
Sm = Sc (1,5 m) + Alt.Bjm (1,05 m – 0,05 m) + CA (0,22 m); **Sm = 2,72 m** *(Pregunta 3).*
ABQ = Sm (2,72 m) – Calado (0,80 m); **ABQ = 1,92 m** *(Pregunta 3).*

La siguiente Pleamar en Barbate es HTU = 19.09 – 00.20; HTU = 18.49;
HO = 19.49 *(Pregunta 4).*

A HO = 13.57, calmado el viento se toma AH = 90° a los faros de Cabo Trafalgar y de Punta Camarinal, así como, simultáneamente, una Dv = 005° al faro de Barbate. Desde dicho faro se traza su inversa (185°) hasta que corte el arco capaz, desde donde se ven los faros citados con AH = 90°: Para ello se unen los faros de Cabo Trafalgar y de Punta Camarinal, se corta con la mediatriz y en dicho corte se centra el compás con una apertura hasta cualquiera de las referencias para trazar el arco capaz de corte con la Dv al faro de Barbate, que señala la posición a

HO = 13.57: **l = 36° 02,2' N; L = 005° 56,3' W** *(Pregunta 5).*

A HO = 14.30 se establece el triángulo de corrientes. Desde la situación indicada de l = 35° 59,8' N; L = 006° 00,2' W se traza el vector corriente con Rc = N45W (315°), de Ihc = 3,5'. También se traza desde dicha situación el Ref = 180°. Desde el extremo del vector de la corriente se traza un corte sobre el Ref con un compás de apertura igual a la Vmq = 9'. Así se cierra el triángulo de corriente, midiendo el Rv resultante y la **Vef = 6,2 nudos; Rv = S 16 E (164°)** *(Pregunta 6).*

Se traza ahora el corte del Ref = 180° con la enfilación entre los faros de Cabo Espartel y de Punta Malabata: Dv = 080° (Dv inversa = 260°), situado a DST = 13 millas de la situación a HO = 14.30. Navegadas a Vef = 6,2', el tn = 2h 6^{m}, que se alcanza a **HO = 16.36** *(Pregunta 7).*

Cuando dos barcos se mueven en el seno de una misma corriente, la derrota que los une en cualquier momento corresponde a su Rv. En consecuencia, se calcula por estima indirecta entre las posiciones iniciales del barco auxiliado y la inicial del que va en su auxilio, la distancia y el Rv que se ha de dar para ir a su encuentro:

Posición inicial del barco al garete: l = 35° 20,0' N; L = 006° 35,0' W.
Posición del barco auxiliador a HO = 16.36: l = 35° 46,8' N; L = 006° 00,2' W.

Δl = 26,8' al S; / 2 = 13,4'; latitud media = 35° 33,4' N; cos lm = 0,813540793;
ΔL = 34,8' al W·*A = ΔL (34,8')·cos lm (0,813540793)*; A = 28,3' al W.
tg Rv = A (28,3') / Δl (26,8'); Rv = 46,571°; **Rv = S 46,6 W (226,5°)** *(Pregunta 8);*
Trazado en la carta el triángulo de corriente, COG = 242,5°; **SOG = 12,6 nudos** *(Pregunta 9).*
También se puede resolver el triángulo de corriente por cálculo de estima: COG = 242,6°.

DSTn = Δl (26,8') / cos Rv (226,6°); DSTn = 39 millas. Navegando a Vmq = 12 nudos; **tn = 3,25h (3h 15^{m}).** Navegando a SOG = 12,6 nudos; **DSTn = 40,9 millas** *(Pregunta 10).*

La situación estimada de encuentro entre ambos yates puede obtenerse de varias formas, por ejemplo, mediante un cálculo loxodrómico directo desde la situación que ocupaba el barco al garete durante las 3 horas 15 minutos que se encuentra sometido al Rc = 315° con Ihc = 3,5 nudos:
Desde l = 35° 20,0' N; L = 006° 35,0' W, con Rc = 315° durante 03h 15^m
y con Ihc = 3,5 nudos.

Δl = DSTn (3,5' x 3,25h)·cos Rc (315°);
Δl = 8' al N; / 2 = 4'; Latitud media = 35° 24,0' N; cos lm = 0,815124419;
A = DSTn (3,5'·3,25h)·sen Rc (315°); A = 8' al W.
ΔL = A (8') / cos lm (0,815124419); ΔL = 9,86' al W.

Situación de encuentro de ambos yates: **l = 35° 28,0' N; L = 006° 44,9' W**
(Pregunta 11).

TABLAS DE MAREAS

TABLAS DE MAREAS EN SIETE PUERTOS PATRÓN

Algeciras
Cádiz
Ceuta
Tánger
Tarifa
Gibraltar
Huelva

CORRECCIÓN DE SIETE PUERTOS SECUNDARIOS

Algeciras : Enero

D	TU	Alt	D	TU	Alt
1	01 35	1.13	16	01 27	1.03
	07 09	0.17		07 08	0.30
	13 52	1.16		13 33	1.05
	19 41	0.11		19 33	0.24
2	02 23	1.17	17	02 02	1.08
	07 55	0.17		07 44	0.28
	14 39	1.18		14 10	1.10
	20 24	0.12		20 07	0.22
3	03 09	1.19	18	02 39	1.12
	08 40	0.19		08 20	0.26
	15 25	1.17		14 48	1.12
	21 06	0.17		20 40	0.22
4	03 55	1.18	19	03 17	1.13
	09 25	0.24		08 58	0.26
	16 10	1.14		15 27	1.13
	21 48	0.23		21 15	0.23
5	04 41	1.15	20	03 56	1.13
	10 11	0.30		09 38	0.27
	16 54	1.08		16 09	1.11
	22 29	0.31		21 52	0.26
6	05 25	1.09	21	04 38	1.11
	10 58	0.37		10 21	0.29
	17 37	1.01		16 54	1.06
	23 12	0.39		22 33	0.30
7	06 10	1.02	22	05 22	1.07
	11 48	0.43		11 09	0.31
	18 22	0.94		17 43	1.00
				23 22	0.34
8	00 01	0.46	23	06 12	1.01
	06 57	0.95		12 07	0.35
	12 46	0.48		18 40	0.93
	19 10	0.87			
9	01 02	0.51	24	00 25	0.39
	07 50	0.90		07 11	0.96
	13 52	0.50		13 19	0.37
	20 10	0.82		19 51	0.88
10	02 16	0.53	25	01 46	0.41
	08 50	0.87		08 24	0.92
	15 03	0.50		14 45	0.36
	21 27	0.80		21 17	0.86
11	03 24	0.51	26	03 10	0.38
	09 55	0.86		09 45	0.92
	16 06	0.47		16 05	0.32
	22 40	0.82		22 38	0.90
12	04 21	0.48	27	04 21	0.33
	10 51	0.87		10 58	0.96
	16 58	0.42		17 08	0.25
	23 32	0.87		23 41	0.98
13	05 09	0.43	28	05 20	0.26
	11 38	0.91		11 59	1.03
	17 42	0.36		18 01	0.19
14	00 13	0.92	29	00 34	1.06
	05 52	0.39		06 12	0.21
	12 19	0.95		12 51	1.10
	18 22	0.31		18 46	0.14
15	00 51	0.98	30	01 21	1.13
	06 31	0.34		06 58	0.16
	12 56	1.00		13 39	1.15
	18 58	0.27		19 28	0.11
16	01 27	1.03	31	02 06	1.19
	07 08	0.30		07 42	0.15
	13 33	1.05		14 24	1.18
	19 33	0.24		20 08	0.12

Algeciras : Febrero

D	TU	Alt	D	TU	Alt
1	02 50	1.21	16	02 15	1.15
	08 24	0.16		08 01	0.19
	15 07	1.18		14 29	1.16
	20 46	0.16		20 18	0.17
2	03 33	1.21	17	02 53	1.18
	09 05	0.20		08 38	0.18
	15 48	1.16		15 09	1.17
	21 23	0.22		20 53	0.18
3	04 14	1.17	18	03 32	1.18
	09 44	0.27		09 17	0.19
	16 27	1.11		15 51	1.15
	21 59	0.30		21 30	0.22
4	04 53	1.11	19	04 14	1.15
	10 24	0.34		09 58	0.22
	17 04	1.03		16 35	1.10
	22 34	0.38		22 10	0.27
5	05 31	1.03	20	04 58	1.10
	11 03	0.42		10 43	0.27
	17 41	0.95		17 24	1.03
	23 10	0.46		22 57	0.33
6	06 08	0.95	21	05 48	1.02
	11 46	0.48		11 37	0.33
	18 18	0.88		18 21	0.95
	23 52	0.52		23 57	0.39
7	06 46	0.89	22	06 47	0.95
	12 39	0.53		12 49	0.38
	19 04	0.82		19 32	0.88
8	00 55	0.56	23	01 22	0.43
	07 35	0.83		08 02	0.90
	13 56	0.55		14 27	0.40
	20 16	0.78		21 01	0.86
9	02 25	0.56	24	02 57	0.41
	08 46	0.81		09 30	0.89
	15 25	0.53		15 57	0.35
	21 54	0.79		22 25	0.90
10	03 45	0.53	25	04 13	0.35
	10 06	0.82		10 47	0.94
	16 31	0.47		17 00	0.28
	23 01	0.84		23 27	0.98
11	04 43	0.47	26	05 12	0.28
	11 06	0.86		11 47	1.01
	17 20	0.40		17 49	0.21
	23 46	0.90			
12	05 29	0.40	27	00 17	1.07
	11 52	0.93		06 00	0.21
	18 00	0.33		12 38	1.08
				18 30	0.16
13	00 24	0.97	28	01 03	1.14
	06 10	0.33		06 43	0.16
	12 32	1.00		13 22	1.13
	18 37	0.26		19 09	0.13
14	01 01	1.04			
	06 47	0.27			
	13 11	1.07			
	19 11	0.21			
15	01 37	1.10			
	07 24	0.22			
	13 50	1.12			
	19 45	0.18			
16	02 15	1.15			
	08 01	0.19			
	14 29	1.16			
	20 18	0.17			

Algeciras : Marzo

D	TU	Alt	D	TU	Alt
1	01 45	1.19	16	01 10	1.12
	07 24	0.14		07 01	0.17
	14 04	1.17		13 28	1.13
	19 46	0.13		19 19	0.16
2	02 26	1.21	17	01 48	1.17
	08 03	0.14		07 39	0.13
	14 44	1.18		14 09	1.17
	20 22	0.16		19 54	0.14
3	03 06	1.20	18	02 28	1.20
	08 40	0.18		08 17	0.12
	15 22	1.16		14 51	1.18
	20 56	0.22		20 31	0.16
4	03 44	1.16	19	03 10	1.20
	09 16	0.25		08 56	0.14
	15 58	1.11		15 34	1.16
	21 28	0.30		21 09	0.19
5	04 19	1.10	20	03 53	1.16
	09 51	0.32		09 37	0.19
	16 32	1.04		16 20	1.11
	21 59	0.38		21 51	0.25
6	04 51	1.03	21	04 39	1.10
	10 24	0.40		10 22	0.25
	17 03	0.97		17 10	1.04
	22 29	0.45		22 38	0.33
7	05 19	0.96	22	05 31	1.03
	10 57	0.47		11 15	0.33
	17 34	0.90		18 08	0.96
	23 04	0.51		23 40	0.40
8	05 48	0.89	23	06 31	0.95
	11 35	0.52		12 28	0.40
	18 13	0.84		19 20	0.90
	23 52	0.56			
9	06 26	0.83	24	01 09	0.44
	12 33	0.56		07 46	0.89
	19 16	0.80		14 15	0.42
				20 46	0.88
10	01 19	0.58	25	02 48	0.42
	07 31	0.80		09 13	0.88
	14 25	0.56		15 44	0.37
	20 56	0.79		22 06	0.92
11	03 03	0.55	26	04 02	0.36
	09 06	0.79		10 31	0.92
	15 56	0.50		16 43	0.31
	22 20	0.83		23 06	0.99
12	04 12	0.49	27	04 57	0.29
	10 26	0.84		11 30	0.99
	16 51	0.42		17 29	0.25
	23 12	0.89		23 55	1.06
13	05 02	0.40	28	05 43	0.22
	11 21	0.91		12 19	1.05
	17 33	0.33		18 08	0.20
	23 53	0.97			
14	05 45	0.31	29	00 39	1.12
	12 06	0.99		06 23	0.17
	18 10	0.25		13 02	1.11
				18 45	0.17
15	00 31	1.05	30	01 20	1.16
	06 23	0.23		07 02	0.14
	12 47	1.07		13 41	1.14
	18 45	0.19		19 21	0.17
16	01 10	1.12	31	02 00	1.18
	07 01	0.17		07 39	0.15
	13 28	1.13		14 19	1.15
	19 19	0.16		19 55	0.19

Algeciras : Abril

D	TU	Alt	D	TU	Alt
1	02 37	1.17	16	02 06	1.20
	08 14	0.19		07 57	0.09
	14 56	1.13		14 34	1.18
	20 28	0.24		20 11	0.15
2	03 13	1.14	17	02 51	1.20
	08 49	0.24		08 38	[illegible]
	15 30	1.10		15 20	[illegible]
	20 59	0.31		20 52	0.19
3	03 45	1.08	18	03 37	1.16
	09 21	0.31		09 21	0.17
	16 01	1.04		16 09	1.12
	21 29	0.38		21 36	0.25
4	04 13	1.02	19	04 26	1.11
	09 52	0.38		10 07	0.25
	16 32	0.99		17 01	1.06
	21 59	0.44		22 26	0.33
5	04 38	0.96	20	05 19	1.03
	10 22	0.44		11 01	0.33
	17 03	0.93		17 59	0.99
	22 33	0.50		23 30	0.40
6	05 06	0.91	21	06 18	0.96
	10 55	0.49		12 13	0.40
	17 43	0.88		19 07	0.94
	23 17	0.55			
7	05 46	0.86	22	00 59	0.44
	11 42	0.53		07 28	0.90
	18 41	0.83		13 53	0.42
				20 23	0.92
8	00 31	0.57	23	02 31	0.43
	06 47	0.82		08 48	0.88
	13 11	0.54		15 18	0.40
	20 03	0.81		21 37	0.94
9	02 15	0.55	24	03 41	0.38
	08 12	0.81		10 05	0.90
	15 05	0.50		16 16	0.35
	21 29	0.84		22 38	0.99
10	03 33	0.48	25	04 34	0.31
	09 39	0.84		11 06	0.95
	16 10	0.42		17 01	0.30
	22 30	0.90		23 28	1.04
11	04 29	0.38	26	05 19	0.25
	10 45	0.90		11 55	1.01
	16 57	0.34		17 41	0.26
	23 17	0.98			
12	05 15	0.29	27	00 12	1.08
	11 37	0.98		05 59	0.21
	17 37	0.26		12 38	1.05
				18 18	0.23
13	00 00	1.05	28	00 53	1.11
	05 57	0.20		06 38	0.19
	12 23	1.06		13 17	1.09
	18 15	0.20		18 54	0.22
14	00 41	1.12	29	01 32	1.13
	06 37	0.13		07 15	0.19
	13 07	1.12		13 54	1.10
	18 53	0.16		19 28	0.24
15	01 23	1.17	30	02 08	1.12
	07 17	0.09		07 50	0.21
	13 50	1.16		14 30	1.10
	19 31	0.14		20 01	0.27
16	02 06	1.20			
	07 57	0.09			
	14 34	1.18			
	20 11	0.15			

Algeciras : Mayo

D	TU	Alt	D	TU	Alt
1	02 42 08 24 15 03 20 33	1.10 0.25 1.08 0.32	16	02 37 08 24 15 10 20 39	1.18 0.11 1.16 0.19
2	03 13 08 56 15 36 21 05	1.07 0.31 1.04 0.38	17	03 26 09 09 15 59 21 26	1.16 0.16 1.14 0.25
3	03 41 09 26 16 07 21 37	1.03 0.36 1.01 0.43	18	04 16 09 57 16 52 22 18	1.12 0.23 1.10 0.32
4	04 09 09 57 16 42 22 13	0.98 0.41 0.96 0.47	19	05 07 10 49 17 47 23 21	1.06 0.31 1.04 0.38
5	04 41 10 31 17 23 22 57	0.94 0.45 0.93 0.51	20	06 03 11 52 18 47	0.99 0.38 1.00
6	05 24 11 16 18 16	0.90 0.48 0.89	21	00 37 07 04 13 15 19 52	0.42 0.93 0.42 0.96
7	00 01 06 20 12 24 19 21	0.52 0.86 0.49 0.87	22	01 59 08 14 14 37 21 00	0.43 0.89 0.42 0.95
8	01 26 07 32 14 01 20 35	0.51 0.84 0.47 0.88	23	03 08 09 28 15 39 22 03	0.40 0.88 0.40 0.96
9	02 47 08 53 15 19 21 42	0.45 0.85 0.42 0.91	24	04 04 10 34 16 28 22 56	0.36 0.91 0.37 0.99
10	03 51 10 07 16 16 22 38	0.37 0.89 0.35 0.97	25	04 51 11 28 17 11 23 43	0.32 0.94 0.33 1.02
11	04 43 11 08 17 03 23 28	0.27 0.96 0.28 1.04	26	05 34 12 13 17 50	0.28 0.99 0.30
12	05 30 12 00 17 47	0.19 1.03 0.22	27	00 26 06 14 12 53 18 27	1.04 0.25 1.02 0.29
13	00 15 06 15 12 48 18 30	1.10 0.13 1.09 0.17	28	01 05 06 52 13 30 19 03	1.06 0.24 1.04 0.29
14	01 02 06 58 13 34 19 12	1.15 0.09 1.14 0.15	29	01 41 07 28 14 06 19 38	1.07 0.24 1.06 0.30
15	01 50 07 41 14 21 19 55	1.18 0.09 1.16 0.15	30	02 14 08 02 14 40 20 12	1.07 0.26 1.06 0.33
16	02 37 08 24 15 10 20 39	1.18 0.11 1.16 0.19	31	02 46 08 35 15 13 20 45	1.06 0.29 1.05 0.36

Algeciras : Junio

D	TU	Alt	D	TU	Alt
1	03 16 09 06 15 47 21 19	1.04 0.32 1.04 0.40	16	04 04 09 45 16 38 22 07	1.14 0.20 1.14 0.29
2	03 48 09 38 16 23 21 56	1.02 0.36 1.01 0.43	17	04 52 10 32 17 28 23 02	1.09 0.28 1.10 0.35
3	04 24 10 13 17 03 22 40	1.00 0.39 0.99 0.45	18	05 42 11 24 18 19	1.03 0.35 1.04
4	05 06 10 55 17 50 23 35	0.96 0.41 0.96 0.46	19	00 04 06 35 12 27 19 15	0.40 0.96 0.42 0.99
5	05 57 11 50 18 44	0.92 0.43 0.93	20	01 12 07 34 13 41 20 16	0.43 0.90 0.46 0.94
6	00 43 06 59 13 04 19 47	0.45 0.89 0.44 0.92	21	02 22 08 42 14 51 21 20	0.44 0.86 0.46 0.92
7	01 59 08 12 14 25 20 55	0.42 0.87 0.41 0.93	22	03 26 09 55 15 49 22 21	0.43 0.85 0.44 0.93
8	03 10 09 30 15 33 22 00	0.36 0.88 0.37 0.96	23	04 22 10 58 16 39 23 13	0.40 0.88 0.41 0.94
9	04 12 10 41 16 31 23 00	0.28 0.93 0.31 1.01	24	05 10 11 48 17 23 23 59	0.36 0.91 0.38 0.97
10	05 07 11 40 17 23 23 55	0.21 0.99 0.24 1.06	25	05 53 12 30 18 03	0.32 0.96 0.35
11	05 57 12 32 18 11	0.15 1.05 0.19	26	00 39 06 32 13 08 18 42	0.99 0.29 1.00 0.33
12	00 47 06 44 13 22 18 57	1.12 0.11 1.11 0.16	27	01 16 07 08 13 43 19 18	1.02 0.27 1.03 0.32
13	01 38 07 30 14 11 19 43	1.16 0.10 1.15 0.16	28	01 49 07 43 14 17 19 53	1.04 0.26 1.06 0.32
14	02 27 08 15 14 59 20 29	1.18 0.11 1.18 0.18	29	02 22 08 16 14 51 20 27	1.06 0.27 1.07 0.33
15	03 15 08 59 15 48 21 17	1.17 0.14 1.17 0.23	30	02 55 08 48 15 25 21 02	1.07 0.28 1.08 0.34
16	04 04 09 45 16 38 22 07	1.14 0.20 1.14 0.29			

Algeciras : Julio

D	TU	Alt	D	TU	Alt
1	03 29 09 20 16 01 21 39	1.07 0.30 1.07 0.35	16	04 32 10 09 17 03 22 36	1.13 0.25 1.14 0.31
2	04 06 09 54 16 40 22 20	1.06 0.32 1.05 0.37	17	05 17 10 51 17 48 23 25	1.06 0.34 1.07 0.38
3	04 48 10 33 17 23 23 08	1.03 0.34 1.02 0.38	18	06 02 11 38 18 35	0.98 0.42 1.00
4	05 35 11 20 18 11	0.98 0.38 0.99	19	00 19 06 51 12 36 19 27	0.44 0.91 0.48 0.93
5	00 05 06 31 12 21 19 07	0.39 0.93 0.40 0.95	20	01 25 07 49 13 49 20 28	0.49 0.84 0.51 0.88
6	01 14 07 37 13 37 20 14	0.39 0.89 0.41 0.93	21	02 40 09 06 15 03 21 38	0.50 0.81 0.52 0.86
7	02 31 08 57 14 56 21 28	0.36 0.87 0.39 0.93	22	03 50 10 25 16 06 22 41	0.48 0.82 0.49 0.87
8	03 46 10 18 16 05 22 39	0.31 0.89 0.34 0.97	23	04 46 11 23 16 57 23 32	0.44 0.86 0.45 0.90
9	04 50 11 25 17 05 23 41	0.25 0.95 0.27 1.02	24	05 32 12 07 17 42	0.38 0.91 0.40
10	05 45 12 20 17 58	0.19 1.03 0.21	25	00 14 06 12 12 44 18 21	0.94 0.33 0.97 0.35
11	00 37 06 34 13 11 18 47	1.09 0.13 1.10 0.17	26	00 51 06 49 13 18 18 58	0.99 0.29 1.02 0.32
12	01 28 07 20 13 59 19 33	1.14 0.10 1.16 0.15	27	01 25 07 23 13 52 19 33	1.03 0.25 1.07 0.29
13	02 16 08 03 14 46 20 19	1.18 0.10 1.20 0.16	28	01 59 07 55 14 25 20 07	1.08 0.23 1.10 0.27
14	03 02 08 46 15 32 21 04	1.19 0.13 1.21 0.19	29	02 33 08 27 15 00 20 42	1.11 0.23 1.12 0.26
15	03 48 09 27 16 18 21 49	1.17 0.18 1.19 0.25	30	03 09 08 59 15 36 21 18	1.12 0.23 1.13 0.27
16	04 32 10 09 17 03 22 36	1.13 0.25 1.14 0.31	31	03 47 09 32 16 14 21 57	1.11 0.26 1.11 0.28

Algeciras : Agosto

D	TU	Alt	D	TU	Alt
1	04 29 10 10 16 55 22 41	1.08 0.29 1.08 0.31	16	05 29 10 56 17 55 23 30	1.00 0.42 0.99 0.45
2	05 15 10 53 17 41 23 32	1.03 0.33 1.03 0.34	17	06 09 11 38 18 36	0.91 0.49 0.91
3	06 07 11 47 18 35	0.96 0.38 0.97	18	00 21 06 57 12 37 19 26	0.51 0.84 0.55 0.85
4	00 35 07 11 13 01 19 42	0.37 0.89 0.41 0.92	19	01 35 08 06 14 06 20 36	0.55 0.79 0.57 0.81
5	01 58 08 33 14 29 21 03	0.38 0.86 0.41 0.90	20	03 09 09 42 15 31 21 59	0.54 0.79 0.55 0.81
6	03 28 10 01 15 49 22 24	0.35 0.87 0.36 0.93	21	04 20 10 52 16 32 23 01	0.49 0.83 0.49 0.85
7	04 40 11 12 16 54 23 31	0.29 0.94 0.29 1.00	22	05 10 11 38 17 19 23 45	0.43 0.88 0.43 0.90
8	05 37 12 08 17 48	0.21 1.03 0.22	23	05 50 12 15 17 58	0.36 0.95 0.36
9	00 26 06 24 12 57 18 37	1.07 0.15 1.11 0.16	24	00 23 06 25 12 49 18 35	0.97 0.29 1.02 0.29
10	01 16 07 07 13 43 19 21	1.13 0.11 1.18 0.13	25	00 58 06 58 13 23 19 10	1.03 0.24 1.08 0.24
11	02 01 07 47 14 27 20 04	1.18 0.09 1.22 0.13	26	01 34 07 30 13 57 19 45	1.10 0.20 1.13 0.21
12	02 45 08 27 15 11 20 45	1.20 0.12 1.23 0.15	27	02 11 08 02 14 33 20 20	1.14 0.19 1.16 0.19
13	03 28 09 05 15 53 21 26	1.19 0.17 1.20 0.21	28	02 49 08 35 15 10 20 56	1.16 0.19 1.17 0.19
14	04 09 09 42 16 34 22 06	1.15 0.24 1.15 0.28	29	03 28 09 10 15 49 21 34	1.15 0.21 1.15 0.21
15	04 49 10 18 17 15 22 46	1.08 0.33 1.07 0.37	30	04 11 09 47 16 31 22 16	1.12 0.26 1.11 0.26
16	05 29 10 56 17 55 23 30	1.00 0.42 0.99 0.45	31	04 57 10 30 17 18 23 04	1.06 0.31 1.05 0.31

Algeciras : Septiembre

D	TU	Alt	D	TU	Alt
1	05 49	0.98	16	06 13	0.86
	11 23	0.37		11 42	0.56
	18 12	0.98		18 24	0.84
2	00 06	0.37	17	00 20	0.56
	06 54	0.90		07 10	0.80
	12 37	0.42		13 01	0.59
	19 21	0.91		19 22	0.80
3	01 35	0.40	18	02 04	0.57
	08 17	0.86		08 41	0.79
	14 13	0.43		14 47	0.57
	20 46	0.89		20 52	0.78
4	03 17	0.38	19	03 41	0.53
	09 47	0.88		10 06	0.82
	15 40	0.38		15 59	0.51
	22 11	0.91		22 14	0.82
5	04 31	0.31	20	04 37	0.45
	10 57	0.95		10 59	0.88
	16 45	0.30		16 49	0.43
	23 18	0.98		23 08	0.88
6	05 24	0.23	21	05 19	0.37
	11 51	1.04		11 39	0.94
	17 37	0.22		17 30	0.35
				23 51	0.95
7	00 12	1.05	22	05 55	0.30
	06 08	0.17		12 15	1.02
	12 38	1.12		18 08	0.27
	18 22	0.16			
8	00 59	1.12	23	00 30	1.03
	06 48	0.12		06 29	0.23
	13 22	1.18		12 51	1.09
	19 04	0.12		18 45	0.20
9	01 43	1.17	24	01 09	1.10
	07 26	0.11		07 02	0.19
	14 05	1.22		13 28	1.14
	19 44	0.11		19 21	0.15
10	02 25	1.19	25	01 49	1.15
	08 03	0.13		07 36	0.17
	14 46	1.22		14 06	1.18
	20 22	0.14		19 57	0.13
11	03 05	1.18	26	02 29	1.17
	08 39	0.18		08 11	0.17
	15 26	1.19		14 46	1.19
	21 00	0.19		20 35	0.14
12	03 44	1.14	27	03 11	1.17
	09 14	0.25		08 48	0.19
	16 05	1.14		15 28	1.17
	21 37	0.27		21 14	0.17
13	04 21	1.08	28	03 55	1.13
	09 47	0.34		09 28	0.24
	16 41	1.06		16 13	1.12
	22 12	0.36		21 57	0.23
14	04 57	1.00	29	04 44	1.07
	10 20	0.42		10 13	0.30
	17 15	0.98		17 02	1.06
	22 48	0.44		22 45	0.30
15	05 33	0.93	30	05 38	1.00
	10 56	0.50		11 07	0.37
	17 47	0.91		17 58	0.98
	23 27	0.51		23 47	0.37
16	06 13	0.86			
	11 42	0.56			
	18 24	0.84			

Algeciras : Octubre

D	TU	Alt	D	TU	Alt
1	06 43	0.93	16	06 30	0.84
	12 24	0.43		12 13	0.58
	19 06	0.92		18 30	0.82
2	01 20	0.41	17	00 43	0.56
	08 03	0.89		07 41	0.82
	14 04	0.43		13 50	0.57
	20 29	0.88		19 45	0.80
3	03 03	0.39	18	02 37	0.53
	09 27	0.91		09 04	0.83
	15 28	0.38		15 12	0.51
	21 53	0.90		21 12	0.81
4	04 12	0.33	19	03 49	0.47
	10 35	0.97		10 08	0.88
	16 30	0.30		16 10	0.43
	23 00	0.96		22 22	0.87
5	05 03	0.26	20	04 38	0.39
	11 29	1.04		10 56	0.94
	17 19	0.23		16 57	0.34
	23 53	1.03		23 15	0.94
6	05 46	0.20	21	05 19	0.31
	12 15	1.11		11 38	1.01
	18 02	0.17		17 38	0.25
7	00 39	1.09	22	00 02	1.01
	06 25	0.16		05 57	0.24
	12 58	1.16		12 19	1.08
	18 42	0.13		18 18	0.17
8	01 22	1.14	23	00 45	1.08
	07 02	0.15		06 34	0.19
	13 40	1.19		13 00	1.13
	19 21	0.12		18 57	0.12
9	02 02	1.16	24	01 28	1.14
	07 38	0.16		07 12	0.16
	14 20	1.19		13 43	1.17
	19 59	0.15		19 36	0.10
10	02 41	1.15	25	02 12	1.16
	08 13	0.21		07 50	0.16
	14 59	1.16		14 27	1.18
	20 35	0.20		20 17	0.11
11	03 19	1.12	26	02 57	1.16
	08 47	0.27		08 31	0.18
	15 35	1.11		15 12	1.17
	21 10	0.27		20 58	0.15
12	03 55	1.07	27	03 44	1.14
	09 20	0.35		09 14	0.23
	16 08	1.05		16 00	1.13
	21 43	0.35		21 43	0.21
13	04 29	1.01	28	04 35	1.09
	09 52	0.43		10 01	0.30
	16 38	0.98		16 51	1.07
	22 15	0.43		22 33	0.29
14	05 03	0.94	29	05 30	1.03
	10 26	0.49		10 59	0.37
	17 07	0.92		17 47	1.00
	22 49	0.49		23 35	0.36
15	05 41	0.89	30	06 32	0.98
	11 08	0.55		12 15	0.41
	17 40	0.86		18 52	0.93
	23 30	0.53			
16	06 30	0.84	31	01 00	0.40
	12 13	0.58		07 43	0.94
	18 30	0.82		13 48	0.42
				20 07	0.89

Algeciras : Noviembre

D	TU	Alt	D	TU	Alt
1	02 35	0.40	16	01 20	0.50
	08 58	0.95		08 02	0.87
	15 07	0.38		14 15	0.49
	21 26	0.90		20 16	0.84
2	03 44	0.36	17	02 46	0.46
	10 05	0.98		09 11	0.89
	16 07	0.32		15 23	0.42
	22 35	0.94		21 33	0.86
3	04 35	0.31	18	03 49	0.40
	11 01	1.03		10 10	0.94
	16 56	0.26		16 19	0.33
	23 30	0.99		22 40	0.92
4	05 19	0.26	19	04 40	0.33
	11 49	1.07		11 02	0.99
	17 39	0.21		17 08	0.25
				23 35	0.99
5	00 17	1.04	20	05 25	0.26
	05 59	0.23		11 50	1.05
	12 33	1.11		17 53	0.17
	18 20	0.18			
6	00 59	1.08	21	00 24	1.05
	06 37	0.21		06 08	0.21
	13 15	1.13		12 38	1.11
	18 59	0.17		18 37	0.12
7	01 40	1.11	22	01 11	1.11
	07 13	0.22		06 51	0.17
	13 55	1.13		13 25	1.15
	19 36	0.18		19 20	0.10
8	02 18	1.11	23	01 58	1.14
	07 49	0.25		07 34	0.16
	14 32	1.12		14 13	1.17
	20 13	0.22		20 03	0.11
9	02 56	1.09	24	02 46	1.16
	08 23	0.30		08 18	0.18
	15 07	1.09		15 01	1.17
	20 47	0.28		20 47	0.14
10	03 31	1.06	25	03 35	1.15
	08 57	0.36		09 04	0.22
	15 39	1.04		15 50	1.14
	21 20	0.34		21 33	0.19
11	04 05	1.02	26	04 26	1.13
	09 30	0.42		09 54	0.28
	16 08	1.00		16 41	1.09
	21 51	0.40		22 23	0.26
12	04 39	0.98	27	05 19	1.08
	10 05	0.47		10 51	0.34
	16 37	0.95		17 34	1.03
	22 23	0.44		23 19	0.33
13	05 15	0.94	28	06 15	1.03
	10 46	0.51		11 59	0.39
	17 12	0.91		18 32	0.97
	23 01	0.48			
14	05 59	0.90	29	00 30	0.38
	11 40	0.53		07 17	0.99
	17 59	0.87		13 18	0.41
	23 56	0.50		19 37	0.92
15	06 55	0.87	30	01 53	0.41
	12 54	0.53		08 23	0.97
	19 00	0.84		14 32	0.39
				20 50	0.89
16	01 20	0.50			
	08 02	0.87			
	14 15	0.49			
	20 16	0.84			

Algeciras : Diciembre

D	TU	Alt	D	TU	Alt
1	03 05	0.40	16	01 43	0.44
	09 30	0.97		08 17	0.91
	15 35	0.36		14 34	0.40
	22 02	0.90		20 50	0.86
2	04 02	0.37	17	02 59	0.41
	10 29	0.99		09 25	0.93
	16 29	0.32		15 42	0.34
	23 03	0.93		22 07	0.89
3	04 49	0.34	18	04 03	0.35
	11 22	1.01		10 29	0.96
	17 15	0.28		16 41	0.27
	23 54	0.97		23 12	0.95
4	05 32	0.30	19	04 58	0.29
	12 08	1.04		11 27	1.02
	17 58	0.25		17 34	0.20
5	00 38	1.01	20	00 08	1.01
	06 12	0.28		05 48	0.23
	12 51	1.06		12 21	1.08
	18 38	0.23		18 22	0.14
6	01 19	1.04	21	00 58	1.08
	06 50	0.28		06 35	0.18
	13 31	1.08		13 13	1.13
	19 17	0.23		19 08	0.11
7	01 57	1.06	22	01 47	1.13
	07 27	0.29		07 22	0.16
	14 08	1.08		14 03	1.17
	19 53	0.25		19 53	0.10
8	02 34	1.07	23	02 35	1.17
	08 03	0.32		08 08	0.16
	14 42	1.07		14 51	1.18
	20 27	0.28		20 38	0.12
9	03 08	1.06	24	03 24	1.19
	08 37	0.35		08 55	0.19
	15 13	1.05		15 39	1.17
	20 59	0.32		21 22	0.16
10	03 42	1.04	25	04 12	1.17
	09 11	0.39		09 44	0.24
	15 43	1.02		16 27	1.13
	21 30	0.35		22 08	0.23
11	04 15	1.02	26	05 02	1.14
	09 46	0.42		10 35	0.30
	16 14	1.00		17 16	1.07
	22 02	0.39		22 57	0.30
12	04 50	1.00	27	05 52	1.09
	10 25	0.45		11 33	0.35
	16 50	0.97		18 08	1.00
	22 38	0.41		23 53	0.37
13	05 30	0.97	28	06 45	1.03
	11 12	0.47		12 37	0.40
	17 33	0.94		19 04	0.94
	23 23	0.44			
14	06 17	0.94	29	01 01	0.43
	12 10	0.47		07 44	0.97
	18 27	0.90		13 47	0.42
				20 08	0.88
15	00 25	0.45	30	02 17	0.45
	07 13	0.92		08 48	0.94
	13 20	0.45		14 57	0.42
	19 33	0.87		21 23	0.86
16	01 43	0.44	31	03 23	0.44
	08 17	0.91		09 54	0.93
	14 34	0.40		16 00	0.40
	20 50	0.86		22 34	0.87

Cádiz : Enero

D	TU	Alt	D	TU	Alt
1	01 33	3.43	16	01 44	2.99
	07 44	0.26		07 56	0.60
	14 03	3.29		14 05	2.85
	19 59	0.37		19 59	0.64
2	02 22	3.52	17	02 19	3.09
	08 32	0.18		08 30	0.51
	14 51	3.30		14 40	2.93
	20 45	0.36		20 34	0.58
3	03 09	3.55	18	02 55	3.16
	09 18	0.20		09 04	0.46
	15 38	3.24		15 16	2.99
	21 29	0.40		21 09	0.56
4	03 55	3.48	19	03 31	3.20
	10 02	0.30		09 39	0.46
	16 22	3.13		15 53	3.02
	22 12	0.51		21 46	0.57
5	04 41	3.35	20	04 10	3.20
	10 45	0.46		10 16	0.49
	17 06	2.97		16 32	3.00
	22 56	0.66		22 24	0.63
6	05 26	3.15	21	04 50	3.17
	11 29	0.66		10 55	0.57
	17 52	2.80		17 14	2.94
	23 42	0.84		23 06	0.72
7	06 13	2.93	22	05 34	3.09
	12 15	0.87		11 39	0.69
	18 41	2.63		18 01	2.86
				23 53	0.85
8	00 33	1.03	23	06 23	2.96
	07 05	2.70		12 29	0.82
	13 06	1.05		18 56	2.78
	19 39	2.50			
9	01 36	1.18	24	00 49	0.99
	08 05	2.52		07 22	2.83
	14 08	1.18		13 29	0.96
	20 49	2.42		20 01	2.71
10	02 54	1.26	25	02 02	1.09
	09 17	2.41		08 34	2.73
	15 22	1.23		14 45	1.05
	22 00	2.43		21 18	2.72
11	04 11	1.24	26	03 30	1.09
	10 26	2.40		09 56	2.73
	16 32	1.19		16 08	1.03
	23 00	2.51		22 33	2.84
12	05 13	1.14	27	04 51	0.96
	11 23	2.46		11 10	2.83
	17 26	1.09		17 19	0.92
	23 50	2.62		23 39	3.02
13	06 02	1.00	28	05 57	0.76
	12 10	2.55		12 12	2.98
	18 10	0.97		18 17	0.75
14	00 31	2.75	29	00 35	3.22
	06 44	0.85		06 51	0.55
	12 52	2.65		13 06	3.14
	18 48	0.85		19 05	0.59
15	01 08	2.88	30	01 25	3.41
	07 21	0.71		07 39	0.38
	13 29	2.75		13 54	3.25
	19 24	0.74		19 49	0.47
16	01 44	2.99	31	02 11	3.53
	07 56	0.60		08 21	0.29
	14 05	2.85		14 38	3.30
	19 59	0.64		20 30	0.40

Cádiz : Febrero

D	TU	Alt	D	TU	Alt
1	02 54	3.58	16	02 35	3.31
	09 01	0.28		08 43	0.37
	15 19	3.29		14 55	3.19
	21 10	0.40		20 51	0.43
2	03 36	3.53	17	03 12	3.39
	09 39	0.35		09 18	0.34
	15 57	3.21		15 32	3.24
	21 48	0.47		21 27	0.41
3	04 16	3.40	18	03 50	3.41
	10 16	0.49		09 54	0.36
	16 35	3.08		16 11	3.23
	22 27	0.61		22 05	0.47
4	04 56	3.20	19	04 30	3.36
	10 53	0.67		10 33	0.46
	17 14	2.92		16 52	3.17
	23 07	0.79		22 46	0.59
5	05 36	2.97	20	05 14	3.23
	11 31	0.87		11 15	0.63
	17 55	2.74		17 38	3.05
	23 50	1.00		23 33	0.76
6	06 19	2.73	21	06 03	3.05
	12 14	1.07		12 04	0.84
	18 42	2.57		18 32	2.91
7	00 41	1.20	22	00 29	0.97
	07 10	2.51		07 03	2.84
	13 07	1.25		13 04	1.07
	19 43	2.43		19 39	2.78
8	01 51	1.35	23	01 47	1.14
	08 19	2.35		08 21	2.69
	14 19	1.37		14 30	1.22
	21 03	2.37		21 02	2.74
9	03 24	1.38	24	03 28	1.18
	09 44	2.30		09 53	2.67
	15 49	1.37		16 06	1.21
	22 22	2.42		22 26	2.84
10	04 44	1.29	25	04 54	1.05
	10 56	2.36		11 10	2.80
	16 58	1.27		17 19	1.06
	23 22	2.55		23 34	3.04
11	05 41	1.13	26	05 58	0.85
	11 50	2.49		12 09	2.98
	17 48	1.12		18 12	0.87
12	00 08	2.71	27	00 28	3.26
	06 24	0.95		06 47	0.65
	12 33	2.64		12 58	3.15
	18 29	0.95		18 56	0.69
13	00 48	2.88	28	01 14	3.44
	07 02	0.77		07 28	0.50
	13 10	2.80		13 40	3.28
	19 06	0.78		19 36	0.55
14	01 24	3.04			
	07 36	0.60			
	13 45	2.95			
	19 41	0.62			
15	01 59	3.19			
	08 09	0.47			
	14 20	3.09			
	20 16	0.50			
16	02 35	3.31			
	08 43	0.37			
	14 55	3.19			
	20 51	0.43			

Cádiz : Marzo

D	TU	Alt	D	TU	Alt
1	01 56	3.56	16	01 33	3.31
	08 05	0.42		07 43	0.42
	14 19	3.35		13 54	3.27
	20 13	0.47		19 52	0.43
2	02 35	3.59	17	02 10	3.46
	08 39	0.40		08 17	0.29
	14 55	3.36		14 31	3.40
	20 48	0.45		20 29	0.32
3	03 12	3.53	18	02 48	3.55
	09 12	0.45		08 53	0.24
	15 30	3.31		15 09	3.47
	21 24	0.50		21 07	0.29
4	03 48	3.41	19	03 28	3.56
	09 45	0.56		09 31	0.28
	16 04	3.20		15 49	3.45
	21 59	0.62		21 47	0.34
5	04 24	3.22	20	04 11	3.48
	10 18	0.72		10 11	0.41
	16 39	3.05		16 32	3.37
	22 35	0.79		22 31	0.48
6	05 01	3.01	21	04 58	3.31
	10 53	0.90		10 55	0.63
	17 15	2.88		17 20	3.21
	23 14	0.99		23 20	0.70
7	05 39	2.79	22	05 50	3.08
	11 32	1.10		11 46	0.89
	17 56	2.70		18 16	3.03
	23 59	1.19			
8	06 24	2.57	23	00 20	0.94
	12 18	1.30		06 53	2.84
	18 47	2.53		12 51	1.15
				19 26	2.87
9	00 59	1.37	24	01 44	1.14
	07 25	2.38		08 17	2.68
	13 22	1.46		14 25	1.30
	19 59	2.42		20 52	2.81
10	02 31	1.46	25	03 28	1.17
	08 55	2.29		09 49	2.69
	14 58	1.51		16 02	1.26
	21 31	2.42		22 15	2.91
11	04 04	1.39	26	04 49	1.05
	10 22	2.36		11 02	2.83
	16 24	1.41		17 09	1.11
	22 45	2.54		23 21	3.09
12	05 09	1.22	27	05 47	0.89
	11 22	2.51		11 56	3.01
	17 20	1.23		17 59	0.93
	23 37	2.72			
13	05 55	1.01	28	00 12	3.27
	12 06	2.70		06 31	0.73
	18 03	1.02		12 41	3.17
				18 40	0.76
14	00 19	2.92	29	00 55	3.40
	06 33	0.80		07 08	0.62
	12 43	2.90		13 19	3.29
	18 41	0.80		19 17	0.63
15	00 57	3.12	30	01 34	3.48
	07 08	0.60		07 41	0.54
	13 19	3.10		13 55	3.36
	19 17	0.60		19 51	0.54
16	01 33	3.31	31	02 11	3.50
	07 43	0.42		08 12	0.52
	13 54	3.27		14 29	3.38
	19 52	0.43		20 25	0.51

Cádiz : Abril

D	TU	Alt	D	TU	Alt
1	02 46	3.44	16	02 24	3.60
	08 43	0.55		08 28	0.18
	15 01	3.34		14 45	3.60
	20 59	0.55		20 47	0.18
2	03 20	3.34	17	03 08	3.60
	09 15	0.63		09 08	0.23
	15 34	3.26		15 28	3.58
	21 33	0.64		21 31	0.23
3	03 55	3.19	18	03 54	3.49
	09 47	0.76		09 52	0.38
	16 07	3.14		16 15	3.48
	22 08	0.78		22 18	0.37
4	04 29	3.01	19	04 44	3.30
	10 21	0.92		10 39	0.61
	16 42	2.99		17 06	3.32
	22 46	0.95		23 11	0.60
5	05 06	2.82	20	05 40	3.07
	10 57	1.10		11 33	0.88
	17 20	2.83		18 04	3.12
	23 28	1.13			
6	05 49	2.63	21	00 14	0.84
	11 40	1.28		06 45	2.84
	18 07	2.67		12 41	1.12
				19 13	2.95
7	00 21	1.30	22	01 37	1.03
	06 43	2.45		08 05	2.69
	12 37	1.45		14 10	1.25
	19 07	2.54		20 33	2.88
8	01 38	1.40	23	03 10	1.09
	08 01	2.35		09 30	2.69
	14 02	1.53		15 38	1.23
	20 29	2.49		21 52	2.92
9	03 09	1.38	24	04 25	1.02
	09 33	2.39		10 38	2.80
	15 35	1.47		16 44	1.11
	21 53	2.56		22 56	3.02
10	04 21	1.24	25	05 21	0.92
	10 40	2.54		11 32	2.94
	16 40	1.28		17 35	0.96
	22 54	2.73		23 47	3.13
11	05 13	1.04	26	06 04	0.81
	11 28	2.75		12 15	3.08
	17 27	1.05		18 17	0.82
	23 41	2.93			
12	05 56	0.81	27	00 30	3.22
	12 09	2.97		06 40	0.72
	18 08	0.81		12 54	3.19
				18 54	0.70
13	00 23	3.15	28	01 09	3.28
	06 34	0.58		07 13	0.66
	12 47	3.19		13 29	3.26
	18 47	0.57		19 29	0.62
14	01 02	3.36	29	01 45	3.28
	07 11	0.38		07 44	0.62
	13 25	3.39		14 02	3.29
	19 26	0.38		20 03	0.58
15	01 42	3.52	30	02 20	3.25
	07 49	0.24		08 15	0.63
	14 04	3.53		14 35	3.28
	20 05	0.24		20 36	0.58
16	02 24	3.60			
	08 28	0.18			
	14 45	3.60			
	20 47	0.18			

Cádiz : Mayo

D	TU	Alt	D	TU	Alt
1	02 54	3.18	16	02 51	3.51
	08 47	0.67		08 50	0.23
	15 07	3.22		15 11	3.60
	21 11	0.63		21 18	0.14
2	03 28	3.08	17	03 41	3.42
	09 20	0.75		09 36	0.36
	15 40	3.14		16 00	3.52
	21 46	0.73		22 08	0.26
3	04 03	2.96	18	04 33	3.25
	09 54	0.88		10 26	0.55
	16 15	3.03		16 53	3.37
	22 22	0.85		23 02	0.46
4	04 40	2.82	19	05 28	3.05
	10 30	1.02		11 20	0.77
	16 53	2.91		17 50	3.20
	23 03	0.99			
5	05 21	2.67	20	00 02	0.69
	11 11	1.18		06 28	2.84
	17 36	2.78		12 22	0.97
	23 51	1.13		18 53	3.02
6	06 11	2.54	21	01 12	0.88
	12 02	1.32		07 38	2.69
	18 30	2.65		13 37	1.12
				20 03	2.88
7	00 52	1.24	22	02 30	1.00
	07 14	2.44		08 54	2.64
	13 10	1.41		14 58	1.16
	19 36	2.58		21 15	2.83
8	02 07	1.26	23	03 43	1.02
	08 32	2.44		10 02	2.68
	14 34	1.39		16 08	1.11
	20 53	2.60		22 21	2.84
9	03 21	1.18	24	04 42	0.99
	09 45	2.55		10 59	2.78
	15 47	1.26		17 04	1.02
	22 02	2.71		23 16	2.88
10	04 21	1.01	25	05 30	0.92
	10 42	2.73		11 46	2.89
	16 43	1.05		17 51	0.90
	22 57	2.89			
11	05 12	0.80	26	00 02	2.94
	11 29	2.95		06 10	0.84
	17 31	0.81		12 27	2.99
	23 45	3.10		18 31	0.80
12	05 56	0.58	27	00 43	2.98
	12 13	3.18		06 45	0.77
	18 15	0.57		13 04	3.06
				19 08	0.71
13	00 31	3.29	28	01 21	3.01
	06 39	0.38		07 18	0.71
	12 56	3.38		13 38	3.11
	19 00	0.35		19 43	0.64
14	01 16	3.44	29	01 56	3.01
	07 22	0.24		07 51	0.68
	13 39	3.53		14 11	3.13
	19 44	0.19		20 17	0.61
15	02 03	3.52	30	02 31	2.99
	08 05	0.19		08 24	0.68
	14 24	3.61		14 44	3.13
	20 30	0.11		20 52	0.61
16	02 51	3.51	31	03 06	2.95
	08 50	0.23		08 57	0.72
	15 11	3.60		15 18	3.10
	21 18	0.14		21 27	0.65

Cádiz : Junio

D	TU	Alt	D	TU	Alt
1	03 41	2.89	16	04 19	3.22
	09 32	0.79		10 11	0.45
	15 53	3.04		16 39	3.43
	22 03	0.72		22 47	0.34
2	04 18	2.81	17	05 10	3.06
	10 08	0.88		11 01	0.62
	16 31	2.96		17 31	3.26
	22 41	0.82		23 40	0.55
3	04 57	2.72	18	06 03	2.87
	10 48	1.00		11 54	0.81
	17 13	2.87		18 25	3.06
	23 24	0.92			
4	05 42	2.63	19	00 36	0.77
	11 33	1.11		07 01	2.70
	18 00	2.77		12 54	0.99
				19 24	2.85
5	00 15	1.02	20	01 38	0.95
	06 34	2.55		08 06	2.58
	12 28	1.20		14 05	1.11
	18 55	2.69		20 30	2.69
6	01 13	1.07	21	02 46	1.07
	07 37	2.52		09 16	2.55
	13 34	1.23		15 21	1.16
	19 59	2.66		21 39	2.61
7	02 19	1.06	22	03 54	1.10
	08 47	2.57		10 20	2.59
	14 47	1.18		16 29	1.12
	21 08	2.70		22 42	2.61
8	03 26	0.98	23	04 53	1.06
	09 52	2.69		11 15	2.67
	15 55	1.04		17 24	1.03
	22 13	2.82		23 35	2.65
9	04 27	0.83	24	05 40	0.98
	10 50	2.88		12 01	2.76
	16 54	0.85		18 10	0.92
	23 11	2.97			
10	05 21	0.65	25	00 20	2.71
	11 42	3.09		06 21	0.89
	17 48	0.62		12 42	2.86
				18 50	0.81
11	00 05	3.14	26	01 00	2.77
	06 12	0.47		06 57	0.80
	12 31	3.28		13 18	2.94
	18 39	0.39		19 27	0.71
12	00 56	3.29	27	01 37	2.82
	07 00	0.34		07 32	0.73
	13 20	3.44		13 53	3.01
	19 29	0.21		20 02	0.63
13	01 47	3.38	28	02 13	2.85
	07 48	0.26		08 05	0.69
	14 09	3.55		14 26	3.06
	20 18	0.10		20 36	0.58
14	02 38	3.40	29	02 47	2.88
	08 35	0.25		08 39	0.67
	14 58	3.58		15 00	3.08
	21 07	0.09		21 10	0.57
15	03 29	3.35	30	03 22	2.88
	09 23	0.32		09 14	0.68
	15 48	3.54		15 35	3.07
	21 57	0.18		21 44	0.59
16	04 19	3.22			
	10 11	0.45			
	16 39	3.43			
	22 47	0.34			

Cádiz : Julio

D	TU	Alt	D	TU	Alt
1	03 58	2.87	16	04 46	3.12
	09 49	0.73		10 37	0.51
	16 12	3.04		17 07	3.32
	22 20	0.65		23 10	0.51
2	04 35	2.83	17	05 32	2.94
	10 27	0.80		11 23	0.70
	16 52	2.99		17 54	3.09
	22 59	0.73		23 55	0.74
3	05 16	2.77	18	06 19	2.76
	11 07	0.89		12 12	0.91
	17 34	2.92		18 44	2.83
	23 42	0.82			
4	06 02	2.70	19	00 44	0.96
	11 54	0.99		07 14	2.59
	18 22	2.83		13 10	1.11
				19 41	2.61
5	00 31	0.91	20	01 42	1.14
	06 55	2.65		08 21	2.47
	12 48	1.07		14 24	1.24
	19 17	2.76		20 51	2.45
6	01 29	0.97	21	02 56	1.24
	07 58	2.63		09 36	2.44
	13 55	1.11		15 49	1.26
	20 23	2.71		22 06	2.41
7	02 36	0.98	22	04 13	1.24
	09 08	2.67		10 43	2.50
	15 11	1.07		16 59	1.19
	21 36	2.74		23 09	2.45
8	03 48	0.93	23	05 14	1.15
	10 16	2.80		11 38	2.61
	16 25	0.94		17 53	1.06
	22 46	2.84			
9	04 56	0.81	24	00 01	2.54
	11 18	2.98		06 01	1.04
	17 30	0.73		12 23	2.73
	23 48	2.99		18 35	0.92
10	05 55	0.65	25	00 44	2.64
	12 15	3.18		06 40	0.91
	18 28	0.50		13 01	2.85
				19 12	0.78
11	00 45	3.15	26	01 21	2.74
	06 48	0.49		07 15	0.79
	13 08	3.37		13 36	2.97
	19 20	0.30		19 46	0.65
12	01 38	3.28	27	01 56	2.84
	07 37	0.37		07 49	0.69
	13 58	3.52		14 09	3.07
	20 10	0.16		20 19	0.56
13	02 28	3.34	28	02 29	2.92
	08 24	0.30		08 23	0.62
	14 47	3.60		14 43	3.14
	20 57	0.12		20 52	0.51
14	03 16	3.34	29	03 03	2.98
	09 09	0.30		08 57	0.58
	15 34	3.60		15 17	3.18
	21 42	0.17		21 25	0.49
15	04 02	3.26	30	03 37	3.02
	09 53	0.38		09 31	0.58
	16 21	3.50		15 53	3.19
	22 26	0.31		21 59	0.52
16	04 46	3.12	31	04 13	3.01
	10 37	0.51		10 06	0.63
	17 07	3.32		16 30	3.16
	23 10	0.51		22 35	0.58

Cádiz : Agosto

D	TU	Alt	D	TU	Alt
1	04 51	2.97	16	05 39	2.87
	10 44	0.71		11 34	0.89
	17 11	3.09		18 04	2.85
	23 14	0.69		23 57	1.01
2	05 34	2.90	17	06 25	2.67
	11 26	0.83		12 23	1.12
	17 55	2.98		18 53	2.60
	23 58	0.82			
3	06 23	2.81	18	00 47	1.22
	12 16	0.97		07 23	2.50
	18 47	2.85		13 28	1.31
				19 59	2.40
4	00 51	0.96	19	01 55	1.37
	07 22	2.72		08 41	2.40
	13 20	1.09		15 01	1.40
	19 52	2.72		21 25	2.32
5	01 59	1.08	20	03 29	1.41
	08 35	2.69		10 05	2.43
	14 43	1.15		16 29	1.34
	21 13	2.68		22 43	2.37
6	03 24	1.11	21	04 46	1.33
	09 54	2.77		11 11	2.54
	16 12	1.06		17 30	1.19
	22 34	2.76		23 40	2.49
7	04 45	1.01	22	05 39	1.18
	11 06	2.94		11 59	2.69
	17 25	0.86		18 15	1.01
	23 42	2.93			
8	05 48	0.83	23	00 24	2.63
	12 07	3.16		06 20	1.02
	18 24	0.62		12 39	2.85
				18 52	0.84
9	00 40	3.11	24	01 01	2.79
	06 41	0.64		06 56	0.85
	13 00	3.39		13 14	3.00
	19 15	0.41		19 25	0.68
10	01 30	3.27	25	01 35	2.93
	07 28	0.47		07 30	0.70
	13 48	3.56		13 48	3.14
	20 00	0.26		19 57	0.55
11	02 16	3.37	26	02 07	3.06
	08 11	0.36		08 03	0.57
	14 33	3.66		14 21	3.26
	20 42	0.21		20 29	0.45
12	02 59	3.40	27	02 40	3.16
	08 52	0.32		08 37	0.49
	15 16	3.65		14 55	3.34
	21 22	0.25		21 01	0.41
13	03 39	3.35	28	03 14	3.23
	09 32	0.37		09 10	0.46
	15 58	3.55		15 31	3.37
	22 00	0.37		21 35	0.41
14	04 19	3.23	29	03 50	3.24
	10 11	0.49		09 46	0.49
	16 39	3.36		16 09	3.34
	22 37	0.56		22 10	0.48
15	04 58	3.07	30	04 29	3.20
	10 51	0.67		10 24	0.58
	17 20	3.12		16 49	3.25
	23 16	0.78		22 49	0.62
16	05 39	2.87	31	05 11	3.11
	11 34	0.89		11 06	0.73
	18 04	2.85		17 35	3.09
	23 57	1.01		23 33	0.81

Cádiz : Septiembre

D	TU	Alt	D	TU	Alt
1	06 00 11 57 18 28	2.98 0.92 2.91	16	00 03 06 34 12 42 19 10	1.26 2.61 1.32 2.44
2	00 27 07 00 13 02 19 37	1.02 2.84 1.10 2.73	17	01 03 07 41 14 07 20 35	1.44 2.47 1.44 2.32
3	01 40 08 16 14 34 21 06	1.21 2.76 1.20 2.66	18	02 35 09 11 15 44 22 06	1.53 2.43 1.41 2.36
4	03 18 09 43 16 12 22 32	1.26 2.81 1.12 2.76	19	04 07 10 30 16 53 23 09	1.46 2.52 1.26 2.50
5	04 43 10 59 17 24 23 39	1.14 2.99 0.92 2.95	20	05 07 11 25 17 42 23 55	1.29 2.68 1.08 2.67
6	05 44 11 59 18 19	0.94 3.22 0.70	21	05 51 12 07 18 21	1.09 2.86 0.88
7	00 32 06 32 12 49 19 05	3.15 0.73 3.44 0.51	22	00 32 06 29 12 44 18 55	2.86 0.89 3.04 0.69
8	01 17 07 15 13 33 19 45	3.32 0.56 3.60 0.39	23	01 06 07 04 13 19 19 28	3.04 0.69 3.21 0.53
9	01 58 07 54 14 15 20 21	3.42 0.44 3.67 0.34	24	01 39 07 38 13 54 20 01	3.20 0.53 3.36 0.40
10	02 37 08 31 14 54 20 56	3.46 0.39 3.64 0.37	25	02 13 08 13 14 30 20 35	3.34 0.41 3.45 0.32
11	03 13 09 08 15 33 21 30	3.42 0.42 3.53 0.48	26	02 49 08 48 15 08 21 10	3.42 0.35 3.49 0.32
12	03 49 09 45 16 10 22 04	3.32 0.52 3.35 0.64	27	03 27 09 26 15 48 21 48	3.44 0.37 3.45 0.41
13	04 25 10 22 16 48 22 40	3.17 0.69 3.12 0.84	28	04 08 10 07 16 32 22 29	3.39 0.46 3.33 0.58
14	05 03 11 01 17 28 23 18	2.99 0.90 2.88 1.05	29	04 53 10 53 17 21 23 16	3.28 0.63 3.14 0.80
15	05 44 11 45 18 12	2.79 1.12 2.64	30	05 44 11 47 18 18	3.11 0.85 2.93
16	00 03 06 34 12 42 19 10	1.26 2.61 1.32 2.44			

Cádiz : Octubre

D	TU	Alt	D	TU	Alt
1	00 13 06 47 12 57 19 31	1.06 2.95 1.05 2.75	16	00 21 06 51 13 16 19 40	1.40 2.57 1.36 2.38
2	01 32 08 05 14 34 21 02	1.25 2.85 1.15 2.69	17	01 38 08 07 14 43 21 10	1.51 2.49 1.37 2.37
3	03 13 09 32 16 06 22 24	1.29 2.89 1.08 2.80	18	03 11 09 30 15 59 22 22	1.48 2.52 1.27 2.49
4	04 32 10 45 17 13 23 26	1.16 3.04 0.92 2.98	19	04 21 10 36 16 55 23 12	1.34 2.65 1.10 2.67
5	05 30 11 43 18 04	0.97 3.23 0.75	20	05 12 11 25 17 39 23 53	1.13 2.83 0.90 2.87
6	00 15 06 16 12 31 18 46	3.16 0.79 3.40 0.61	21	05 53 12 07 18 18	0.91 3.02 0.70
7	00 58 06 56 13 13 19 22	3.30 0.63 3.51 0.52	22	00 31 06 32 12 45 18 54	3.07 0.69 3.20 0.50
8	01 36 07 34 13 52 19 55	3.40 0.52 3.54 0.48	23	01 07 07 09 13 23 19 30	3.26 0.49 3.36 0.35
9	02 12 08 09 14 30 20 28	3.44 0.47 3.51 0.50	24	01 45 07 47 14 03 20 07	3.42 0.33 3.47 0.26
10	02 46 08 45 15 06 21 01	3.42 0.49 3.41 0.58	25	02 24 08 27 14 45 20 46	3.52 0.24 3.50 0.25
11	03 21 09 20 15 42 21 34	3.34 0.56 3.26 0.70	26	03 05 09 09 15 30 21 28	3.55 0.23 3.46 0.34
12	03 55 09 56 16 18 22 08	3.22 0.70 3.08 0.85	27	03 50 09 54 16 18 22 13	3.50 0.32 3.33 0.52
13	04 31 10 34 16 56 22 45	3.06 0.87 2.88 1.04	28	04 38 10 43 17 10 23 04	3.38 0.49 3.15 0.75
14	05 10 11 16 17 38 23 28	2.89 1.05 2.68 1.23	29	05 33 11 41 18 10	3.21 0.70 2.94
15	05 55 12 07 18 29	2.72 1.23 2.50	30	00 04 06 36 12 52 19 21	0.98 3.05 0.91 2.77
16	00 21 06 51 13 16 19 40	1.40 2.57 1.36 2.38	31	01 21 07 50 14 19 20 45	1.16 2.93 1.02 2.71

Cádiz : Noviembre

D	TU	Alt	D	TU	Alt
1	02 52 09 10 15 43 22 01	1.20 2.92 1.00 2.78	16	02 04 08 25 14 53 21 19	1.39 2.55 1.20 2.47
2	04 08 10 21 16 48 23 02	1.12 3.00 0.92 2.91	17	03 21 09 36 15 57 22 20	1.30 2.61 1.08 2.62
3	05 06 11 19 17 38 23 51	0.99 3.11 0.82 3.05	18	04 22 10 35 16 50 23 09	1.14 2.75 0.91 2.81
4	05 54 12 07 18 19	0.84 3.21 0.73	19	05 11 11 25 17 36 23 53	0.93 2.92 0.71 3.02
5	00 33 06 35 12 49 18 55	3.17 0.71 3.27 0.65	20	05 57 12 10 18 19	0.70 3.10 0.51
6	01 11 07 12 13 28 19 29	3.26 0.62 3.29 0.61	21	00 35 06 40 12 55 19 00	3.22 0.48 3.26 0.35
7	01 47 07 48 14 05 20 01	3.30 0.56 3.27 0.60	22	01 18 07 24 13 40 19 43	3.39 0.29 3.38 0.25
8	02 21 08 23 14 41 20 34	3.30 0.55 3.21 0.63	23	02 02 08 08 14 27 20 26	3.51 0.17 3.43 0.23
9	02 55 08 58 15 17 21 08	3.26 0.59 3.11 0.71	24	02 47 08 55 15 16 21 12	3.56 0.12 3.40 0.29
10	03 30 09 34 15 52 21 42	3.18 0.67 2.99 0.82	25	03 35 09 43 16 06 22 00	3.54 0.18 3.30 0.43
11	04 05 10 11 16 29 22 19	3.07 0.78 2.85 0.96	26	04 27 10 35 17 00 22 52	3.44 0.32 3.14 0.61
12	04 42 10 51 17 10 22 59	2.94 0.92 2.70 1.11	27	05 21 11 32 17 57 23 50	3.30 0.52 2.95 0.81
13	05 24 11 37 17 56 23 47	2.81 1.05 2.56 1.25	28	06 21 12 36 19 01	3.13 0.73 2.78
14	06 13 12 32 18 52	2.68 1.17 2.45	29	00 57 07 26 13 48 20 14	0.99 2.98 0.88 2.68
15	00 47 07 13 13 40 20 04	1.36 2.58 1.23 2.41	30	02 15 08 37 15 04 21 26	1.09 2.88 0.96 2.68
16	02 04 08 25 14 53 21 19	1.39 2.55 1.20 2.47			

Cádiz : Diciembre

D	TU	Alt	D	TU	Alt
1	03 32 09 48 16 11 22 30	1.09 2.85 0.97 2.75	16	02 14 08 36 14 55 21 22	1.22 2.61 1.05 2.58
2	04 36 10 49 17 06 23 22	1.03 2.87 0.93 2.85	17	03 25 09 44 15 58 22 23	1.14 2.67 0.94 2.73
3	05 29 11 41 17 51	0.93 2.91 0.86	18	04 28 10 45 16 56 23 17	0.97 2.80 0.78 2.92
4	00 08 06 14 12 25 18 30	2.95 0.82 2.95 0.79	19	05 24 11 40 17 48	0.76 2.96 0.60
5	00 48 06 53 13 06 19 05	3.04 0.73 2.99 0.73	20	00 08 06 16 12 32 18 37	3.12 0.53 3.13 0.43
6	01 25 07 30 13 44 19 39	3.10 0.65 3.00 0.68	21	00 56 07 06 13 23 19 25	3.32 0.31 3.27 0.31
7	02 00 08 06 14 20 20 12	3.13 0.61 2.99 0.67	22	01 45 07 55 14 14 20 12	3.47 0.15 3.35 0.24
8	02 35 08 40 14 56 20 46	3.13 0.59 2.96 0.69	23	02 34 08 44 15 04 21 00	3.56 0.07 3.36 0.25
9	03 09 09 15 15 31 21 21	3.11 0.62 2.90 0.75	24	03 24 09 33 15 55 21 48	3.58 0.09 3.30 0.33
10	03 43 09 51 16 07 21 57	3.05 0.68 2.83 0.83	25	04 14 10 23 16 45 22 37	3.52 0.20 3.17 0.47
11	04 20 10 29 16 44 22 35	2.98 0.76 2.74 0.94	26	05 06 11 14 17 37 23 29	3.39 0.39 3.00 0.65
12	04 59 11 09 17 25 23 17	2.89 0.87 2.65 1.05	27	05 59 12 08 18 32	3.20 0.61 2.82
13	05 42 11 55 18 13	2.79 0.97 2.57	28	00 25 06 55 13 07 19 33	0.84 2.99 0.82 2.67
14	00 06 06 32 12 48 19 09	1.15 2.69 1.05 2.50	29	01 30 07 58 14 12 20 42	1.01 2.79 0.99 2.58
15	01 05 07 30 13 49 20 14	1.22 2.62 1.08 2.50	30	02 46 09 08 15 23 21 51	1.12 2.66 1.08 2.58
16	02 14 08 36 14 55 21 22	1.22 2.61 1.05 2.58	31	04 02 10 16 16 30 22 53	1.13 2.61 1.09 2.64

Ceuta : Enero

D	TU	Alt	D	TU	Alt
1	01 55	1.00	16	01 51	0.90
	07 17	0.20		07 18	0.31
	14 15	1.05		13 58	0.96
	19 59	0.04		19 40	0.17
2	02 44	1.03	17	02 26	0.94
	08 05	0.19		07 52	0.28
	15 04	1.06		14 36	0.99
	20 45	0.04		20 16	0.14
3	03 32	1.04	18	03 02	0.97
	08 51	0.20		08 29	0.26
	15 52	1.04		15 15	1.01
	21 30	0.06		20 52	0.13
4	04 18	1.02	19	03 41	0.98
	09 38	0.23		09 07	0.25
	16 38	1.00		15 55	1.00
	22 14	0.11		21 29	0.14
5	05 03	0.99	20	04 21	0.98
	10 26	0.27		09 48	0.26
	17 23	0.93		16 37	0.97
	23 00	0.18		22 07	0.17
6	05 48	0.93	21	05 03	0.96
	11 17	0.31		10 34	0.28
	18 09	0.86		17 21	0.93
	23 49	0.25		22 49	0.22
7	06 34	0.88	22	05 48	0.92
	12 11	0.36		11 25	0.30
	18 58	0.79		18 09	0.87
				23 36	0.28
8	00 43	0.32	23	06 37	0.88
	07 24	0.82		12 26	0.33
	13 10	0.39		19 04	0.82
	19 56	0.74			
9	01 44	0.38	24	00 34	0.33
	08 22	0.78		07 36	0.83
	14 15	0.42		13 40	0.34
	21 11	0.70		20 13	0.78
10	02 50	0.42	25	01 44	0.37
	09 27	0.76		08 50	0.81
	15 22	0.42		15 00	0.32
	22 30	0.71		21 38	0.77
11	03 55	0.44	26	03 03	0.38
	10 30	0.77		10 11	0.83
	16 22	0.40		16 16	0.28
	23 29	0.74		22 56	0.81
12	04 51	0.43	27	04 21	0.35
	11 23	0.80		11 22	0.88
	17 11	0.36		17 21	0.21
				23 59	0.88
13	00 12	0.78	28	05 28	0.30
	05 35	0.41		12 22	0.94
	12 07	0.83		18 16	0.14
	17 51	0.32			
14	00 47	0.82	29	00 52	0.94
	06 12	0.38		06 23	0.25
	12 45	0.87		13 15	1.01
	18 28	0.26		19 04	0.08
15	01 19	0.86	30	01 41	1.00
	06 45	0.35		07 12	0.20
	13 22	0.92		14 03	1.05
	19 04	0.21		19 47	0.04
16	01 51	0.90	31	02 27	1.05
	07 18	0.31		07 57	0.17
	13 58	0.96		14 49	1.07
	19 40	0.17		20 29	0.04

Ceuta : Febrero

D	TU	Alt	D	TU	Alt
1	03 11	1.06	16	02 37	1.01
	08 39	0.17		08 10	0.20
	15 34	1.05		14 54	1.04
	21 09	0.06		20 28	0.11
2	03 54	1.05	17	03 17	1.03
	09 20	0.18		08 49	0.18
	16 16	1.01		15 35	1.04
	21 48	0.11		21 05	0.11
3	04 35	1.00	18	03 58	1.03
	10 00	0.22		09 30	0.18
	16 57	0.95		16 18	1.01
	22 27	0.18		21 42	0.15
4	05 16	0.95	19	04 40	1.00
	10 41	0.27		10 13	0.20
	17 37	0.88		17 02	0.96
	23 07	0.26		22 23	0.20
5	05 56	0.88	20	05 24	0.94
	11 24	0.33		11 00	0.24
	18 17	0.80		17 50	0.90
	23 51	0.34		23 08	0.27
6	06 38	0.81	21	06 13	0.88
	12 12	0.38		11 58	0.28
	19 01	0.74		18 45	0.83
7	00 44	0.42	22	00 03	0.34
	07 26	0.76		07 13	0.82
	13 10	0.42		13 12	0.32
	20 02	0.69		19 55	0.77
8	01 51	0.47	23	01 17	0.39
	08 27	0.72		08 31	0.79
	14 20	0.44		14 42	0.33
	21 39	0.67		21 22	0.76
9	03 10	0.49	24	02 51	0.41
	09 42	0.72		09 59	0.80
	15 33	0.44		16 08	0.29
	22 57	0.70		22 43	0.80
10	04 21	0.49	25	04 24	0.38
	10 49	0.74		11 13	0.86
	16 35	0.40		17 14	0.22
	23 43	0.74		23 45	0.87
11	05 11	0.46	26	05 31	0.31
	11 38	0.79		12 11	0.93
	17 23	0.35		18 05	0.16
12	00 17	0.79	27	00 36	0.95
	05 49	0.41		06 20	0.24
	12 19	0.85		13 01	0.99
	18 03	0.29		18 49	0.10
13	00 49	0.85	28	01 22	1.01
	06 23	0.36		07 03	0.19
	12 57	0.91		13 47	1.04
	18 40	0.22		19 29	0.07
14	01 23	0.91			
	06 57	0.30			
	13 35	0.97			
	19 16	0.17			
15	01 59	0.97			
	07 33	0.24			
	14 14	1.02			
	19 52	0.12			
16	02 37	1.01			
	08 10	0.20			
	14 54	1.04			
	20 28	0.11			

Ceuta : Marzo

D	TU	Alt	D	TU	Alt
1	02 05	1.05	16	01 31	1.00
	07 42	0.15		07 12	0.19
	14 31	1.06		13 51	1.03
	20 07	0.06		19 25	0.12
2	02 47	1.07	17	02 11	1.04
	08 19	0.14		07 50	0.14
	15 12	1.05		14 33	1.06
	20 43	0.09		20 03	0.10
3	03 27	1.05	18	02 52	1.06
	08 56	0.15		08 29	0.11
	15 51	1.01		15 16	1.06
	21 18	0.14		20 40	0.11
4	04 05	1.00	19	03 34	1.05
	09 31	0.19		09 10	0.11
	16 29	0.95		16 00	1.03
	21 53	0.20		21 19	0.15
5	04 42	0.94	20	04 19	1.01
	10 07	0.24		09 53	0.14
	17 04	0.89		16 46	0.98
	22 28	0.28		22 00	0.21
6	05 18	0.88	21	05 05	0.95
	10 44	0.30		10 41	0.19
	17 39	0.82		17 36	0.91
	23 04	0.37		22 45	0.28
7	05 54	0.81	22	05 57	0.88
	11 25	0.35		11 39	0.25
	18 15	0.75		18 33	0.84
	23 45	0.44		23 41	0.36
8	06 33	0.75	23	06 59	0.81
	12 14	0.41		12 56	0.30
	18 58	0.70		19 43	0.78
9	00 44	0.50	24	01 04	0.42
	07 24	0.71		08 17	0.77
	13 20	0.44		14 31	0.31
	20 13	0.67		21 08	0.77
10	02 14	0.53	25	02 59	0.42
	08 38	0.69		09 45	0.79
	14 39	0.45		15 56	0.28
	22 00	0.68		22 25	0.82
11	03 43	0.52	26	04 31	0.37
	10 01	0.71		10 58	0.84
	15 52	0.42		16 58	0.23
	23 01	0.73		23 24	0.88
12	04 41	0.48	27	05 26	0.30
	11 02	0.76		11 55	0.91
	16 48	0.37		17 46	0.18
	23 40	0.79			
13	05 22	0.42	28	00 13	0.95
	11 49	0.83		06 08	0.24
	17 32	0.30		12 43	0.97
				18 27	0.14
14	00 16	0.86	29	00 57	1.01
	05 58	0.34		06 45	0.18
	12 30	0.90		13 27	1.01
	18 11	0.23		19 05	0.11
15	00 53	0.93	30	01 39	1.04
	06 35	0.27		07 21	0.14
	13 10	0.97		14 09	1.03
	18 48	0.17		19 41	0.11
16	01 31	1.00	31	02 19	1.04
	07 12	0.19		07 55	0.13
	13 51	1.03		14 48	1.02
	19 25	0.12		20 15	0.14

Ceuta : Abril

D	TU	Alt	D	TU	Alt
1	02 58	1.03	16	02 30	1.07
	08 29	0.14		08 11	0.07
	15 26	0.99		14 58	1.06
	20 49	0.18		20 18	0.13
2	03 35	0.99	17	03 15	1.05
	09 03	0.17		08 53	0.07
	16 01	0.94		15 45	1.04
	21 21	0.24		20 59	0.17
3	04 10	0.94	18	04 02	1.01
	09 37	0.22		09 38	0.10
	16 35	0.89		16 34	0.99
	21 53	0.31		21 42	0.23
4	04 43	0.88	19	04 52	0.95
	10 12	0.27		10 28	0.16
	17 07	0.83		17 26	0.92
	22 25	0.38		22 30	0.30
5	05 16	0.82	20	05 46	0.89
	10 49	0.32		11 28	0.22
	17 40	0.78		18 24	0.86
	23 00	0.44		23 32	0.37
6	05 52	0.77	21	06 48	0.82
	11 32	0.37		12 45	0.28
	18 19	0.73		19 31	0.81
	23 46	0.50			
7	06 36	0.73	22	01 06	0.42
	12 30	0.41		08 01	0.78
	19 15	0.70		14 13	0.29
				20 46	0.81
8	01 10	0.53	23	03 01	0.41
	07 38	0.70		09 23	0.78
	13 47	0.43		15 30	0.28
	20 40	0.70		21 58	0.83
9	02 50	0.52	24	04 16	0.36
	09 00	0.71		10 35	0.82
	15 03	0.42		16 30	0.25
	22 02	0.73		22 57	0.89
10	04 00	0.48	25	05 06	0.30
	10 16	0.75		11 33	0.87
	16 05	0.38		17 19	0.22
	22 56	0.80		23 46	0.94
11	04 49	0.41	26	05 46	0.25
	11 13	0.81		12 22	0.92
	16 54	0.31		18 00	0.20
	23 39	0.87			
12	05 30	0.33	27	00 31	0.98
	12 01	0.89		06 22	0.20
	17 38	0.25		13 06	0.95
				18 39	0.18
13	00 21	0.94	28	01 13	1.00
	06 10	0.24		06 57	0.17
	12 45	0.96		13 46	0.97
	18 19	0.19		19 14	0.18
14	01 02	1.01	29	01 52	1.01
	06 49	0.16		07 31	0.16
	13 29	1.02		14 25	0.97
	18 59	0.14		19 48	0.20
15	01 45	1.05	30	02 30	0.99
	07 29	0.10		08 04	0.16
	14 13	1.05		15 01	0.96
	19 38	0.12		20 21	0.23
16	02 30	1.07			
	08 11	0.07			
	14 58	1.06			
	20 18	0.13			

Ceuta : Mayo

D	TU	Alt	D	TU	Alt
1	03 06	0.97	16	03 01	1.05
	08 38	0.17		08 41	0.05
	15 35	0.93		15 33	1.03
	20 53	0.28		20 44	0.19
2	03 40	0.93	17	03 51	1.02
	09 11	0.20		09 28	0.08
	16 08	0.89		16 24	1.00
	21 24	0.33		21 31	0.24
3	04 13	0.89	18	04 42	0.97
	09 45	0.24		10 20	0.13
	16 40	0.86		17 16	0.95
	21 55	0.38		22 23	0.30
4	04 46	0.85	19	05 35	0.91
	10 22	0.28		11 18	0.19
	17 14	0.82		18 11	0.90
	22 29	0.43		23 29	0.36
5	05 23	0.81	20	06 33	0.85
	11 03	0.33		12 27	0.24
	17 53	0.78		19 11	0.86
	23 12	0.47			
6	06 05	0.77	21	00 57	0.39
	11 53	0.37		07 38	0.80
	18 42	0.75		13 42	0.28
				20 16	0.84
7	00 20	0.50	22	02 29	0.39
	06 58	0.74		08 51	0.78
	12 58	0.39		14 53	0.29
	19 46	0.74		21 22	0.84
8	01 54	0.50	23	03 40	0.36
	08 07	0.73		10 04	0.79
	14 11	0.40		15 54	0.29
	21 01	0.76		22 23	0.87
9	03 11	0.46	24	04 34	0.32
	09 25	0.75		11 07	0.82
	15 16	0.37		16 46	0.28
	22 07	0.81		23 16	0.90
10	04 10	0.39	25	05 18	0.28
	10 34	0.80		11 59	0.86
	16 13	0.32		17 32	0.27
	23 01	0.87			
11	04 59	0.31	26	00 04	0.93
	11 30	0.87		05 57	0.25
	17 03	0.27		12 44	0.89
	23 49	0.94		18 12	0.26
12	05 44	0.22	27	00 47	0.94
	12 20	0.93		06 33	0.22
	17 49	0.22		13 24	0.91
				18 49	0.26
13	00 37	1.00	28	01 27	0.96
	06 27	0.14		07 07	0.19
	13 08	0.99		14 02	0.92
	18 34	0.17		19 24	0.27
14	01 24	1.04	29	02 04	0.96
	07 11	0.08		07 41	0.18
	13 56	1.03		14 37	0.93
	19 17	0.15		19 56	0.28
15	02 12	1.06	30	02 39	0.95
	07 55	0.05		08 15	0.18
	14 44	1.04		15 10	0.92
	20 00	0.16		20 28	0.31
16	03 01	1.05	31	03 13	0.94
	08 41	0.05		08 48	0.19
	15 33	1.03		15 42	0.90
	20 44	0.19		20 59	0.33

Ceuta : Junio

D	TU	Alt	D	TU	Alt
1	03 47	0.92	16	04 31	1.00
	09 23	0.21		10 09	0.09
	16 15	0.89		17 01	0.99
	21 32	0.36		22 17	0.27
2	04 22	0.90	17	05 21	0.95
	09 59	0.24		11 01	0.15
	16 50	0.86		17 51	0.94
	22 08	0.39		23 17	0.32
3	04 59	0.87	18	06 12	0.88
	10 38	0.27		11 58	0.22
	17 30	0.84		18 43	0.89
	22 51	0.42			
4	05 41	0.83	19	00 25	0.35
	11 22	0.31		07 08	0.82
	18 15	0.82		13 02	0.28
	23 48	0.44		19 39	0.85
5	06 29	0.80	20	01 37	0.37
	12 16	0.34		08 13	0.77
	19 08	0.80		14 07	0.32
				20 41	0.83
6	01 04	0.45	21	02 47	0.38
	07 27	0.77		09 26	0.75
	13 20	0.36		15 12	0.34
	20 11	0.80		21 45	0.82
7	02 21	0.42	22	03 51	0.37
	08 38	0.76		10 37	0.76
	14 27	0.36		16 12	0.35
	21 19	0.82		22 45	0.84
8	03 29	0.37	23	04 45	0.34
	09 54	0.79		11 36	0.79
	15 31	0.34		17 04	0.35
	22 24	0.86		23 37	0.86
9	04 27	0.30	24	05 30	0.31
	11 01	0.84		12 23	0.82
	16 29	0.30		17 49	0.34
	23 22	0.91			
10	05 20	0.22	25	00 23	0.88
	11 59	0.90		06 09	0.27
	17 23	0.26		13 03	0.85
				18 27	0.33
11	00 16	0.97	26	01 03	0.91
	06 09	0.15		06 45	0.24
	12 51	0.96		13 39	0.88
	18 13	0.22		19 02	0.32
12	01 09	1.01	27	01 40	0.93
	06 57	0.09		07 19	0.21
	13 42	1.00		14 12	0.90
	19 01	0.19		19 34	0.31
13	02 00	1.04	28	02 15	0.94
	07 45	0.05		07 53	0.19
	14 32	1.03		14 44	0.92
	19 48	0.18		20 06	0.31
14	02 51	1.05	29	02 49	0.95
	08 32	0.04		08 27	0.17
	15 22	1.03		15 16	0.93
	20 36	0.19		20 38	0.31
15	03 41	1.04	30	03 23	0.96
	09 20	0.05		09 01	0.17
	16 12	1.02		15 50	0.93
	21 25	0.23		21 12	0.31
16	04 31	1.00			
	10 09	0.09			
	17 01	0.99			
	22 17	0.27			

Ceuta : Julio

D	TU	Alt	D	TU	Alt
1	03 59	0.95	16	05 01	0.98
	09 36	0.19		10 36	0.14
	16 26	0.92		17 25	0.98
	21 49	0.33		22 52	0.26
2	04 37	0.93	17	05 47	0.91
	10 13	0.22		11 24	0.21
	17 05	0.90		18 12	0.92
	22 31	0.35		23 45	0.31
3	05 18	0.89	18	06 36	0.83
	10 53	0.26		12 16	0.28
	17 48	0.88		19 01	0.86
	23 22	0.37			
4	06 04	0.85	19	00 42	0.36
	11 40	0.30		07 30	0.77
	18 35	0.85		13 16	0.35
				19 57	0.81
5	00 23	0.38	20	01 47	0.39
	06 57	0.81		08 40	0.72
	12 36	0.33		14 24	0.40
	19 31	0.83		21 02	0.77
6	01 35	0.38	21	02 58	0.41
	08 01	0.78		10 03	0.71
	13 42	0.36		15 35	0.42
	20 38	0.82		22 11	0.77
7	02 49	0.35	22	04 06	0.40
	09 19	0.77		11 12	0.73
	14 52	0.36		16 40	0.43
	21 52	0.83		23 11	0.79
8	03 59	0.31	23	05 02	0.37
	10 37	0.81		12 02	0.77
	16 01	0.34		17 30	0.41
	23 02	0.88			
9	05 01	0.24	24	00 00	0.82
	11 42	0.87		05 45	0.33
	17 05	0.30		12 41	0.81
				18 08	0.39
10	00 03	0.93	25	00 40	0.86
	05 57	0.16		06 21	0.28
	12 38	0.93		13 13	0.85
	18 01	0.25		18 41	0.36
11	00 59	0.99	26	01 15	0.90
	06 48	0.10		06 56	0.23
	13 30	0.99		13 44	0.89
	18 53	0.21		19 12	0.32
12	01 51	1.04	27	01 50	0.94
	07 36	0.05		07 29	0.19
	14 20	1.03		14 15	0.93
	19 42	0.18		19 44	0.29
13	02 40	1.07	28	02 24	0.98
	08 22	0.03		08 03	0.16
	15 08	1.05		14 48	0.95
	20 29	0.18		20 17	0.27
14	03 28	1.06	29	03 00	1.00
	09 07	0.03		08 37	0.15
	15 54	1.05		15 24	0.97
	21 16	0.19		20 52	0.25
15	04 15	1.03	30	03 37	1.00
	09 51	0.07		09 11	0.15
	16 40	1.02		16 01	0.98
	22 03	0.22		21 30	0.25
16	05 01	0.98	31	04 16	0.98
	10 36	0.14		09 47	0.17
	17 25	0.98		16 40	0.96
	22 52	0.26		22 10	0.26

Ceuta : Agosto

D	TU	Alt	D	TU	Alt
1	04 57	0.94	16	06 02	0.84
	10 25	0.22		11 32	0.31
	17 21	0.93		18 22	0.85
	22 56	0.29		23 53	0.34
2	05 42	0.89	17	06 48	0.77
	11 08	0.27		12 24	0.39
	18 07	0.88		19 11	0.78
	23 50	0.32			
3	06 32	0.84	18	00 50	0.40
	11 59	0.32		07 47	0.71
	19 00	0.84		13 32	0.45
				20 12	0.73
4	00 57	0.34	19	02 00	0.43
	07 34	0.79		09 17	0.68
	13 03	0.37		14 56	0.48
	20 07	0.81		21 28	0.72
5	02 17	0.34	20	03 18	0.44
	08 53	0.76		10 44	0.70
	14 21	0.39		16 17	0.48
	21 30	0.80		22 40	0.74
6	03 39	0.31	21	04 26	0.41
	10 19	0.79		11 36	0.74
	15 44	0.38		17 11	0.46
	22 49	0.84		23 33	0.78
7	04 50	0.25	22	05 15	0.37
	11 29	0.85		12 12	0.79
	16 58	0.33		17 47	0.42
	23 54	0.91			
8	05 49	0.18	23	00 13	0.83
	12 26	0.92		05 54	0.31
	17 58	0.27		12 43	0.84
				18 17	0.37
9	00 49	0.98	24	00 48	0.89
	06 39	0.10		06 29	0.25
	13 16	0.99		13 13	0.89
	18 49	0.21		18 48	0.32
10	01 39	1.04	25	01 23	0.94
	07 24	0.05		07 03	0.20
	14 03	1.05		13 45	0.94
	19 34	0.16		19 21	0.26
11	02 26	1.07	26	01 59	0.99
	08 07	0.03		07 36	0.16
	14 48	1.08		14 19	0.99
	20 18	0.14		19 55	0.21
12	03 11	1.08	27	02 36	1.03
	08 47	0.04		08 11	0.13
	15 32	1.08		14 56	1.02
	21 00	0.14		20 31	0.18
13	03 55	1.05	28	03 15	1.04
	09 27	0.08		08 45	0.13
	16 15	1.04		15 35	1.02
	21 41	0.17		21 09	0.17
14	04 38	1.00	29	03 56	1.02
	10 07	0.14		09 21	0.15
	16 57	0.99		16 15	1.00
	22 22	0.22		21 49	0.19
15	05 20	0.92	30	04 38	0.98
	10 48	0.22		09 59	0.20
	17 39	0.92		16 57	0.96
	23 05	0.28		22 33	0.22
16	06 02	0.84	31	05 23	0.93
	11 32	0.31		10 40	0.26
	18 22	0.85		17 43	0.90
	23 53	0.34		23 24	0.27

PUERTO DE CEUTA

Ceuta : Septiembre

D	TU	Alt	D	TU	Alt
1	06 14	0.86	16	00 01	0.38
	11 30	0.32		06 58	0.71
	18 37	0.84		12 35	0.48
				19 18	0.72
2	00 30	0.31	17	01 05	0.43
	07 17	0.80		08 09	0.68
	12 35	0.38		14 06	0.52
	19 47	0.79		20 28	0.69
3	01 55	0.33	18	02 23	0.45
	08 38	0.76		09 51	0.68
	14 04	0.42		15 41	0.51
	21 15	0.78		21 51	0.70
4	03 27	0.31	19	03 38	0.43
	10 06	0.79		10 54	0.72
	15 43	0.40		16 39	0.48
	22 38	0.82		22 54	0.74
5	04 41	0.25	20	04 35	0.39
	11 15	0.85		11 33	0.77
	17 00	0.34		17 16	0.43
	23 43	0.89		23 39	0.80
6	05 38	0.18	21	05 18	0.34
	12 09	0.93		12 05	0.83
	17 55	0.26		17 49	0.37
7	00 36	0.97	22	00 17	0.87
	06 24	0.12		05 56	0.27
	12 57	1.00		12 38	0.90
	18 40	0.19		18 22	0.30
8	01 24	1.03	23	00 54	0.94
	07 06	0.07		06 32	0.21
	13 42	1.05		13 13	0.96
	19 21	0.14		18 56	0.22
9	02 08	1.06	24	01 33	0.99
	07 46	0.05		07 07	0.16
	14 25	1.08		13 50	1.01
	20 00	0.11		19 32	0.16
10	02 51	1.07	25	02 13	1.03
	08 24	0.06		07 43	0.13
	15 07	1.08		14 29	1.04
	20 38	0.12		20 10	0.12
11	03 33	1.04	26	02 54	1.05
	09 01	0.10		08 20	0.13
	15 47	1.04		15 11	1.05
	21 15	0.14		20 49	0.11
12	04 13	0.99	27	03 37	1.04
	09 37	0.17		08 57	0.15
	16 27	0.98		15 54	1.02
	21 53	0.19		21 30	0.13
13	04 52	0.92	28	04 22	1.00
	10 14	0.25		09 36	0.20
	17 06	0.91		16 39	0.97
	22 31	0.26		22 15	0.17
14	05 31	0.85	29	05 09	0.94
	10 52	0.33		10 19	0.26
	17 45	0.84		17 28	0.90
	23 12	0.32		23 07	0.23
15	06 11	0.77	30	06 03	0.87
	11 35	0.41		11 09	0.34
	18 27	0.77		18 24	0.84
16	00 01	0.38			
	06 58	0.71			
	12 35	0.48			
	19 18	0.72			

Ceuta : Octubre

D	TU	Alt	D	TU	Alt
1	00 14	0.28	16	00 17	0.40
	07 07	0.81		07 09	0.71
	12 19	0.40		13 03	0.52
	19 35	0.79		19 26	0.70
2	01 43	0.31	17	01 27	0.43
	08 26	0.78		08 24	0.70
	14 04	0.43		14 38	0.52
	21 01	0.77		20 40	0.70
3	03 14	0.30	18	02 41	0.43
	09 47	0.81		09 45	0.72
	15 50	0.39		15 48	0.49
	22 22	0.81		21 57	0.72
4	04 24	0.25	19	03 44	0.40
	10 53	0.87		10 40	0.77
	16 56	0.33		16 35	0.44
	23 26	0.88		22 55	0.78
5	05 18	0.20	20	04 35	0.35
	11 46	0.94		11 22	0.83
	17 44	0.25		17 15	0.36
				23 42	0.85
6	00 18	0.94	21	05 18	0.29
	06 03	0.15		12 01	0.90
	12 33	1.00		17 52	0.28
	18 24	0.18			
7	01 05	1.00	22	00 25	0.92
	06 43	0.12		05 59	0.23
	13 17	1.04		12 41	0.97
	19 02	0.14		18 30	0.20
8	01 48	1.03	23	01 08	0.98
	07 22	0.10		06 38	0.18
	13 59	1.06		13 22	1.02
	19 38	0.11		19 09	0.13
9	02 30	1.03	24	01 51	1.03
	07 58	0.12		07 17	0.15
	14 41	1.05		14 06	1.05
	20 15	0.11		19 50	0.08
10	03 10	1.01	25	02 35	1.05
	08 34	0.16		07 56	0.14
	15 20	1.02		14 51	1.05
	20 50	0.14		20 31	0.07
11	03 49	0.97	26	03 21	1.04
	09 09	0.21		08 37	0.16
	15 59	0.97		15 37	1.03
	21 26	0.18		21 15	0.09
12	04 26	0.92	27	04 09	1.01
	09 43	0.28		09 19	0.21
	16 35	0.90		16 26	0.98
	22 02	0.24		22 02	0.13
13	05 03	0.85	28	04 59	0.95
	10 18	0.36		10 05	0.28
	17 11	0.84		17 17	0.92
	22 40	0.30		22 57	0.19
14	05 39	0.80	29	05 55	0.89
	10 56	0.43		11 00	0.34
	17 48	0.78		18 15	0.85
	23 23	0.35			
15	06 18	0.74	30	00 04	0.25
	11 44	0.49		06 57	0.84
	18 31	0.73		12 17	0.40
				19 22	0.80
16	00 17	0.40	31	01 27	0.28
	07 09	0.71		08 07	0.82
	13 03	0.52		14 04	0.41
	19 26	0.70		20 40	0.78

Ceuta : Noviembre

D	TU	Alt	D	TU	Alt
1	02 49	0.28	16	01 43	0.41
	09 20	0.83		08 31	0.75
	15 36	0.37		14 46	0.48
	21 58	0.80		20 53	0.73
2	03 56	0.26	17	02 48	0.40
	10 25	0.88		09 38	0.78
	16 36	0.32		15 47	0.43
	23 03	0.85		22 05	0.76
3	04 50	0.23	18	03 46	0.36
	11 19	0.93		10 35	0.83
	17 22	0.26		16 37	0.35
	23 57	0.90		23 05	0.82
4	05 37	0.20	19	04 38	0.32
	12 07	0.97		11 25	0.89
	18 02	0.20		17 22	0.27
				23 57	0.89
5	00 44	0.94	20	05 25	0.26
	06 18	0.18		12 12	0.95
	12 52	1.00		18 06	0.19
	18 40	0.16			
6	01 27	0.97	21	00 45	0.95
	06 57	0.17		06 10	0.22
	13 35	1.02		13 00	1.00
	19 16	0.14		18 49	0.12
7	02 09	0.98	22	01 32	1.00
	07 34	0.19		06 54	0.18
	14 16	1.01		13 48	1.04
	19 52	0.14		19 33	0.07
8	02 48	0.97	23	02 20	1.03
	08 09	0.21		07 38	0.17
	14 55	0.99		14 36	1.05
	20 27	0.15		20 18	0.05
9	03 26	0.95	24	03 08	1.03
	08 43	0.26		08 22	0.18
	15 32	0.95		15 26	1.04
	21 02	0.18		21 05	0.06
10	04 02	0.91	25	03 58	1.02
	09 17	0.31		09 08	0.22
	16 07	0.91		16 16	1.00
	21 37	0.22		21 54	0.10
11	04 36	0.87	26	04 50	0.98
	09 50	0.36		09 57	0.27
	16 42	0.86		17 08	0.95
	22 14	0.26		22 48	0.15
12	05 10	0.83	27	05 43	0.94
	10 26	0.42		10 56	0.33
	17 16	0.82		18 03	0.89
	22 53	0.31		23 50	0.21
13	05 46	0.79	28	06 40	0.89
	11 07	0.46		12 11	0.37
	17 55	0.78		19 03	0.83
	23 39	0.36			
14	06 29	0.76	29	01 01	0.25
	12 06	0.49		07 41	0.86
	18 41	0.75		13 40	0.38
				20 11	0.79
15	00 36	0.39	30	02 14	0.28
	07 23	0.74		08 46	0.85
	13 29	0.50		14 58	0.36
	19 40	0.73		21 26	0.78
16	01 43	0.41			
	08 31	0.75			
	14 46	0.48			
	20 53	0.73			

Ceuta : Diciembre

D	TU	Alt	D	TU	Alt
1	03 20	0.29	16	01 53	0.38
	09 51	0.86		08 42	0.80
	16 02	0.33		14 57	0.40
	22 35	0.81		21 17	0.76
2	04 18	0.28	17	02 58	0.37
	10 49	0.89		09 50	0.83
	16 54	0.29		15 59	0.35
	23 34	0.84		22 30	0.80
3	05 09	0.27	18	03 59	0.34
	11 41	0.92		10 53	0.87
	17 38	0.25		16 54	0.27
				23 32	0.86
4	00 23	0.88	19	04 56	0.30
	05 54	0.26		11 50	0.93
	12 29	0.95		17 45	0.20
	18 18	0.21			
5	01 08	0.91	20	00 26	0.92
	06 35	0.25		05 48	0.25
	13 12	0.96		12 43	0.98
	18 55	0.19		18 34	0.12
6	01 49	0.93	21	01 17	0.98
	07 12	0.25		06 38	0.21
	13 53	0.97		13 35	1.02
	19 31	0.17		19 22	0.07
7	02 27	0.93	22	02 07	1.02
	07 47	0.27		07 25	0.19
	14 32	0.96		14 26	1.05
	20 06	0.17		20 09	0.04
8	03 03	0.93	23	02 57	1.04
	08 21	0.29		08 13	0.19
	15 07	0.95		15 16	1.05
	20 40	0.18		20 56	0.04
9	03 37	0.91	24	03 47	1.04
	08 54	0.32		09 01	0.20
	15 41	0.93		16 05	1.03
	21 15	0.20		21 44	0.06
10	04 09	0.89	25	04 36	1.02
	09 26	0.35		09 52	0.24
	16 15	0.90		16 55	0.99
	21 49	0.23		22 33	0.11
11	04 42	0.87	26	05 25	0.98
	10 01	0.38		10 47	0.28
	16 49	0.87		17 45	0.93
	22 26	0.26		23 27	0.18
12	05 17	0.84	27	06 16	0.93
	10 40	0.41		11 49	0.32
	17 26	0.84		18 39	0.86
	23 06	0.30			
13	05 56	0.82	28	00 27	0.24
	11 28	0.44		07 09	0.89
	18 08	0.80		12 58	0.34
	23 52	0.34		19 38	0.80
14	06 42	0.80	29	01 32	0.29
	12 32	0.45		08 09	0.85
	18 58	0.77		14 08	0.36
				20 48	0.76
15	00 49	0.37	30	02 39	0.33
	07 37	0.79		09 15	0.83
	13 46	0.44		15 18	0.36
	20 01	0.75		22 04	0.76
16	01 53	0.38	31	03 44	0.35
	08 42	0.80		10 18	0.84
	14 57	0.40		16 21	0.34
	21 17	0.76		23 11	0.78

Tánger : Enero

D	TU	Alt	D	TU	Alt
1	02 06 08 15 14 28 20 24	2.40 0.31 2.26 0.29	16	02 14 08 16 14 31 20 16	2.21 0.52 2.07 0.45
2	02 50 09 02 15 13 21 08	2.47 0.28 2.27 0.28	17	02 50 08 48 15 07 20 48	2.29 0.45 2.12 0.40
3	03 34 09 47 15 56 21 50	2.49 0.29 2.23 0.32	18	03 25 09 21 15 43 21 22	2.34 0.41 2.14 0.37
4	04 17 10 32 16 40 22 33	2.45 0.35 2.16 0.40	19	04 01 09 56 16 20 21 59	2.34 0.40 2.13 0.38
5	05 01 11 17 17 24 23 17	2.36 0.45 2.05 0.51	20	04 39 10 33 16 59 22 37	2.31 0.42 2.08 0.43
6	05 46 12 05 18 10	2.22 0.57 1.93	21	05 19 11 13 17 40 23 20	2.24 0.48 2.01 0.51
7	00 05 06 33 12 57 19 00	0.64 2.07 0.69 1.81	22	06 02 11 59 18 27	2.14 0.56 1.92
8	00 59 07 25 13 57 19 58	0.77 1.91 0.79 1.71	23	00 10 06 52 12 53 19 22	0.61 2.01 0.66 1.83
9	02 07 08 26 15 05 21 07	0.87 1.78 0.86 1.65	24	01 12 07 52 14 02 20 32	0.72 1.89 0.75 1.77
10	03 28 09 37 16 14 22 22	0.93 1.70 0.87 1.67	25	02 34 09 09 15 23 21 55	0.80 1.81 0.77 1.79
11	04 45 10 48 17 14 23 27	0.92 1.70 0.84 1.75	26	04 06 10 32 16 43 23 12	0.79 1.81 0.73 1.90
12	05 48 11 48 18 01	0.86 1.75 0.78	27	05 27 11 44 17 51	0.70 1.90 0.63
13	00 18 06 35 12 35 18 39	1.86 0.78 1.82 0.70	28	00 15 06 31 12 42 18 46	2.06 0.57 2.02 0.51
14	01 00 07 12 13 17 19 12	1.98 0.69 1.91 0.61	29	01 07 07 24 13 32 19 33	2.23 0.44 2.13 0.40
15	01 38 07 45 13 54 19 44	2.10 0.60 2.00 0.53	30	01 54 08 10 14 16 20 16	2.37 0.34 2.22 0.32
16	02 14 08 16 14 31 20 16	2.21 0.52 2.07 0.45	31	02 37 08 52 14 58 20 56	2.46 0.28 2.27 0.28

Tánger : Febrero

D	TU	Alt	D	TU	Alt
1	03 17 09 32 15 38 21 35	2.50 0.28 2.27 0.29	16	03 04 09 02 15 23 21 08	2.41 0.31 2.26 0.28
2	03 57 10 09 16 17 22 12	2.47 0.32 2.23 0.34	17	03 41 09 36 16 00 21 44	2.43 0.29 2.26 0.28
3	04 37 10 46 16 56 22 49	2.38 0.41 2.14 0.44	18	04 19 10 12 16 38 22 22	2.40 0.32 2.22 0.33
4	05 16 11 22 17 36 23 26	2.25 0.52 2.03 0.56	19	04 58 10 51 17 19 23 03	2.31 0.39 2.14 0.43
5	05 56 12 00 18 17	2.09 0.65 1.90	20	05 41 11 33 18 03 23 50	2.18 0.51 2.03 0.56
6	00 06 06 39 12 41 19 04	0.71 1.92 0.78 1.77	21	06 28 12 23 18 56	2.02 0.64 1.90
7	00 55 07 29 13 34 20 03	0.85 1.75 0.89 1.66	22	00 50 07 27 13 28 20 03	0.70 1.86 0.77 1.80
8	02 05 08 34 14 49 21 19	0.96 1.63 0.96 1.62	23	02 14 08 45 14 57 21 30	0.81 1.73 0.85 1.77
9	03 44 09 56 16 15 22 41	1.00 1.58 0.95 1.67	24	03 59 10 16 16 31 22 55	0.82 1.72 0.81 1.86
10	05 10 11 12 17 22 23 45	0.95 1.63 0.88 1.78	25	05 26 11 34 17 44	0.73 1.81 0.71
11	06 08 12 09 18 11	0.84 1.74 0.77	26	00 02 06 29 12 32 18 39	2.02 0.59 1.95 0.57
12	00 33 06 49 12 53 18 49	1.93 0.71 1.87 0.65	27	00 54 07 17 13 19 19 24	2.18 0.46 2.08 0.45
13	01 14 07 23 13 33 19 24	2.09 0.58 2.00 0.52	28	01 38 07 59 14 01 20 04	2.32 0.36 2.19 0.35
14	01 51 07 56 14 10 19 58	2.23 0.47 2.12 0.41			
15	02 28 08 29 14 46 20 33	2.34 0.37 2.21 0.33			
16	03 04 09 02 15 23 21 08	2.41 0.31 2.26 0.28			

Tánger : Marzo

D	TU	Alt	D	TU	Alt
1	02 19 08 36 14 39 20 41	2.41 0.30 2.26 0.30	16	02 02 08 02 14 23 20 12	2.36 0.31 2.28 0.28
2	02 58 09 10 15 16 21 15	2.45 0.29 2.29 0.30	17	02 40 08 38 15 00 20 49	2.44 0.24 2.35 0.23
3	03 35 09 42 15 52 21 48	2.42 0.33 2.26 0.34	18	03 19 09 14 15 39 21 27	2.46 0.22 2.36 0.23
4	04 11 10 12 16 28 22 20	2.35 0.40 2.19 0.42	19	03 58 09 51 16 18 22 07	2.42 0.26 2.32 0.28
5	04 47 10 41 17 04 22 52	2.22 0.50 2.09 0.54	20	04 39 10 30 17 00 22 50	2.32 0.35 2.24 0.39
6	05 23 11 11 17 41 23 25	2.07 0.62 1.97 0.67	21	05 23 11 12 17 45 23 39	2.17 0.49 2.11 0.54
7	06 01 11 42 18 21	1.90 0.74 1.84	22	06 12 12 02 18 38	2.00 0.64 1.98
8	00 05 06 43 12 22 19 11	0.80 1.74 0.85 1.73	23	00 42 07 12 13 08 19 45	0.69 1.82 0.79 1.86
9	00 59 07 39 13 21 20 18	0.93 1.61 0.95 1.64	24	02 12 08 29 14 42 21 09	0.80 1.70 0.87 1.81
10	02 29 08 58 14 55 21 44	1.00 1.54 0.99 1.65	25	03 56 10 01 16 19 22 35	0.80 1.68 0.84 1.87
11	04 16 10 27 16 29 23 01	0.97 1.57 0.94 1.75	26	05 17 11 19 17 31 23 42	0.71 1.78 0.74 2.00
12	05 26 11 34 17 31 23 57	0.86 1.70 0.81 1.90	27	06 15 12 15 18 24	0.59 1.91 0.61
13	06 13 12 24 18 17	0.71 1.86 0.67	28	00 34 07 01 13 01 19 08	2.14 0.48 2.05 0.50
14	00 43 06 51 13 06 18 57	2.07 0.56 2.02 0.51	29	01 18 07 39 13 40 19 46	2.25 0.40 2.15 0.41
15	01 23 07 27 13 45 19 35	2.23 0.42 2.17 0.38	30	01 57 08 13 14 17 20 20	2.32 0.36 2.23 0.37
16	02 02 08 02 14 23 20 12	2.36 0.31 2.28 0.28	31	02 34 08 43 14 53 20 52	2.34 0.35 2.26 0.36

Tánger : Abril

D	TU	Alt	D	TU	Alt
1	03 10 09 12 15 27 21 23	2.32 0.38 2.25 0.39	16	02 57 08 50 15 18 21 11	2.43 0.21 2.42 0.22
2	03 45 09 38 16 01 21 53	2.25 0.44 2.20 0.46	17	03 39 09 30 16 00 21 55	2.39 0.25 2.39 0.28
3	04 19 10 04 16 36 22 22	2.14 0.51 2.13 0.55	18	04 23 10 12 16 45 22 42	2.29 0.35 2.31 0.39
4	04 53 10 31 17 11 22 55	2.02 0.60 2.03 0.65	19	05 09 10 58 17 32 23 36	2.15 0.48 2.19 0.52
5	05 30 11 02 17 50 23 32	1.88 0.69 1.92 0.76	20	06 01 11 50 18 26	1.98 0.63 2.06
6	06 10 11 39 18 35	1.75 0.79 1.81	21	00 44 07 01 12 59 19 30	0.66 1.83 0.76 1.94
7	00 23 07 02 12 32 19 33	0.87 1.63 0.89 1.73	22	02 11 08 14 14 28 20 47	0.74 1.72 0.84 1.88
8	01 38 08 11 13 52 20 49	0.94 1.57 0.95 1.71	23	03 40 09 37 15 56 22 07	0.75 1.70 0.83 1.90
9	03 15 09 36 15 28 22 08	0.92 1.58 0.93 1.77	24	04 53 10 52 17 06 23 14	0.68 1.77 0.75 1.98
10	04 32 10 50 16 42 23 13	0.82 1.69 0.82 1.90	25	05 49 11 50 18 00	0.60 1.88 0.66
11	05 27 11 46 17 37	0.68 1.85 0.67	26	00 08 06 35 12 36 18 45	2.07 0.53 2.00 0.57
12	00 05 06 12 12 33 18 24	2.06 0.53 2.03 0.52	27	00 53 07 13 13 17 19 24	2.14 0.48 2.09 0.51
13	00 51 06 53 13 16 19 06	2.21 0.39 2.18 0.38	28	01 33 07 45 13 54 19 58	2.19 0.45 2.16 0.47
14	01 34 07 33 13 57 19 48	2.34 0.28 2.31 0.28	29	02 10 08 15 14 29 20 30	2.20 0.44 2.20 0.46
15	02 15 08 11 14 37 20 29	2.41 0.22 2.39 0.22	30	02 45 08 41 15 03 21 00	2.18 0.46 2.21 0.48
16	02 57 08 50 15 18 21 11	2.43 0.21 2.42 0.22			

PUERTO DE TÁNGER

Tánger : Mayo

D	TU	Alt	D	TU	Alt
1	03 20 09 07 15 38 21 29	2.13 0.49 2.19 0.52	16	03 22 09 13 15 45 21 46	2.33 0.27 2.42 0.30
2	03 54 09 33 16 12 22 00	2.06 0.53 2.14 0.58	17	04 08 09 58 16 31 22 37	2.25 0.35 2.37 0.38
3	04 29 10 02 16 48 22 33	1.97 0.59 2.07 0.65	18	04 57 10 47 17 20 23 34	2.14 0.46 2.27 0.49
4	05 06 10 34 17 26 23 12	1.87 0.65 1.99 0.72	19	05 48 11 42 18 13	2.00 0.58 2.16
5	05 47 11 13 18 10	1.77 0.73 1.91	20	00 40 06 45 12 47 19 12	0.59 1.87 0.70 2.05
6	00 01 06 35 12 04 19 02	0.79 1.69 0.81 1.85	21	01 55 07 50 14 03 20 19	0.67 1.77 0.78 1.96
7	01 06 07 35 13 12 20 05	0.84 1.64 0.86 1.81	22	03 10 09 03 15 22 21 30	0.70 1.73 0.80 1.92
8	02 24 08 47 14 35 21 16	0.83 1.64 0.86 1.84	23	04 18 10 15 16 31 22 38	0.69 1.76 0.77 1.93
9	03 38 10 01 15 51 22 25	0.77 1.72 0.80 1.92	24	05 15 11 17 17 29 23 36	0.65 1.83 0.72 1.97
10	04 40 11 04 16 54 23 25	0.66 1.85 0.68 2.03	25	06 03 12 07 18 18	0.61 1.92 0.66
11	05 32 11 58 17 48	0.53 2.01 0.55	26	00 24 06 43 12 51 19 00	2.01 0.58 2.01 0.62
12	00 17 06 19 12 46 18 38	2.16 0.41 2.16 0.42	27	01 07 07 17 13 30 19 37	2.04 0.55 2.08 0.58
13	01 05 07 03 13 31 19 25	2.27 0.31 2.30 0.32	28	01 45 07 47 14 06 20 10	2.05 0.54 2.13 0.57
14	01 52 07 46 14 16 20 11	2.34 0.25 2.39 0.26	29	02 22 08 14 14 42 20 41	2.05 0.53 2.16 0.57
15	02 37 08 29 15 00 20 58	2.36 0.24 2.43 0.26	30	02 58 08 41 15 17 21 11	2.03 0.53 2.17 0.57
16	03 22 09 13 15 45 21 46	2.33 0.27 2.42 0.30	31	03 33 09 09 15 52 21 43	2.00 0.54 2.16 0.59

Tánger : Junio

D	TU	Alt	D	TU	Alt
1	04 09 09 40 16 28 22 17	1.95 0.57 2.12 0.62	16	04 42 10 35 17 04 23 23	2.16 0.41 2.36 0.43
2	04 46 10 15 17 06 22 56	1.90 0.60 2.08 0.65	17	05 31 11 27 17 54	2.06 0.51 2.25
3	05 26 10 55 17 48 23 42	1.84 0.65 2.03 0.69	18	00 21 06 22 12 24 18 47	0.52 1.95 0.62 2.13
4	06 12 11 43 18 34	1.79 0.71 1.97	19	01 23 07 19 13 29 19 45	0.62 1.84 0.72 2.01
5	00 37 07 04 12 41 19 29	0.73 1.74 0.76 1.92	20	02 29 08 22 14 39 20 49	0.69 1.77 0.79 1.91
6	01 41 08 05 13 51 20 32	0.74 1.73 0.78 1.90	21	03 34 09 31 15 50 21 56	0.72 1.75 0.81 1.86
7	02 49 09 14 15 05 21 40	0.71 1.76 0.76 1.92	22	04 34 10 37 16 54 23 00	0.73 1.77 0.80 1.85
8	03 55 10 22 16 15 22 46	0.65 1.85 0.69 1.99	23	05 27 11 35 17 51 23 55	0.71 1.84 0.76 1.87
9	04 54 11 24 17 17 23 46	0.57 1.97 0.59 2.08	24	06 12 12 24 18 38	0.69 1.92 0.72
10	05 48 12 19 18 14	0.47 2.12 0.48	25	00 41 06 50 13 06 19 18	1.90 0.65 2.00 0.68
11	00 41 06 38 13 09 19 07	2.17 0.38 2.25 0.39	26	01 23 07 22 13 45 19 53	1.93 0.61 2.08 0.64
12	01 31 07 26 13 57 19 58	2.24 0.32 2.36 0.32	27	02 01 07 52 14 21 20 24	1.96 0.58 2.14 0.60
13	02 20 08 13 14 44 20 48	2.28 0.28 2.43 0.29	28	02 37 08 21 14 57 20 55	1.99 0.55 2.18 0.57
14	03 07 08 59 15 30 21 38	2.28 0.29 2.45 0.30	29	03 13 08 51 15 32 21 27	2.00 0.52 2.20 0.56
15	03 54 09 46 16 17 22 29	2.24 0.33 2.43 0.35	30	03 49 09 24 16 08 22 00	2.00 0.51 2.20 0.55
16	04 42 10 35 17 04 23 23	2.16 0.41 2.36 0.43			

Tánger : Julio

D	TU	Alt	D	TU	Alt
1	04 26 09 59 16 45 22 37	1.98 0.52 2.18 0.56	16	05 07 11 04 17 29 23 49	2.13 0.44 2.30 0.49
2	05 05 10 38 17 25 23 19	1.95 0.55 2.13 0.59	17	05 53 11 52 18 16	2.02 0.55 2.16
3	05 47 11 22 18 08	1.90 0.60 2.08	18	00 41 06 43 12 47 19 07	0.60 1.91 0.67 2.01
4	00 06 06 34 12 13 18 57	0.63 1.85 0.66 2.01	19	01 37 07 38 13 50 20 04	0.71 1.80 0.79 1.87
5	01 02 07 29 13 15 19 54	0.67 1.81 0.72 1.94	20	02 41 08 41 15 03 21 11	0.79 1.73 0.86 1.76
6	02 06 08 33 14 26 21 02	0.69 1.79 0.75 1.90	21	03 47 09 52 16 18 22 21	0.83 1.71 0.88 1.72
7	03 15 09 44 15 42 22 14	0.69 1.83 0.73 1.91	22	04 49 11 01 17 24 23 25	0.83 1.75 0.85 1.74
8	04 22 10 55 16 54 23 22	0.64 1.92 0.65 1.97	23	05 42 11 57 18 17	0.79 1.84 0.80
9	05 24 11 57 17 58	0.56 2.06 0.55	24	00 17 06 24 12 43 18 59	1.79 0.73 1.94 0.73
10	00 23 06 20 12 52 18 56	2.06 0.47 2.21 0.45	25	01 01 07 00 13 22 19 34	1.86 0.66 2.05 0.65
11	01 16 07 12 13 42 19 49	2.15 0.38 2.34 0.35	26	01 40 07 31 13 59 20 05	1.94 0.59 2.14 0.58
12	02 05 08 00 14 29 20 38	2.22 0.32 2.43 0.30	27	02 16 08 02 14 35 20 35	2.01 0.52 2.22 0.52
13	02 52 08 47 15 14 21 26	2.26 0.29 2.48 0.28	28	02 52 08 34 15 10 21 06	2.06 0.47 2.27 0.47
14	03 37 09 32 15 59 22 13	2.26 0.30 2.47 0.31	29	03 27 09 06 15 46 21 39	2.09 0.43 2.29 0.45
15	04 22 10 18 16 44 23 00	2.21 0.35 2.41 0.38	30	04 04 09 41 16 22 22 14	2.10 0.42 2.27 0.45
16	05 07 11 04 17 29 23 49	2.13 0.44 2.30 0.49	31	04 41 10 19 17 01 22 52	2.07 0.45 2.23 0.49

Tánger : Agosto

D	TU	Alt	D	TU	Alt
1	05 21 11 00 17 42 23 36	2.02 0.50 2.14 0.55	16	06 05 12 01 18 28	1.96 0.65 1.97
2	06 06 11 47 18 29	1.95 0.58 2.04	17	00 36 06 53 12 55 19 19	0.74 1.83 0.80 1.81
3	00 26 06 57 12 44 19 24	0.63 1.88 0.68 1.93	18	01 33 07 51 14 07 20 22	0.85 1.72 0.91 1.67
4	01 28 07 59 13 56 20 32	0.71 1.82 0.76 1.84	19	02 46 09 02 15 37 21 39	0.93 1.67 0.95 1.61
5	02 42 09 14 15 22 21 51	0.75 1.81 0.77 1.82	20	04 05 10 21 16 57 22 54	0.93 1.69 0.92 1.64
6	04 01 10 33 16 44 23 07	0.73 1.88 0.71 1.87	21	05 09 11 25 17 53 23 51	0.88 1.78 0.83 1.73
7	05 12 11 41 17 54	0.65 2.02 0.60	22	05 57 12 15 18 35	0.79 1.91 0.73
8	00 11 06 11 12 38 18 51	1.98 0.54 2.17 0.47	23	00 36 06 34 12 56 19 08	1.84 0.68 2.04 0.63
9	01 04 07 03 13 27 19 41	2.10 0.43 2.32 0.36	24	01 15 07 08 13 34 19 38	1.96 0.57 2.16 0.52
10	01 51 07 49 14 13 20 26	2.20 0.34 2.43 0.29	25	01 52 07 40 14 09 20 09	2.06 0.47 2.27 0.43
11	02 35 08 33 14 56 21 08	2.27 0.28 2.49 0.27	26	02 28 08 13 14 45 20 40	2.15 0.39 2.34 0.37
12	03 17 09 14 15 38 21 49	2.29 0.27 2.48 0.29	27	03 03 08 46 15 21 21 14	2.21 0.34 2.36 0.34
13	03 58 09 54 16 19 22 29	2.26 0.31 2.42 0.36	28	03 40 09 21 15 58 21 48	2.22 0.33 2.35 0.35
14	04 39 10 35 17 00 23 09	2.19 0.39 2.30 0.47	29	04 17 09 59 16 37 22 26	2.20 0.36 2.28 0.41
15	05 21 11 16 17 43 23 50	2.09 0.51 2.15 0.60	30	04 57 10 39 17 18 23 07	2.14 0.43 2.17 0.50
16	06 05 12 01 18 28	1.96 0.65 1.97	31	05 40 11 25 18 05 23 54	2.04 0.54 2.03 0.62

Tánger : Septiembre

D	TU	Alt	D	TU	Alt
1	06 31	1.94	16	00 19	0.86
	12 22	0.67		07 03	1.75
	19 01	1.89		13 05	0.92
				19 34	1.62
2	00 56	0.74	17	01 24	0.96
	07 33	1.84		08 10	1.67
	13 39	0.78		14 44	0.99
	20 12	1.77		20 51	1.55
3	02 18	0.82	18	03 03	1.00
	08 52	1.80		09 32	1.66
	15 17	0.81		16 18	0.95
	21 38	1.74		22 15	1.58
4	03 51	0.81	19	04 26	0.94
	10 17	1.86		10 45	1.75
	16 46	0.73		17 18	0.85
	22 58	1.81		23 19	1.69
5	05 07	0.71	20	05 21	0.83
	11 28	2.00		11 40	1.88
	17 52	0.60		18 00	0.72
6	00 01	1.94	21	00 07	1.83
	06 05	0.58		06 02	0.70
	12 24	2.16		12 24	2.03
	18 44	0.47		18 35	0.59
7	00 51	2.08	22	00 47	1.98
	06 53	0.46		06 39	0.56
	13 11	2.31		13 04	2.18
	19 28	0.36		19 07	0.46
8	01 35	2.19	23	01 25	2.12
	07 36	0.35		07 14	0.43
	13 54	2.41		13 41	2.30
	20 08	0.29		19 40	0.35
9	02 16	2.28	24	02 02	2.23
	08 15	0.29		07 49	0.33
	14 35	2.46		14 19	2.38
	20 45	0.27		20 13	0.28
10	02 55	2.31	25	02 38	2.31
	08 53	0.27		08 25	0.27
	15 14	2.44		14 56	2.40
	21 20	0.30		20 48	0.25
11	03 33	2.30	26	03 16	2.33
	09 29	0.31		09 02	0.26
	15 52	2.37		15 35	2.38
	21 54	0.37		21 24	0.28
12	04 10	2.23	27	03 55	2.31
	10 05	0.39		09 41	0.30
	16 30	2.25		16 15	2.30
	22 27	0.47		22 02	0.35
13	04 49	2.13	28	04 36	2.23
	10 40	0.51		10 23	0.39
	17 09	2.09		16 58	2.17
	23 00	0.60		22 43	0.47
14	05 29	2.01	29	05 20	2.13
	11 18	0.65		11 10	0.52
	17 50	1.92		17 46	2.01
	23 36	0.73		23 31	0.62
15	06 12	1.87	30	06 12	2.00
	12 03	0.80		12 10	0.67
	18 36	1.75		18 44	1.85
16	00 19	0.86			
	07 03	1.75			
	13 05	0.92			
	19 34	1.62			

Tánger : Octubre

D	TU	Alt	D	TU	Alt
1	00 33	0.76	16	00 18	0.92
	07 15	1.89		07 22	1.73
	13 35	0.78		13 37	0.96
	19 57	1.72		20 01	1.54
2	02 03	0.86	17	01 42	0.99
	08 35	1.83		08 36	1.69
	15 19	0.79		15 17	0.94
	21 25	1.70		21 23	1.56
3	03 43	0.84	18	03 22	0.96
	10 00	1.87		09 53	1.75
	16 42	0.71		16 27	0.85
	22 46	1.78		22 35	1.66
4	04 58	0.74	19	04 32	0.86
	11 11	2.00		10 56	1.87
	17 43	0.58		17 16	0.71
	23 46	1.91		23 30	1.82
5	05 54	0.61	20	05 23	0.72
	12 06	2.13		11 47	2.01
	18 31	0.47		17 56	0.57
6	00 34	2.06	21	00 15	1.98
	06 40	0.49		06 06	0.57
	12 52	2.26		12 31	2.16
	19 11	0.38		18 33	0.43
7	01 16	2.17	22	00 56	2.14
	07 20	0.40		06 46	0.43
	13 33	2.34		13 12	2.28
	19 47	0.32		19 10	0.32
8	01 55	2.26	23	01 35	2.27
	07 57	0.34		07 25	0.32
	14 12	2.37		13 53	2.37
	20 20	0.31		19 47	0.24
9	02 32	2.30	24	02 15	2.36
	08 31	0.33		08 04	0.25
	14 50	2.35		14 33	2.40
	20 51	0.34		20 24	0.22
10	03 08	2.29	25	02 55	2.40
	09 05	0.36		08 45	0.24
	15 26	2.28		15 15	2.37
	21 20	0.40		21 03	0.24
11	03 44	2.25	26	03 36	2.39
	09 37	0.43		09 27	0.28
	16 02	2.17		15 57	2.29
	21 49	0.49		21 43	0.32
12	04 20	2.16	27	04 19	2.32
	10 10	0.53		10 12	0.37
	16 39	2.03		16 43	2.16
	22 18	0.59		22 27	0.44
13	04 57	2.05	28	05 06	2.22
	10 44	0.65		11 04	0.50
	17 17	1.88		17 33	2.01
	22 49	0.70		23 17	0.59
14	05 38	1.93	29	05 58	2.09
	11 23	0.77		12 07	0.63
	18 00	1.74		18 30	1.85
	23 26	0.82			
15	06 24	1.81	30	00 20	0.74
	12 15	0.89		06 59	1.97
	18 52	1.61		13 32	0.73
				19 41	1.73
16	00 18	0.92	31	01 47	0.83
	07 22	1.73		08 13	1.90
	13 37	0.96		15 06	0.75
	20 01	1.54		21 03	1.70

Tánger : Noviembre

D	TU	Alt	D	TU	Alt
1	03 22	0.83	16	02 10	0.92
	09 34	1.90		08 55	1.78
	16 23	0.69		15 22	0.83
	22 22	1.76		21 41	1.66
2	04 37	0.76	17	03 32	0.86
	10 46	1.98		10 04	1.85
	17 23	0.60		16 24	0.72
	23 24	1.88		22 45	1.79
3	05 35	0.66	18	04 37	0.75
	11 43	2.07		11 05	1.97
	18 10	0.51		17 15	0.59
				23 39	1.95
4	00 14	2.01	19	05 30	0.61
	06 22	0.56		11 57	2.10
	12 30	2.16		18 00	0.46
	18 50	0.44			
5	00 56	2.12	20	00 27	2.11
	07 03	0.48		06 18	0.47
	13 12	2.22		12 45	2.22
	19 25	0.40		18 42	0.34
6	01 34	2.20	21	01 11	2.26
	07 39	0.43		07 04	0.36
	13 51	2.24		13 30	2.31
	19 56	0.39		19 24	0.26
7	02 11	2.25	22	01 54	2.37
	08 13	0.42		07 48	0.28
	14 27	2.22		14 14	2.35
	20 25	0.41		20 06	0.22
8	02 46	2.26	23	02 37	2.43
	08 45	0.44		08 33	0.25
	15 03	2.17		14 58	2.34
	20 53	0.44		20 48	0.24
9	03 22	2.23	24	03 21	2.45
	09 16	0.49		09 18	0.27
	15 38	2.09		15 43	2.29
	21 20	0.50		21 31	0.29
10	03 57	2.18	25	04 06	2.41
	09 47	0.56		10 07	0.33
	16 14	1.99		16 30	2.18
	21 48	0.57		22 17	0.40
11	04 33	2.10	26	04 53	2.33
	10 19	0.64		11 00	0.44
	16 50	1.88		17 19	2.05
	22 18	0.65		23 07	0.52
12	05 11	2.01	27	05 44	2.21
	10 56	0.73		12 01	0.55
	17 30	1.77		18 14	1.92
	22 54	0.74			
13	05 53	1.91	28	00 07	0.65
	11 42	0.81		06 40	2.09
	18 17	1.68		13 14	0.65
	23 40	0.82		19 16	1.80
14	06 43	1.83	29	01 21	0.76
	12 43	0.87		07 45	1.98
	19 15	1.61		14 34	0.70
				20 29	1.73
15	00 44	0.90	30	02 46	0.81
	07 44	1.78		08 58	1.92
	14 04	0.88		15 49	0.70
	20 26	1.60		21 45	1.74
16	02 10	0.92			
	08 55	1.78			
	15 22	0.83			
	21 41	1.66			

Tánger : Diciembre

D	TU	Alt	D	TU	Alt
1	04 04	0.79	16	02 31	0.83
	10 11	1.92		09 11	1.85
	16 53	0.65		15 28	0.73
	22 54	1.82		21 56	1.76
2	05 09	0.73	17	03 48	0.78
	11 14	1.97		10 21	1.90
	17 45	0.60		16 32	0.65
	23 49	1.92		23 02	1.89
3	06 02	0.66	18	04 56	0.67
	12 07	2.02		11 25	2.00
	18 28	0.55		17 28	0.54
				23 59	2.05
4	00 35	2.02	19	05 54	0.55
	06 47	0.59		12 21	2.11
	12 51	2.06		18 19	0.42
	19 05	0.52			
5	01 15	2.11	20	00 50	2.21
	07 26	0.55		06 47	0.42
	13 31	2.09		13 11	2.21
	19 37	0.49		19 06	0.33
6	01 53	2.17	21	01 37	2.35
	08 01	0.52		07 37	0.32
	14 09	2.09		13 59	2.29
	20 06	0.49		19 52	0.26
7	02 28	2.21	22	02 23	2.45
	08 32	0.52		08 25	0.26
	14 44	2.08		14 45	2.32
	20 33	0.49		20 37	0.24
8	03 03	2.22	23	03 08	2.50
	09 02	0.53		09 12	0.25
	15 19	2.04		15 31	2.30
	21 00	0.51		21 22	0.26
9	03 38	2.20	24	03 53	2.49
	09 32	0.56		10 00	0.28
	15 54	1.99		16 16	2.24
	21 28	0.54		22 07	0.32
10	04 13	2.16	25	04 39	2.43
	10 02	0.60		10 50	0.35
	16 29	1.93		17 03	2.14
	21 59	0.58		22 55	0.42
11	04 49	2.11	26	05 26	2.33
	10 37	0.64		11 44	0.46
	17 07	1.86		17 52	2.02
	22 34	0.63		23 47	0.54
12	05 27	2.04	27	06 16	2.19
	11 17	0.69		12 43	0.57
	17 48	1.79		18 46	1.90
	23 15	0.69			
13	06 10	1.97	28	00 48	0.67
	12 05	0.74		07 12	2.05
	18 36	1.73		13 49	0.68
				19 47	1.79
14	00 07	0.76	29	02 00	0.77
	07 00	1.90		08 16	1.92
	13 05	0.78		15 02	0.74
	19 34	1.69		20 58	1.73
15	01 13	0.82	30	03 20	0.82
	08 01	1.85		09 28	1.84
	14 16	0.78		16 12	0.75
	20 43	1.70		22 13	1.74
16	02 31	0.83	31	04 36	0.82
	09 11	1.85		10 40	1.83
	15 28	0.73		17 14	0.73
	21 56	1.76		23 19	1.81

PUERTO DE TARIFA

Tarifa : Enero

D	TU	Alt	D	TU	Alt
1	01 19	1.38	16	01 24	1.25
	06 47	0.21		07 05	0.39
	13 47	1.45		13 37	1.32
	19 23	0.13		19 25	0.26
2	02 05	1.42	17	01 58	1.28
	07 32	0.19		07 33	0.34
	14 34	1.47		14 13	1.34
	20 06	0.12		19 55	0.22
3	02 50	1.44	18	02 31	1.30
	08 16	0.19		08 03	0.29
	15 20	1.45		14 50	1.34
	20 48	0.15		20 27	0.20
4	03 35	1.43	19	03 07	1.31
	08 59	0.23		08 37	0.27
	16 05	1.40		15 28	1.33
	21 30	0.20		21 00	0.20
5	04 19	1.39	20	03 44	1.30
	09 43	0.31		09 14	0.27
	16 49	1.33		16 07	1.30
	22 13	0.27		21 37	0.23
6	05 05	1.33	21	04 25	1.27
	10 28	0.39		09 54	0.29
	17 35	1.25		16 50	1.25
	22 58	0.36		22 17	0.28
7	05 53	1.26	22	05 10	1.23
	11 17	0.48		10 40	0.34
	18 23	1.18		17 36	1.18
	23 48	0.45		23 02	0.34
8	06 46	1.20	23	06 01	1.18
	12 13	0.56		11 35	0.39
	19 17	1.11		18 31	1.12
				23 56	0.41
9	00 44	0.54	24	07 02	1.13
	07 44	1.14		12 45	0.45
	13 22	0.62		19 36	1.07
	20 20	1.07			
10	01 52	0.61	25	01 02	0.48
	08 48	1.11		08 16	1.12
	14 45	0.63		14 10	0.47
	21 30	1.06		20 54	1.06
11	03 14	0.63	26	02 21	0.50
	09 53	1.12		09 37	1.15
	16 03	0.60		15 40	0.43
	22 36	1.09		22 14	1.11
12	04 34	0.61	27	03 47	0.47
	10 51	1.15		10 52	1.22
	17 01	0.54		16 51	0.36
	23 29	1.13		23 21	1.20
13	05 28	0.57	28	05 02	0.39
	11 40	1.19		11 54	1.32
	17 45	0.46		17 45	0.27
14	00 12	1.17	29	00 16	1.31
	06 06	0.51		05 58	0.30
	12 22	1.24		12 47	1.41
	18 22	0.39		18 30	0.20
15	00 50	1.21	30	01 04	1.40
	06 37	0.45		06 43	0.23
	13 00	1.28		13 34	1.47
	18 55	0.32		19 11	0.14
16	01 24	1.25	31	01 49	1.46
	07 05	0.39		07 25	0.18
	13 37	1.32		14 18	1.49
	19 25	0.26		19 51	0.12

Tarifa : Febrero

D	TU	Alt	D	TU	Alt
1	02 32	1.49	16	02 08	1.36
	08 06	0.18		07 44	0.22
	15 00	1.48		14 29	1.39
	20 30	0.13		20 02	0.15
2	03 14	1.48	17	02 45	1.37
	08 45	0.21		08 17	0.18
	15 41	1.43		15 07	1.38
	21 09	0.17		20 36	0.14
3	03 55	1.43	18	03 23	1.36
	09 24	0.27		08 54	0.17
	16 21	1.36		15 46	1.35
	21 47	0.24		21 12	0.17
4	04 36	1.36	19	04 03	1.33
	10 03	0.36		09 34	0.20
	17 00	1.27		16 28	1.29
	22 26	0.34		21 51	0.22
5	05 18	1.27	20	04 48	1.27
	10 43	0.44		10 18	0.27
	17 42	1.19		17 13	1.22
	23 07	0.45		22 33	0.31
6	06 03	1.18	21	05 38	1.20
	11 26	0.53		11 10	0.35
	18 28	1.10		18 07	1.13
	23 52	0.56		23 24	0.40
7	06 55	1.10	22	06 40	1.14
	12 19	0.61		12 16	0.44
	19 26	1.03		19 11	1.07
8	00 48	0.65	23	00 29	0.50
	08 00	1.05		07 55	1.11
	13 34	0.65		13 44	0.49
	20 44	0.99		20 31	1.06
9	02 10	0.70	24	01 56	0.54
	09 14	1.04		09 22	1.13
	15 14	0.65		15 25	0.47
	22 04	1.01		21 54	1.11
10	04 21	0.69	25	03 50	0.51
	10 21	1.07		10 40	1.21
	16 34	0.59		16 41	0.40
	23 05	1.05		23 03	1.21
11	05 21	0.62	26	05 12	0.41
	11 15	1.13		11 41	1.31
	17 24	0.50		17 33	0.31
	23 49	1.12		23 58	1.33
12	05 56	0.54	27	05 58	0.31
	12 00	1.20		12 31	1.41
	18 00	0.41		18 15	0.23
13	00 26	1.19	28	00 45	1.42
	06 22	0.45		06 37	0.23
	12 39	1.27		13 16	1.47
	18 31	0.33		18 54	0.16
14	01 00	1.25			
	06 47	0.36			
	13 16	1.33			
	19 01	0.25			
15	01 34	1.31			
	07 14	0.28			
	13 52	1.37			
	19 31	0.19			
16	02 08	1.36			
	07 44	0.22			
	14 29	1.39			
	20 02	0.15			

Tarifa : Marzo

D	TU	Alt	D	TU	Alt
1	01 29	1.49	16	01 07	1.34
	07 14	0.19		06 50	0.23
	13 57	1.50		13 29	1.38
	19 32	0.13		19 03	0.17
2	02 10	1.52	17	01 44	1.39
	07 50	0.18		07 22	0.15
	14 37	1.49		14 07	1.41
	20 08	0.13		19 37	0.12
3	02 49	1.50	18	02 22	1.41
	08 26	0.20		07 57	0.11
	15 14	1.44		14 45	1.41
	20 44	0.17		20 12	0.11
4	03 27	1.44	19	03 02	1.40
	09 01	0.25		08 35	0.11
	15 51	1.37		15 26	1.37
	21 20	0.25		20 48	0.14
5	04 05	1.36	20	03 44	1.36
	09 36	0.33		09 16	0.15
	16 26	1.28		16 09	1.31
	21 55	0.35		21 27	0.21
6	04 41	1.26	21	04 30	1.30
	10 10	0.41		10 00	0.23
	17 01	1.19		16 55	1.23
	22 29	0.46		22 10	0.30
7	05 20	1.16	22	05 22	1.22
	10 47	0.49		10 51	0.33
	17 38	1.10		17 49	1.15
	23 05	0.57		23 01	0.41
8	06 04	1.08	23	06 25	1.14
	11 31	0.57		11 56	0.44
	18 26	1.01		18 54	1.09
	23 47	0.66			
9	07 04	1.01	24	00 07	0.51
	12 32	0.64		07 42	1.11
	19 44	0.95		13 23	0.51
				20 11	1.08
10	00 51	0.73	25	01 41	0.56
	08 26	0.99		09 06	1.13
	14 12	0.66		15 05	0.50
	21 21	0.96		21 32	1.13
11	04 10	0.72	26	04 21	0.51
	09 46	1.02		10 21	1.21
	15 54	0.62		16 22	0.43
	22 31	1.01		22 40	1.23
12	05 06	0.64	27	05 10	0.41
	10 46	1.09		11 20	1.30
	16 52	0.53		17 13	0.34
	23 18	1.09		23 35	1.34
13	05 37	0.54	28	05 47	0.32
	11 33	1.17		12 09	1.38
	17 30	0.43		17 54	0.26
	23 56	1.18			
14	06 00	0.43	29	00 22	1.43
	12 13	1.25		06 22	0.25
	18 01	0.34		12 52	1.44
				18 32	0.20
15	00 31	1.27	30	01 04	1.49
	06 23	0.32		06 56	0.21
	12 51	1.33		13 32	1.47
	18 31	0.24		19 09	0.17
16	01 07	1.34	31	01 44	1.50
	06 50	0.23		07 30	0.20
	13 29	1.38		14 11	1.46
	19 03	0.17		19 45	0.17

Tarifa : Abril

D	TU	Alt	D	TU	Alt
1	02 22	1.48	16	02 02	1.43
	08 04	0.21		07 39	0.08
	14 47	1.42		14 26	1.41
	20 19	0.21		19 49	0.12
2	02 59	1.42	17	02 44	1.42
	08 37	0.25		08 19	0.08
	15 22	1.36		15 09	1.38
	20 53	0.29		20 28	0.15
3	03 34	1.34	18	03 29	1.38
	09 10	0.31		09 01	0.13
	15 55	1.27		15 54	1.32
	21 25	0.38		21 09	0.22
4	04 08	1.25	19	04 18	1.31
	09 43	0.38		09 46	0.22
	16 26	1.19		16 42	1.25
	21 55	0.47		21 54	0.31
5	04 42	1.16	20	05 12	1.24
	10 17	0.45		10 38	0.32
	16 59	1.10		17 36	1.18
	22 26	0.56		22 46	0.41
6	05 20	1.09	21	06 15	1.17
	10 56	0.53		11 40	0.43
	17 39	1.02		18 39	1.14
	23 02	0.63		23 53	0.50
7	06 13	1.02	22	07 26	1.13
	11 49	0.59		13 00	0.50
	18 42	0.96		19 50	1.13
	23 57	0.69			
8	07 29	0.98	23	01 29	0.55
	13 08	0.63		08 42	1.14
	20 17	0.95		14 31	0.51
				21 04	1.17
9	01 39	0.71	24	03 57	0.51
	08 56	1.00		09 53	1.20
	14 46	0.61		15 49	0.46
	21 39	1.00		22 11	1.25
10	04 26	0.63	25	04 47	0.44
	10 06	1.05		10 52	1.26
	16 00	0.54		16 44	0.39
	22 36	1.03		23 07	1.34
11	05 00	0.53	26	05 25	0.37
	10 59	1.14		11 42	1.33
	16 47	0.45		17 28	0.32
	23 20	1.[illegible]8		23 55	1.41
12	05 25	0.41	27	06 00	0.31
	11 43	1.23		12 26	1.38
	17 24	0.35		18 08	0.27
13	00 01	1.27	28	00 39	1.44
	05 53	0.30		06 34	0.27
	12 24	1.31		13 07	1.41
	18 00	0.25		18 46	0.24
14	00 40	.35	29	01 19	1.45
	06 25	0.19		07 08	0.25
	13 04	1.37		13 45	1.40
	18 35	0.17		19 22	0.25
15	01 21	1.40	30	01 57	1.42
	07 01	0.12		07 42	0.24
	13 45	1.40		14 21	1.38
	19 11	0.13		19 56	0.28
16	02 02	1.43			
	07 39	0.08			
	14 26	1.41			
	19 49	0.12			

Tarifa : Mayo

D	TU	Alt	D	TU	Alt
1	02 33	1.38	16	02 31	1.43
	08 15	0.26		08 06	0.09
	14 56	1.33		14 55	1.38
	20 28	0.34		20 13	0.17
2	03 07	1.32	17	03 19	1.40
	08 48	0.30		08 49	0.13
	15 28	1.26		15 42	1.34
	20 58	0.40		20 56	0.22
3	03 40	1.25	18	04 09	1.34
	09 20	0.35		09 36	0.21
	15 59	1.19		16 30	1.29
	21 27	0.47		21 43	0.30
4	04 14	1.18	19	05 03	1.28
	09 54	0.41		10 26	0.30
	16 32	1.12		17 23	1.24
	21 57	0.53		22 36	0.39
5	04 52	1.12	20	06 01	1.21
	10 31	0.47		11 24	0.39
	17 11	1.06		18 21	1.20
	22 35	0.58		23 39	0.48
6	05 39	1.06	21	07 03	1.17
	11 18	0.52		12 31	0.47
	18 04	1.01		19 25	1.19
	23 27	0.63			
7	06 41	1.02	22	01 03	0.54
	12 20	0.57		08 09	1.15
	19 14	1.00		13 47	0.50
				20 32	1.20
8	00 45	0.64	23	02 57	0.54
	07 57	1.01		09 16	1.17
	13 36	0.57		15 03	0.49
	20 34	1.02		21 38	1.24
9	02 36	0.61	24	04 08	0.50
	09 13	1.04		10 18	1.21
	14 52	0.53		16 08	0.45
	21 44	1.08		22 36	1.29
10	03 58	0.51	25	04 55	0.45
	10 16	1.11		11 12	1.26
	15 54	0.46		17 01	0.41
	22 40	1.17		23 28	1.34
11	04 43	0.41	26	05 34	0.39
	11 09	1.19		12 00	1.30
	16 44	0.37		17 45	0.37
	23 29	1.25			
12	05 22	0.29	27	00 13	1.37
	11 56	1.27		06 12	0.34
	17 28	0.28		12 43	1.33
				18 25	0.35
13	00 15	1.34	28	00 54	1.37
	06 02	0.19		06 47	0.31
	12 41	1.33		13 22	1.34
	18 09	0.21		19 01	0.34
14	01 00	1.40	29	01 33	1.37
	06 42	0.12		07 22	0.28
	13 26	1.38		13 58	1.33
	18 50	0.16		19 35	0.35
15	01 45	1.43	30	02 09	1.34
	07 24	0.08		07 56	0.28
	14 10	1.39		14 33	1.29
	19 31	0.15		20 06	0.38
16	02 31	1.43	31	02 44	1.31
	08 06	0.09		08 28	0.29
	14 55	1.38		15 05	1.25
	20 13	0.17		20 35	0.41

Tarifa : Junio

D	TU	Alt	D	TU	Alt
1	03 18	1.27	16	03 59	1.39
	09 00	0.31		09 24	0.18
	15 37	1.21		16 16	1.36
	21 04	0.44		21 34	0.27
2	03 53	1.22	17	04 48	1.33
	09 33	0.35		10 11	0.26
	16 11	1.17		17 05	1.32
	21 37	0.47		22 24	0.35
3	04 30	1.17	18	05 39	1.27
	10 09	0.39		11 01	0.34
	16 49	1.13		17 57	1.27
	22 15	0.50		23 19	0.44
4	05 14	1.12	19	06 33	1.20
	10 50	0.44		11 57	0.42
	17 35	1.09		18 55	1.23
	23 04	0.53			
5	06 06	1.08	20	00 26	0.52
	11 41	0.48		07 31	1.15
	18 31	1.07		13 00	0.49
				19 56	1.20
6	00 07	0.55	21	01 47	0.57
	07 07	1.05		08 35	1.13
	12 43	0.51		14 12	0.53
	19 38	1.06		21 01	1.20
7	01 25	0.54	22	03 12	0.57
	08 17	1.05		09 41	1.14
	13 53	0.51		15 27	0.54
	20 51	1.09		22 04	1.22
8	02 50	0.50	23	04 18	0.53
	09 29	1.08		10 42	1.17
	15 02	0.47		16 35	0.51
	22 00	1.15		23 00	1.24
9	04 00	0.41	24	05 08	0.48
	10 34	1.14		11 35	1.21
	16 04	0.41		17 27	0.48
	23 00	1.23		23 49	1.27
10	04 55	0.32	25	05 51	0.42
	11 31	1.22		12 21	1.25
	16 59	0.33		18 09	0.45
	23 54	1.31			
11	05 43	0.22	26	00 32	1.30
	12 22	1.29		06 29	0.37
	17 48	0.26		13 01	1.27
				18 46	0.42
12	00 45	1.38	27	01 12	1.32
	06 28	0.15		07 05	0.32
	13 10	1.35		13 37	1.28
	18 34	0.21		19 18	0.40
13	01 34	1.42	28	01 48	1.32
	07 12	0.10		07 38	0.29
	13 57	1.39		14 11	1.28
	19 18	0.18		19 47	0.38
14	02 22	1.44	29	02 23	1.32
	07 56	0.10		08 09	0.27
	14 43	1.40		14 43	1.27
	20 03	0.18		20 16	0.38
15	03 10	1.43	30	02 57	1.30
	08 39	0.13		08 40	0.27
	15 29	1.39		15 15	1.26
	20 47	0.21		20 45	0.37
16	03 59	1.39			
	09 24	0.18			
	16 16	1.36			
	21 34	0.27			

Tarifa : Julio

D	TU	Alt	D	TU	Alt
1	03 32	1.28	16	04 27	1.38
	09 11	0.28		09 51	0.21
	15 49	1.24		16 42	1.38
	21 18	0.38		22 06	0.32
2	04 09	1.24	17	05 12	1.31
	09 45	0.31		10 35	0.30
	16 26	1.21		17 30	1.32
	21 56	0.39		22 53	0.41
3	04 50	1.20	18	05 59	1.22
	10 23	0.35		11 22	0.39
	17 09	1.17		18 21	1.24
	22 40	0.42		23 46	0.50
4	05 36	1.15	19	06 51	1.15
	11 07	0.39		12 15	0.49
	17 59	1.13		19 18	1.18
	23 34	0.46			
5	06 29	1.10	20	00 49	0.58
	12 00	0.44		07 51	1.10
	18 58	1.10		13 19	0.57
				20 22	1.13
6	00 40	0.48	21	02 08	0.62
	07 32	1.06		09 01	1.07
	13 04	0.48		14 40	0.62
	20 08	1.10		21 30	1.12
7	02 01	0.48	22	03 35	0.61
	08 45	1.06		10 13	1.09
	14 16	0.49		16 15	0.62
	21 24	1.13		22 33	1.15
8	03 24	0.43	23	04 43	0.56
	10 02	1.10		11 13	1.13
	15 30	0.46		17 18	0.57
	22 37	1.19		23 27	1.19
9	04 34	0.35	24	05 32	0.49
	11 10	1.17		12 01	1.17
	16 38	0.39		18 01	0.52
	23 39	1.28			
10	05 30	0.27	25	00 11	1.24
	12 06	1.26		06 12	0.41
	17 36	0.31		12 40	1.22
				18 34	0.47
11	00 34	1.36	26	00 51	1.28
	06 18	0.19		06 46	0.34
	12 57	1.34		13 15	1.25
	18 25	0.23		19 03	0.41
12	01 24	1.43	27	01 27	1.32
	07 02	0.13		07 17	0.29
	13 43	1.41		13 47	1.28
	19 11	0.18		19 29	0.36
13	02 11	1.47	28	02 02	1.34
	07 45	0.10		07 47	0.25
	14 28	1.45		14 19	1.30
	19 55	0.16		19 56	0.32
14	02 58	1.47	29	02 36	1.34
	08 27	0.11		08 16	0.22
	15 13	1.45		14 51	1.32
	20 38	0.18		20 25	0.28
15	03 42	1.44	30	03 11	1.34
	09 09	0.15		08 46	0.22
	15 57	1.43		15 26	1.31
	21 22	0.24		20 58	0.27
16	04 27	1.38	31	03 47	1.31
	09 51	0.21		09 19	0.23
	16 42	1.38		16 03	1.28
	22 06	0.32		21 35	0.28

Tarifa : Agosto

D	TU	Alt	D	TU	Alt
1	04 26	1.26	16	05 24	1.23
	09 55	0.27		10 47	0.39
	16 44	1.24		17 45	1.23
	22 16	0.32		23 08	0.48
2	05 09	1.20	17	06 10	1.14
	10 36	0.32		11 32	0.51
	17 31	1.19		18 37	1.14
	23 05	0.37		23 59	0.57
3	05 59	1.13	18	07 06	1.07
	11 24	0.39		12 27	0.62
	18 27	1.13		19 40	1.07
4	00 06	0.43	19	01 07	0.64
	06 59	1.07		08 19	1.02
	12 23	0.47		13 44	0.69
	19 36	1.10		20 53	1.05
5	01 24	0.47	20	02 44	0.66
	08 13	1.04		09 42	1.02
	13 38	0.51		16 08	0.69
	20 58	1.10		22 05	1.07
6	02 57	0.46	21	04 15	0.61
	09 37	1.07		10 49	1.06
	15 05	0.50		17 15	0.63
	22 20	1.17		23 02	1.13
7	04 20	0.40	22	05 12	0.53
	10 51	1.15		11 37	1.12
	16 31	0.43		17 52	0.56
	23 27	1.26		23 48	1.19
8	05 20	0.31	23	05 51	0.45
	11 51	1.26		12 15	1.18
	17 33	0.33		18 20	0.48
9	00 22	1.37	24	00 27	1.25
	06 08	0.22		06 23	0.37
	12 41	1.36		12 48	1.25
	18 21	0.24		18 44	0.40
10	01 11	1.45	25	01 03	1.31
	06 50	0.15		06 51	0.29
	13 27	1.45		13 20	1.30
	19 04	0.17		19 07	0.32
11	01 56	1.50	26	01 38	1.35
	07 30	0.10		07 19	0.23
	14 10	1.50		13 53	1.34
	19 45	0.14		19 33	0.25
12	02 39	1.51	27	02 12	1.38
	08 09	0.09		07 48	0.18
	14 53	1.50		14 27	1.37
	20 25	0.16		20 03	0.20
13	03 21	1.47	28	02 48	1.38
	08 48	0.12		08 19	0.16
	15 35	1.48		15 02	1.36
	21 04	0.21		20 36	0.18
14	04 01	1.41	29	03 25	1.36
	09 27	0.19		08 53	0.17
	16 17	1.41		15 41	1.34
	21 44	0.29		21 13	0.20
15	04 42	1.33	30	04 04	1.31
	10 06	0.28		09 29	0.21
	16 59	1.33		16 22	1.29
	22 25	0.38		21 54	0.25
16	05 24	1.23	31	04 47	1.24
	10 47	0.39		10 08	0.28
	17 45	1.23		17 09	1.22
	23 08	0.48		22 42	0.32

Tarifa : Septiembre

D	TU	Alt	D	TU	Alt
1	05 36 10 55 18 05 23 40	1.16 0.37 1.15 0.40	16	06 20 11 37 18 54	1.05 0.63 1.04
2	06 36 11 53 19 15	1.08 0.47 1.10	17	00 17 07 30 12 40 20 09	0.62 0.99 0.72 1.00
3	00 58 07 50 13 10 20 41	0.47 1.05 0.53 1.09	18	01 46 09 01 15 52 21 27	0.66 0.97 0.73 1.02
4	02 37 09 15 14 53 22 06	0.49 1.07 0.53 1.16	19	03 31 10 15 16 55 22 30	0.64 1.01 0.66 1.08
5	04 08 10 32 16 41 23 13	0.43 1.16 0.44 1.26	20	04 38 11 04 17 30 23 18	0.56 1.08 0.57 1.15
6	05 07 11 32 17 34	0.34 1.28 0.33	21	05 19 11 43 17 55 23 59	0.48 1.16 0.47 1.22
7	00 07 05 53 12 21 18 14	1.37 0.25 1.39 0.24	22	05 50 12 17 18 17	0.39 1.24 0.37
8	00 53 06 33 13 06 18 53	1.45 0.17 1.48 0.17	23	00 36 06 19 12 51 18 40	1.29 0.30 1.31 0.28
9	01 36 07 11 13 49 19 30	1.50 0.12 1.52 0.14	24	01 12 06 48 13 26 19 08	1.35 0.22 1.37 0.19
10	02 17 07 48 14 30 20 07	1.50 0.10 1.53 0.15	25	01 48 07 20 14 02 19 41	1.39 0.16 1.40 0.14
11	02 56 08 25 15 10 20 44	1.47 0.13 1.49 0.20	26	02 25 07 53 14 41 20 16	1.40 0.14 1.40 0.12
12	03 35 09 02 15 49 21 20	1.41 0,20 1.41 0.27	27	03 04 08 28 15 21 20 55	1.37 0.15 1.37 0.14
13	04 12 09 38 16 29 21 57	1.33 0.30 1.31 0.36	28	03 45 09 06 16 05 21 37	1.32 0.19 1.31 0.20
14	04 50 10 15 17 10 22 35	1.24 0.41 1.21 0.45	29	04 30 09 46 16 54 22 24	1.25 0.27 1.24 0.29
15	05 31 10 53 17 55 23 19	1.14 0.53 1.11 0.55	30	05 21 10 33 17 52 23 22	1.17 0.37 1.16 0.39
16	06 20 11 37 18 54	1.05 0.63 1.04			

Tarifa : Octubre

D	TU	Alt	D	TU	Alt
1	06 21 11 32 19 03	1.11 0.47 1.11	16	06 36 11 47 19 15	0.99 0.69 1.00
2	00 38 07 33 12 53 20 25	0.47 1.08 0.54 1.11	17	00 48 07 59 13 20 20 35	0.63 0.96 0.72 1.00
3	02 15 08 53 14 55 21 45	0.50 1.11 0.53 1.17	18	02 20 09 19 16 10 21 45	0.63 0.99 0.67 1.04
4	03 45 10 07 16 40 22 51	0.45 1.19 0.44 1.26	19	03 39 10 18 16 50 22 40	0.58 1.06 0.57 1.11
5	04 45 11 07 17 23 23 44	0.37 1.30 0.34 1.35	20	04 31 11 03 17 17 23 25	0.50 1.14 0.47 1.18
6	05 30 11 58 17 59	0.28 1.40 0.26	21	05 09 11 43 17 42	0.41 1.23 0.36
7	00 30 06 10 12 43 18 35	1.42 0.21 1.48 0.20	22	00 06 05 43 12 21 18 11	1.26 0.32 1.31 0.25
8	01 12 06 48 13 25 19 11	1.46 0.16 1.51 0.17	23	00 45 06 17 13 01 18 44	1.33 0.23 1.37 0.17
9	01 53 07 26 14 05 19 47	1.47 0.15 1.51 0.18	24	01 24 06 52 13 41 19 20	1.37 0.17 1.40 0.11
10	02 31 08 02 14 44 20 22	1.45 0.18 1.46 0.21	25	02 05 07 29 14 23 19 59	1.39 0.14 1.41 0.09
11	03 08 08 38 15 22 20 57	1.39 0.25 1.38 0.27	26	02 47 08 07 15 06 20 40	1.37 0.15 1.38 0.12
12	03 45 09 13 16 00 21 32	1.32 0.34 1.29 0.34	27	03 31 08 47 15 53 21 23	1.33 0.20 1.33 0.18
13	04 20 09 46 16 37 22 08	1.23 0.44 1.20 0.43	28	04 18 09 31 16 45 22 12	1.27 0.27 1.26 0.27
14	04 57 10 20 17 17 22 48	1.14 0.54 1.11 0.51	29	05 09 10 20 17 43 23 09	1.21 0.36 1.19 0.37
15	05 38 10 57 18 07 23 38	1.05 0.63 1.04 0.58	30	06 07 11 19 18 50	1.16 0.45 1.14
16	06 36 11 47 19 15	0.99 0.69 1.00	31	00 20 07 14 12 38 20 03	0.45 1.13 0.52 1.14

Tarifa : Noviembre

D	TU	Alt	D	TU	Alt
1	01 44 08 27 14 38 21 16	0.49 1.16 0.52 1.17	16	01 07 08 06 13 58 20 44	0.59 1.01 0.64 1.02
2	03 08 09 37 16 13 22 21	0.47 1.22 0.46 1.23	17	02 21 09 17 15 36 21 50	0.57 1.05 0.57 1.07
3	04 13 10 38 16 59 23 16	0.41 1.31 0.38 1.30	18	03 27 10 16 16 25 22 46	0.52 1.12 0.47 1.14
4	05 03 11 31 17 38	0.34 1.39 0.32	19	04 20 11 07 17 05 23 34	0.44 1.20 0.36 1.21
5	00 04 05 46 12 18 18 15	1.36 0.28 1.44 0.26	20	05 06 11 54 17 44	0.35 1.28 0.26
6	00 48 06 26 13 01 18 51	1.40 0.24 1.46 0.23	21	00 20 05 48 12 39 18 23	1.28 0.27 1.35 0.17
7	01 29 07 05 13 42 19 27	1.41 0.23 1.45 0.23	22	01 04 06 29 13 24 19 04	1.34 0.20 1.40 0.11
8	02 08 07 41 14 21 20 02	1.40 0.26 1.41 0.24	23	01 48 07 10 14 09 19 45	1.37 0.17 1.41 0.09
9	02 45 08 16 14 58 20 37	1.36 0.31 1.35 0.28	24	02 33 07 52 14 56 20 28	1.37 0.17 1.40 0.11
10	03 21 08 50 15 34 21 12	1.30 0.37 1.28 0.33	25	03 19 08 35 15 45 21 13	1.36 0.20 1.36 0.16
11	03 55 09 22 16 10 21 47	1.23 0.45 1.21 0.39	26	04 06 09 20 16 36 22 01	1.32 0.25 1.31 0.24
12	04 29 09 53 16 46 22 24	1.15 0.52 1.14 0.45	27	04 56 10 10 17 31 22 55	1.27 0.33 1.25 0.33
13	05 06 10 28 17 29 23 06	1.09 0.58 1.08 0.51	28	05 51 11 07 18 30 23 56	1.23 0.42 1.20 0.41
14	05 51 11 13 18 23	1.04 0.63 1.03	29	06 51 12 18 19 34	1.20 0.49 1.16
15	00 00 06 52 12 19 19 30	0.56 1.01 0.65 1.01	30	01 06 07 57 13 51 20 40	0.47 1.20 0.52 1.16
16	01 07 08 06 13 58 20 44	0.59 1.01 0.64 1.02			

Tarifa : Diciembre

D	TU	Alt	D	TU	Alt
1	02 21 09 04 15 26 21 46	0.48 1.23 0.50 1.19	16	01 17 08 15 14 10 20 54	0.53 1.06 0.54 1.04
2	03 33 10 07 16 27 22 46	0.46 1.28 0.45 1.23	17	02 26 09 28 15 29 22 04	0.51 1.10 0.47 1.09
3	04 34 11 04 17 13 23 38	0.42 1.33 0.40 1.28	18	03 33 10 33 16 31 23 05	0.47 1.17 0.38 1.16
4	05 24 11 54 17 54	0.38 1.37 0.35	19	04 32 11 30 17 22 23 59	0.40 1.25 0.28 1.23
5	00 25 06 08 12 39 18 32	1.33 0.34 1.39 0.31	20	05 24 12 22 18 08	0.32 1.33 0.20
6	01 07 06 47 13 21 19 09	1.35 0.33 1.39 0.28	21	00 43 06 12 13 11 18 52	1.31 0.25 1.39 0.13
7	01 47 07 24 14 00 19 45	1.35 0.34 1.37 0.27	22	01 35 06 57 13 59 19 35	1.36 0.19 1.43 0.09
8	02 24 07 58 14 36 20 20	1.33 0.36 1.34 0.28	23	02 21 07 41 14 47 20 18	1.39 0.17 1.44 0.10
9	02 58 08 30 15 11 20 53	1.29 0.39 1.29 0.30	24	03 06 08 26 15 35 21 02	1.40 0.18 1.42 0.14
10	03 31 09 00 15 45 21 26	1.24 0.43 1.25 0.34	25	03 52 09 11 16 23 21 47	1.38 0.22 1.37 0.20
11	04 04 09 31 16 20 22 00	1.19 0.47 1.20 0.38	26	04 40 09 59 17 13 22 35	1.35 0.29 1.31 0.28
12	04 38 10 05 16 59 22 36	1.15 0.50 1.14 0.43	27	05 30 10 51 18 04 23 27	1.30 0.37 1.24 0.37
13	05 17 10 47 17 43 23 19	1.11 0.53 1.09 0.48	28	06 25 11 51 19 00	1.26 0.46 1.18
14	06 06 11 40 18 37	1.08 0.56 1.05	29	00 26 07 24 13 02 20 01	0.44 1.22 0.52 1.14
15	00 13 07 06 12 49 19 42	0.51 1.06 0.56 1.03	30	01 33 08 29 14 27 21 08	0.50 1.21 0.55 1.13
16	01 17 08 16 14 10 20 54	0.53 1.06 0.54 1.04	31	02 49 09 35 15 47 22 15	0.53 1.21 0.54 1.16

Gibraltar : Enero

D	TU	Alt	D	TU	Alt
1	05 02	0.3	16	04 02	0.2
	11 38	0.8		10 33	0.8
	17 37	0.3		16 47	0.2
				23 19	0.7
2	00 12	0.7	17	05 18	0.2
	05 58	0.3		11 44	0.8
	12 31	0.8		17 57	0.1
	18 25	0.2			
3	01 02	0.8	18	00 27	0.8
	06 42	0.2		6. 18	0.1
	13 15	0.8		2 46	0.9
	19 07	0.2		8 52	0.1
4	01 44	0.8	19	01 25	0.8
	07 20	0.2		07 10	0.1
	13 54	0.8		13 40	0.9
	19 45	0.1		19 43	0.0
5	02 22	0.8	20	02 17	0.9
	07 56	0.2		07 58	0.0
	14 32	0.9		14 33	1.0
	20 21	0.1		20 31	0.0
6	02 57	0.9	21	03 07	0.9
	08 31	0.2		08 46	0.0
	15 09	0.9		15 23	1.0
	20 57	0.1		21 17	0.0
7	03 30	0.9	22	03 55	1.0
	09 05	0.2		09 33	0.0
	15 44	0.9		16 12	1.0
	21 31	0.1		22 00	0.0
8	04 02	0.9	23	04 41	1.0
	09 38	0.2		10 18	0.0
	16 18	0.9		16 59	1.0
	22 03	0.1		22 41	0.0
9	04 35	0.9	24	05 26	1.0
	10 12	0.2		11 01	0.0
	16 53	0.9		17 45	0.9
	22 35	0.1		23 21	0.0
10	05 10	0.9	25	06 11	0.9
	10 46	0.2		11 46	0.1
	17 28	0.8		18 32	0.9
	23 08	0.1			
11	05 47	0.9	26	00 02	0.1
	11 23	0.2		06 58	0.9
	18 07	0.8		12 33	0.1
	23 44	0.2		19 20	0.8
12	06 30	0.8	27	00 46	0.2
	12 06	0.2		07 48	0.8
	18 52	0.8		13 24	0.2
				20 10	0.7
13	00 28	0.2	28	01 37	0.2
	07 18	0.8		08 42	0.7
	13 01	0.2		14 24	0.2
	19 43	0.7		21 05	0.7
14	01 25	0.2	29	02 42	0.3
	08 15	0.8		09 42	0.7
	14 08	0.2		15 38	0.3
	20 45	0.7		22 11	0.6
15	02 38	0.2	30	04 08	0.3
	09 20	0.8		10 51	0.7
	15 26	0.2		17 03	0.3
	21 58	0.7		23 30	0.6
16	04 02	0.2	31	05 30	0.3
	10 33	0.8		11 59	0.7
	16 47	0.2		18 07	0.2
	23 19	0.7			

Gibraltar : Febrero

D	TU	Alt	D	TU	Alt
1	00 38	0.7	16	00 16	0.7
	06 25	0.3		06 15	0.2
	12 54	0.7		12 37	0.8
	18 53	0.2		18 53	0.1
2	01 27	0.7	17	01 19	0.8
	07 07	0.2		07 09	0.1
	13 38	0.8		13 35	0.9
	19 32	0.2		19 42	0.0
3	02 07	0.8	18	02 11	0.9
	07 43	0.2		07 56	0.0
	14 18	0.8		14 26	0.9
	20 09	0.1		20 27	0.0
4	02 42	0.8	19	02 59	0.9
	08 18	0.1		08 41	0.0
	14 55	0.8		15 15	0.9
	20 43	0.1		21 09	-0.
5	03 14	0.9	20	03 43	1.0
	08 51	0.1		09 24	0.0
	15 30	0.9		16 00	1.0
	21 16	0.1		21 48	-0.
6	03 47	0.9	21	04 25	1.0
	09 24	0.1		10 05	0.0
	16 04	0.9		16 43	1.0
	21 48	0.1		22 24	0.0
7	04 19	0.9	22	05 06	1.0
	09 58	0.1		10 43	0.0
	16 39	0.9		17 25	0.9
	22 19	0.1		22 59	0.0
8	04 53	0.9	23	05 46	0.9
	10 31	0.1		11 21	0.0
	17 14	0.9		18 06	0.9
	22 52	0.1		23 33	0.0
9	05 29	0.9	24	06 27	0.9
	11 07	0.1		11 59	0.1
	17 51	0.9		18 48	0.8
	23 26	0.1			
10	06 09	0.9	25	00 09	0.1
	11 47	0.1		07 09	0.8
	18 33	0.8		12 40	0.2
				19 32	0.7
11	00 05	0.1	26	00 49	0.2
	06 53	0.8		07 55	0.7
	12 34	0.2		13 29	0.2
	19 22	0.8		20 20	0.7
12	00 53	0.2	27	01 40	0.3
	07 46	0.8		08 49	0.7
	13 32	0.2		14 35	0.3
	20 19	0.7		21 17	0.6
13	01 57	0.2	28	02 59	0.3
	08 49	0.8		09 56	0.6
	14 50	0.2		16 15	0.3
	21 30	0.7		22 33	0.6
14	03 27	0.2	29	04 56	0.3
	10 05	0.7		11 20	0.6
	16 29	0.2		17 42	0.3
	22 56	0.7			
15	05 05	0.2			
	11 27	0.8			
	17 54	0.2			
16	00 16	0.7			
	06 15	0.2			
	12 37	0.8			
	18 53	0.1			

Gibraltar : Marzo

D	TU	Alt	D	TU	Alt
1	00 02	0.6	16	00 08	0.7
	06 05	0.3		06 12	0.2
	12 29	0.7		12 32	0.8
	18 33	0.2		18 47	0.1
2	01 01	0.7	17	01 10	0.8
	06 49	0.2		07 04	0.1
	13 18	0.7		13 28	0.8
	19 13	0.2		19 33	0.1
3	01 42	0.7	18	01 59	0.9
	07 25	0.2		07 48	0.0
	13 57	0.8		14 16	0.9
	19 48	0.1		20 13	0.0
4	02 17	0.8	19	02 43	0.9
	07 58	0.1		08 29	0.0
	14 34	0.8		15 01	0.9
	20 21	0.1		20 51	0.0
5	02 50	0.9	20	03 25	0.9
	08 31	0.1		09 08	0.0
	15 10	0.9		15 43	0.9
	20 54	0.1		21 27	0.0
6	03 24	0.9	21	04 04	1.0
	09 05	0.1		09 45	0.0
	15 45	0.9		16 22	0.9
	21 26	0		22 00	0.0
7	03 58	1 0	22	04 41	0.9
	09 39	0.9		10 20	0.0
	16 21	0		17 01	0.9
	21 59			22 32	0.0
8	04 34	1 0	23	05 17	0.9
	10 14	0.9		10 53	0.0
	16 57	0		17 38	0.9
	22 32			23 04	0.1
9	05 10	1 0	24	05 53	0.8
	10 50	0.9		11 27	0.1
	17 36	0.1		18 16	0.8
	23 07			23 36	0.1
10	05 50	0.9	25	06 31	0.8
	11 29	0.1		12 02	0.1
	18 18	0.9		18 57	0.7
	23 46	0.1			
11	06 34	0.9	26	00 11	0.2
	12 13	0.1		07 12	0.7
	19 06	0.8		12 43	0.2
				19 41	0.7
12	00 32	0.2	27	00 54	0.3
	07 26	0.8		08 01	0.7
	13 08	0.2		13 39	0.3
	20 03	0.8		20 33	0.6
13	01 34	0.2	28	01 59	0.3
	08 28	0.8		09 03	0.6
	14 27	0.2		15 16	0.3
	21 13	0.7		21 39	0.6
14	03 09	0.3	29	04 00	0.4
	09 47	0.7		10 27	0.6
	16 21	0.2		17 00	0.3
	22 42	0.7		23 05	0.6
15	05 00	0.2	30	05 32	0.3
	11 18	0.7		11 51	0.6
	17 50	0.2		17 59	0.3
16	00 08	0.7	31	00 16	0.7
	06 12	0.2		06 20	0.3
	12 32	0.8		12 46	0.7
	18 47	0.1		18 40	0.2

Gibraltar : Abril

D	TU	Alt	D	TU	Alt
1	01 03	0.7	16	01 38	0.9
	06 56	0.2		07 30	0.1
	13 27	0.8		13 59	0.9
	19 16	0.2		19 49	0.1
2	01 41	0.8	17	02 20	0.9
	07 30	0.1		08 08	0.0
	14 05	0.8		14 40	0.9
	19 49	0.1		20 24	0.1
3	02 18	0.9	18	02 59	0.9
	08 04	0.1		08 45	0.0
	14 43	0.9		15 20	0.9
	20 23	0.1		20 58	0.0
4	02 55	0.9	19	03 37	0.9
	08 40	0.0		09 20	0.0
	15 20	1.0		15 58	0.9
	20 58	0.0		21 31	0.1
5	03 33	1.0	20	04 13	0.9
	09 16	0.0		09 54	0.0
	15 59	1.0		16 34	0.9
	21 34	0.0		22 04	0.1
6	04 11	1.0	21	04 47	0.9
	09 54	0.0		10 27	0.1
	16 38	1.0		17 10	0.9
	22 10	0.0		22 35	0.1
7	04 51	1.0	22	05 21	0.8
	10 32	0.0		10 59	0.1
	17 20	1.0		17 46	0.8
	22 49	0.1		23 07	0.2
8	05 33	1.0	23	05 57	0.8
	11 12	0.1		11 32	0.2
	18 04	0.9		18 24	0.8
	23 30	0.1		23 42	0.2
9	06 18	0.9	24	06 36	0.7
	11 57	0.1		12 09	0.2
	18 55	0.9		19 08	0.7
10	00 19	0.2	25	00 22	0.3
	07 11	0.8		07 22	0.7
	12 54	0.2		13 00	0.3
	19 53	0.8		19 58	0.7
11	01 24	0.3	26	01 19	0.3
	08 16	0.8		08 20	0.6
	14 16	0.3		14 22	0.3
	21 03	0.7		20 56	0.7
12	03 01	0.3	27	02 53	0.4
	09 35	0.7		09 31	0.6
	16 08	0.3		16 00	0.3
	22 29	0.7		22 05	0.7
13	04 48	0.3	28	04 32	0.3
	11 07	0.7		10 54	0.6
	17 32	0.2		17 09	0.9
	23 51	0.8		23 18	0.7
14	05 59	0.2	29	05 34	0.3
	12 20	0.8		12 00	0.7
	18 28	0.2		17 56	0.2
15	00 50	0.8	30	00 14	0.8
	06 48	0.1		06 17	0.2
	13 14	0.8		12 48	0.8
	19 10	0.1		18 35	0.2
16	01 38	0.9			
	07 30	0.1			
	13 59	0.9			
	19 49	0.1			

Gibraltar : Mayo

D	TU	Alt	D	TU	Alt
1	00 59	0.8	16	01 51	0.9
	06 55	0.1		07 43	0.1
	13 30	0.8		14 15	0.9
	19 11	0.1		19 53	0.1
2	01 41	0.9	17	02 30	0.9
	07 33	0.1		08 20	0.1
	14 11	0.9		14 54	0.9
	19 48	0.1		20 28	0.1
3	02 22	1.0	18	03 08	0.9
	08 11	0.0		08 55	0.1
	14 53	1.0		15 32	0.9
	20 27	0.1		21 03	0.1
4	03 05	1.0	19	03 44	0.9
	08 52	0.0		09 30	0.1
	15 35	1.0		16 08	0.9
	21 07	0.1		21 37	0.1
5	03 48	1.0	20	04 19	0.9
	09 33	0.0		10 03	0.1
	16 19	1.0		16 44	0.9
	21 49	0.1		22 11	0.2
6	04 32	1.0	21	04 54	0.8
	10 15	0.0		10 36	0.1
	17 04	1.0		17 19	0.8
	22 32	0.1		22 44	0.2
7	05 17	1.0	22	05 29	0.8
	10 59	0.1		11 09	0.2
	17 51	0.9		17 56	0.8
	23 18	0.1		23 19	0.2
8	06 06	0.9	23	06 06	0.8
	11 46	0.1		11 46	0.2
	18 44	0.9		18 37	0.8
				23 58	0.3
9	00 10	0.2	24	06 50	0.7
	07 01	0.9		12 30	0.3
	12 45	0.2		19 24	0.7
	19 44	0.8			
10	01 17	0.3	25	00 48	0.3
	08 06	0.8		07 42	0.7
	14 03	0.3		13 32	0.3
	20 51	0.8		20 16	0.7
11	02 44	0.3	26	01 57	0.3
	09 20	0.8		08 43	0.7
	15 36	0.3		14 51	0.3
	22 07	0.8		21 15	0.7
12	04 17	0.3	27	03 17	0.3
	10 43	0.7		09 52	0.7
	16 56	0.3		16 03	0.3
	23 22	0.8		22 19	0.7
13	05 31	0.2	28	04 30	0.3
	11 54	0.8		11 03	0.7
	17 54	0.2		17 02	0.3
				23 22	0.8
14	00 21	0.8	29	05 29	0.2
	06 23	0.2		12 03	0.8
	12 49	0.8		17 50	0.2
	18 39	0.2			
15	01 09	0.9	30	00 16	0.8
	07 05	0.1		06 17	0.2
	13 34	0.9		12 53	0.8
	19 17	0.1		18 33	0.2
16	01 51	0.9	31	01 04	0.9
	07 43	0.1		07 01	0.1
	14 15	0.9		13 40	0.9
	19 53	0.1		19 16	0.1

Gibraltar : Junio

D	TU	Alt	D	TU	Alt
1	01 51	1.0	16	02 41	0.9
	07 45	0.1		08 33	0.1
	14 26	0.9		15 09	0.9
	19 59	0.1		20 39	0.2
2	02 38	1.0	17	03 19	0.9
	08 30	0.0		09 08	0.1
	15 13	1.0		15 46	0.9
	20 45	0.1		21 15	0.2
3	03 26	1.0	18	03 55	0.9
	09 15	0.0		09 43	0.1
	16 01	1.0		16 21	0.9
	21 31	0.1		21 50	0.2
4	04 14	1.0	19	04 30	0.9
	10 01	0.0		10 16	0.1
	16 49	1.0		16 54	0.9
	22 18	0.1		22 24	0.2
5	05 03	1.0	20	05 05	0.8
	10 48	0.1		10 49	0.2
	17 38	1.0		17 29	0.8
	23 07	0.1		22 59	0.2
6	05 54	0.9	21	05 41	0.8
	11 37	0.1		11 23	0.2
	18 32	0.9		18 06	0.8
				23 36	0.2
7	00 01	0.2	22	06 20	0.8
	06 50	0.9		12 01	0.2
	12 32	0.2		18 48	0.8
	19 29	0.9			
8	01 03	0.2	23	18 07	0.3
	07 51	0.8		05 12	0.7
	13 38	0.2		47 19	0.3
	20 31	0.9		35	0.8
9	02 15	0.3	24	01 11	0.3
	08 57	0.8		07 58	0.7
	14 51	0.3		13 45	0.3
	21 36	0.8		20 28	0.8
10	03 32	0.3	25	02 15	0.3
	10 08	0.8		08 59	0.7
	16 05	0.3		14 53	0.3
	22 43	0.8		21 27	0.8
11	04 48	0.3	26	03 26	0.3
	11 18	0.8		10 08	0.7
	17 11	0.3		16 02	0.3
	23 45	0.8		22 31	0.8
12	05 50	0.2	27	04 38	0.2
	12 18	0.8		11 19	0.7
	18 04	0.2		17 07	0.2
				23 35	0.8
13	00 36	0.8	28	05 42	0.2
	06 37	0.2		12 20	0.8
	13 07	0.0		18 03	0.2
	18 47	0.2			
14	01 21	0.9	29	00 32	0.9
	07 18	0.2		06 36	0.1
	13 50	0.8		13 14	0.9
	19 26	0.2		18 52	0.1
15	02 02	0.9	30	01 26	0.9
	07 56	0.1		07 26	0.1
	14 31	0.9		14 05	0.9
	20 03	0.2		19 41	0.1
16	02 41	0.9			
	08 33	0.1			
	15 09	0.9			
	20 39	0.2			

Gibraltar : Julio

D	TU	Alt	D	TU	Alt
1	02 17	1.0	16	02 58	0.9
	08 14	0.0		08 48	0.1
	14 55	1.0		15 25	0.9
	20 30	0.1		20 56	0.2
2	03 09	1.0	17	03 34	0.9
	09 02	0.0		09 22	0.1
	15 45	1.0		15 58	0.9
	21 19	0.1		21 31	0.2
3	04 00	1.0	18	04 09	0.9
	09 50	0.0		09 55	0.1
	16 34	1.0		16 30	0.9
	22 08	0.1		22 04	0.2
4	04 50	1.0	19	04 42	0.9
	10 36	0.0		10 26	0.1
	17 23	1.0		17 02	0.9
	22 56	0.1		22 38	0.2
5	05 41	1.0	20	05 16	0.9
	11 22	0.1		10 58	0.2
	18 14	1.0		17 36	0.9
	23 46	0.1		23 12	0.2
6	06 33	0.9	21	05 52	0.8
	12 10	0.1		11 31	0.2
	19 07	0.9		18 13	0.9
				23 50	0.2
7	00 39	0.2	22	06 33	0.8
	07 28	0.9		12 09	0.2
	13 03	0.2		18 56	0.9
	20 01	0.9			
8	01 38	0.2	23	00 34	0.2
	08 26	0.8		07 21	0.8
	14 02	0.2		12 57	0.2
	20 58	0.8		19 45	0.8
9	02 43	0.3	24	01 29	0.3
	09 28	0.8		08 18	0.8
	15 07	0.3		13 57	0.3
	21 59	0.8		20 42	0.8
10	03 55	0.3	25	02 36	0.3
	10 36	0.7		09 24	0.7
	16 20	0.3		15 11	0.3
	23 03	0.8		21 48	0.8
11	05 11	0.3	26	03 56	0.3
	11 44	0.8		10 41	0.7
	17 29	0.3		16 33	0.3
				23 01	0.8
12	00 03	0.8	27	05 19	0.2
	06 11	0.2		11 55	0.8
	12 42	0.8		17 44	0.2
	18 21	0.3			
13	00 55	0.8	28	00 09	0.9
	06 56	0.2		06 23	0.1
	13 29	0.8		12 57	0.9
	19 04	0.3		18 40	0.2
14	01 39	0.8	29	01 09	0.9
	07 36	0.2		07 16	0.1
	14 11	0.8		13 51	0.9
	19 43	0.2		19 31	0.1
15	02 20	0.8	30	02 04	1.0
	08 13	0.2		08 05	0.0
	14 50	0.9		14 42	1.0
	20 20	0.2		20 21	0.1
16	02 58	0.9	31	02 56	1.0
	08 48	0.1		08 52	0.0
	15 25	0.9		15 31	1.0
	20 56	0.2		21 09	0.0

Gibraltar : Agosto

D	TU	Alt	D	TU	Alt
1	03 47	1.0	16	03 45	0.9
	09 37	0.0		09 29	0.1
	16 18	1.1		16 02	1.0
	21 55	0.0		21 41	0.2
2	04 35	1.0	17	04 18	1.0
	10 19	0.0		10 00	0.1
	17 04	1.1		16 34	1.0
	22 40	0.0		22 14	0.1
3	05 22	1.0	18	04 51	1.0
	11 00	0.1		10 31	0.1
	17 50	1.0		17 07	1.0
	23 24	0.1		22 48	0.2
4	06 09	1.0	19	05 26	0.9
	11 41	0.1		11 03	0.2
	18 36	1.0		17 43	1.0
				23 23	0.2
5	00 09	0.1	20	06 05	0.9
	06 58	0.9		11 39	0.2
	12 24	0.2		18 24	0.9
	19 25	0.9			
6	00 57	0.2	21	00 04	0.2
	07 50	8 0		06 51	0.9
	13 12	3 0		12 22	0.2
	20 16	9		19 11	0.9
7	01 51	0.3	22	00 53	0.2
	08 46	0.8		07 47	0.8
	14 09	0.8		13 17	0.3
	21 11	0.8		0 07	0.9
8	02 58	0.3	23	01 59	0.3
	09 49	0.7		08 54	0.8
	15 24	0.4		14 35	0.3
	22 15	0.8		21 15	0.8
9	04 26	0.3	24	03 30	0.3
	11 05	0.7		10 15	0.8
	16 53	0.4		16 14	0.3
	23 28	0.8		22 36	0.8
10	05 45	0.3	25	05 10	0.3
	12 16	0.7		11 39	0.8
	18 00	0.3		17 36	0.3
				23 56	0.9
11	00 30	0.8	26	06 18	0.2
	06 35	0.3		12 46	0.9
	13 09	0.8		18 35	0.2
	18 46	0.3			
12	01 20	0.8	27	01 00	0.9
	07 15	0.2		07 09	0.1
	13 51	0.8		13 40	1.0
	19 24	0.3		19 24	0.1
13	02 01	0.8	28	01 54	1.0
	07 51	0.2		07 54	0.1
	14 27	0.9		14 29	1.0
	20 00	0.2		20 10	0.1
14	02 37	0.9	29	02 44	1.0
	08 25	0.2		08 37	0.0
	15 00	0.9		15 15	1.1
	20 34	0.2		20 55	0.0
15	03 12	0.9	30	03 31	1.1
	08 57	0.1		09 18	0.0
	15 31	1.0		15 58	1.1
	21 08	0.2		21 37	0.0
16	03 45	0.9	31	04 15	1.1
	09 29	0.1		09 56	0.0
	16 02	1.0		16 40	1.1
	21 41	0.2		22 18	0.0

Gibraltar : Septiembre

D	TU	Alt	D	TU	Alt
1	04 58 10 33 17 21 22 56	1.0 0.1 1.1 0.1	16	04 27 10 03 16 42 22 23	1.0 0.1 1.1 0.1
2	05 40 11 08 18 02 23 35	1.0 0.1 1.0 0.1	17	05 03 10 37 17 19 22 59	1.0 0.2 1.1 0.2
3	06 24 11 45 18 44	0.9 0.2 0.9	18	05 43 11 14 17 59 23 38	1.0 0.2 1.0 0.2
4	00 14 07 09 12 25 19 29	0.2 0.9 0.3 0.8	19	06 29 11 56 18 46	0.9 0.3 0.9
5	01 00 08 00 13 13 20 20	0.3 0.8 0.4 0.8	20	00 25 07 24 12 51 19 42	0.3 0.9 0.3 0.9
6	01 59 08 59 14 25 21 21	0.4 0.7 0.4 0.7	21	01 32 08 32 14 16 20 53	0.3 0.8 0.4 0.8
7	03 32 10 14 16 12 22 45	0.4 0.7 0.4 0.7	22	03 19 09 57 16 08 22 22	0.4 0.8 0.4 0.8
8	05 13 11 42 17 35	0.4 0.7 0.4	23	05 07 11 29 17 30 23 50	0.3 0.8 0.3 0.9
9	00 05 06 10 12 42 18 23	0.8 0.3 0.8 0.3	24	06 11 12 35 18 26	0.2 0.9 0.2
10	00 57 06 50 13 23 19 00	0.8 0.3 0.9 0.3	25	00 53 06 57 13 26 19 12	0.9 0.2 1.0 0.1
11	01 37 07 24 13 57 19 34	0.9 0.2 0.9 0.2	26	01 43 07 38 14 11 19 54	1.0 0.1 1.0 0.1
12	02 12 07 56 14 29 20 08	0.9 0.2 1.0 0.2	27	02 28 08 16 14 53 20 35	1.0 0.1 1.1 0.1
13	02 45 08 28 15 01 20 41	1.0 0.2 1.0 0.2	28	03 11 08 53 15 33 21 14	1.1 0.1 1.1 0.0
14	03 19 08 59 15 33 21 14	1.0 0.1 1.1 0.1	29	03 51 09 28 16 12 21 51	1.1 0.1 1.1 0.1
15	03 52 09 31 16 07 21 48	1.0 0.1 1.1 0.1	30	04 30 10 02 16 49 22 26	1.0 0.1 1.0 0.1
16	04 27 10 03 16 42 22 23	1.0 0.1 1.1 0.1			

Gibraltar : Octubre

D	TU	Alt	D	TU	Alt
1	05 08 10 35 17 26 23 00	1.0 0.2 1.0 0.2	16	04 43 10 15 16 58 22 37	1.1 0.2 1.1 0.2
2	05 47 11 09 18 03 23 35	0.9 0.2 0.9 0.2	17	05 25 10 54 17 41 23 18	1.0 0.2 1.0 0.2
3	06 27 11 45 18 43	0.9 0.3 0.8	18	06 12 11 39 18 29	1.0 0.3 1.0
4	00 14 07 13 12 28 19 30	0.3 0.8 0.4 0.8	19	00 07 07 08 12 38 19 28	0.3 0.9 0.4 0.9
5	01 06 08 10 13 33 20 30	0.4 0.8 0.4 0.7	20	01 17 08 18 14 09 20 41	0.4 0.8 0.4 0.8
6	02 37 09 19 15 24 21 50	0.4 0.7 0.5 0.7	21	03 11 09 43 15 57 22 12	0.4 0.8 0.4 0.8
7	04 31 10 47 16 58 23 25	0.4 0.7 0.4 0.7	22	04 51 11 12 17 15 23 40	0.3 0.9 0.3 0.9
8	05 36 11 59 17 51	0.4 0.8 0.4	23	05 52 12 17 18 10	0.3 0.9 0.2
9	00 25 06 18 12 44 18 29	0.8 0.3 0.9 0.3	24	00 40 06 37 13 06 18 53	0.9 0.2 1.0 0.2
10	01 06 06 52 13 20 19 04	0.9 0.3 0.9 0.2	25	01 27 07 16 13 48 19 33	1.0 0.2 1.0 0.1
11	01 41 07 24 13 54 19 37	0.9 0.2 1.0 0.2	26	02 08 07 51 14 28 20 11	1.0 0.1 1.1 0.1
12	02 15 07 56 14 28 20 11	1.0 0.2 1.1 0.1	27	02 47 08 26 15 06 20 48	1.0 0.1 1.1 0.1
13	02 51 08 28 15 04 20 46	1.0 0.1 1.1 0.1	28	03 25 09 00 15 43 21 23	1.0 0.1 1.0 0.1
14	03 27 09 02 15 41 21 22	1.1 0.1 1.1 0.1	29	04 02 09 34 16 19 21 58	1.0 0.1 1.0 0.1
15	04 04 09 38 16 19 21 59	1.1 0.1 1.1 0.1	30	04 38 10 07 16 54 22 31	1.0 0.2 1.0 0.2
16	04 43 10 15 16 58 22 37	1.1 0.2 1.1 0.2	31	05 13 10 40 17 29 23 05	0.9 0.2 0.9 0.2

Gibraltar : Noviembre

D	TU	Alt	D	TU	Alt
1	05 51 11 16 18 07 23 41	0.8 0.3 0.8 0.3	16	06 01 11 30 18 20 23 58	1.0 0.3 1.0 0.3
2	06 34 11 57 18 52	0.8 0.4 0.8	17	06 58 12 33 19 20	0.9 0.3 0.9
3	00 27 07 26 12 55 19 48	0.4 0.8 0.4 0.7	18	01 07 08 05 13 59 20 30	0.3 0.9 0.4 0.8
4	01 45 08 30 14 32 20 58	0.4 0.7 0.5 0.7	19	02 46 09 23 15 32 21 52	0.4 0.8 0.3 0.8
5	03 35 09 44 16 06 22 23	0.4 0.7 0.4 0.7	20	04 16 10 44 16 48 23 16	0.3 0.9 0.3 0.8
6	04 49 10 59 17 08 23 38	0.4 0.8 0.4 0.8	21	05 22 11 49 17 45	0.3 0.9 0.2
7	05 39 11 55 17 53	0.3 0.8 0.3	22	00 18 06 10 12 40 18 31	0.9 0.2 0.9 0.2
8	00 27 06 16 12 39 18 30	0.8 0.3 0.9 0.2	23	01 06 06 51 13 23 19 12	0.9 0.2 1.0 0.1
9	01 07 06 51 13 18 19 06	0.9 0.2 1.0 0.2	24	01 47 07 27 14 03 19 50	0.9 0.2 1.0 0.1
10	01 45 07 24 13 56 19 42	1.0 0.2 1.0 0.1	25	02 26 08 03 14 41 20 26	1.0 0.1 1.0 0.1
11	02 23 07 59 14 36 20 20	1.0 0.1 1.1 0.1	26	03 03 08 37 15 19 21 02	1.0 0.1 1.0 0.1
12	03 03 08 36 15 17 21 00	1.1 0.1 1.1 0.1	27	03 40 09 12 15 55 21 37	1.0 0.2 0.9 0.1
13	03 44 09 16 16 00 21 40	1.1 0.1 1.1 0.1	28	04 15 09 46 16 31 22 11	0.9 0.2 0.9 0.2
14	04 27 09 57 16 43 22 22	1.1 0.2 1.1 0.1	29	04 50 10 21 17 06 22 45	0.9 0.2 0.9 0.2
15	05 11 10 41 17 29 23 06	1.0 0.2 1.0 0.2	30	05 26 10 57 17 43 23 21	0.9 0.3 0.8 0.2
16	06 01 11 30 18 20 23 58	1.0 0.3 1.0 0.3			

Gibraltar : Diciembre

D	TU	Alt	D	TU	Alt
1	06 05 11 36 18 25	0.8 0.3 0.8	16	06 47 12 26 19 10	0.9 0.2 0.9
2	00 02 06 51 12 26 19 13	0.3 0.8 0.4 0.7	17	00 53 07 49 13 38 20 13	0.2 0.9 0.3 0.8
3	00 59 07 47 13 36 20 11	0.3 0.8 0.4 0.7	18	02 07 08 56 14 55 21 22	0.3 0.9 0.3 0.8
4	02 23 08 48 14 59 21 17	0.4 0.7 0.4 0.7	19	03 26 10 07 16 10 22 38	0.3 0.8 0.3 0.8
5	03 44 09 54 16 10 22 32	0.4 0.8 0.3 0.7	20	04 41 11 15 17 17 23 48	0.3 0.8 0.2 0.8
6	04 47 11 00 17 08 23 38	0.3 0.8 0.3 0.8	21	05 41 12 12 18 10	0.3 0.9 0.2
7	05 36 11 55 17 55	0.3 0.9 0.2	22	00 43 06 28 13 00 18 55	0.8 0.2 0.9 0.2
8	00 30 06 17 12 43 18 37	0.8 0.2 0.9 0.2	23	01 30 07 09 13 43 19 35	0.8 0.2 0.9 0.1
9	01 15 06 56 13 27 19 18	0.9 0.2 1.0 0.1	24	02 11 07 47 14 24 20 13	0.9 0.2 0.9 0.1
10	01 59 07 36 14 12 20 01	1.0 0.1 1.0 0.1	25	02 50 08 23 15 03 20 50	0.9 0.2 0.9 0.1
11	02 44 08 17 14 58 20 44	1.0 0.1 1.0 0.0	26	03 26 08 59 15 40 21 25	0.9 0.2 0.9 0.1
12	03 29 09 01 15 45 21 29	1.0 0.1 1.1 0.1	27	04 01 09 34 16 16 22 00	0.9 0.2 0.9 0.1
13	04 15 09 47 16 33 22 14	1.0 0.1 1.0 0.1	28	04 35 10 09 16 51 22 33	0.9 0.2 0.8 0.1
14	05 02 10 35 17 21 23 01	1.0 0.1 1.0 0.1	29	05 08 10 43 17 26 23 07	0.8 0.2 0.8 0.2
15	05 52 11 27 18 13 23 52	1.0 0.2 0.9 0.2	30	05 43 11 19 18 02 23 41	0.8 0.2 0.8 0.2
16	06 47 12 26 19 10	0.9 0.2 0.9	31	06 22 11 59 18 43	0.8 0.3 0.7

Huelva : Enero

D	TU	Alt	D	TU	Alt
1	04 42 10 41 17 13 23 16	1.16 2.66 1.02 2.67	16	03 17 09 41 16 00 22 21	1.07 2.76 0.95 2.79
2	05 40 11 37 18 00	1.07 2.69 0.96	17	04 37 10 51 17 09 23 25	0.94 2.85 0.82 2.98
3	00 04 06 25 12 23 18 39	2.77 0.97 2.75 0.91	18	05 44 11 54 18 08	0.74 3.00 0.65
4	00 45 07 03 13 03 19 12	2.87 0.88 2.80 0.85	19	00 21 06 40 12 49 18 59	3.18 0.53 3.15 0.50
5	01 20 07 36 13 38 19 42	2.96 0.80 2.84 0.80	20	01 13 07 30 13 40 19 46	3.37 0.35 3.27 0.38
6	01 53 08 06 14 12 20 10	3.04 0.73 2.88 0.75	21	02 00 08 17 14 27 20 30	3.51 0.23 3.34 0.31
7	02 25 08 36 14 44 20 39	3.10 0.68 2.91 0.72	22	02 46 09 01 15 13 21 13	3.59 0.19 3.35 0.32
8	02 57 09 06 15 16 21 09	3.14 0.64 2.92 0.70	23	03 31 09 45 15 58 21 56	3.58 0.23 3.29 0.39
9	03 30 09 37 15 51 21 42	3.16 0.63 2.91 0.70	24	04 15 10 28 16 43 22 39	3.49 0.34 3.17 0.53
10	04 05 10 12 16 28 22 18	3.14 0.65 2.87 0.74	25	05 01 11 13 17 29 23 24	3.33 0.52 3.00 0.71
11	04 43 10 50 17 09 22 59	3.09 0.69 2.82 0.80	26	05 48 11 59 18 18	3.13 0.73 2.82
12	05 26 11 34 17 56 23 45	3.01 0.77 2.75 0.90	27	00 12 06 39 12 51 19 13	0.92 2.90 0.95 2.64
13	06 17 12 24 18 52	2.91 0.87 2.68	28	01 09 07 37 13 54 20 15	1.13 2.68 1.14 2.51
14	00 42 07 17 13 26 19 58	1.00 2.81 0.96 2.64	29	02 24 08 44 15 12 21 26	1.28 2.52 1.26 2.45
15	01 53 08 27 14 41 21 10	1.08 2.74 1.00 2.67	30	03 54 09 56 16 31 22 35	1.32 2.45 1.26 2.49
16	03 17 09 41 16 00 22 21	1.07 2.76 0.95 2.79	31	05 10 11 04 17 31 23 34	1.26 2.47 1.20 2.59

Huelva : Febrero

D	TU	Alt	D	TU	Alt
1	06 04 11 59 18 16 00 20	1.14 2.55 1.10 2.72	16	05 35 11 44 17 58 00 10	0.83 2.85 0.80 3.09
2	00 20 06 45 12 43 18 52	2.72 10 2 65 0 99	17	00 10 06 34 12 41 18 51	3.09 0.60 3.04 0.60
3	00 59 07 18 13 19 19 23	2.87 0.87 2.77 0.87	18	01 02 07 22 13 30 19 37	3.31 0.40 3.21 0.44
4	01 33 07 49 13 53 19 53	3.01 0.74 2.88 0.75	19	01 49 08 06 14 15 20 19	3.48 0.25 3.33 0.33
5	02 06 08 18 14 26 20 23	3.14 0.62 2.98 0.65	20	02 32 08 47 14 57 20 59	3.58 0.18 3.37 0.29
6	02 38 08 48 14 59 20 54	3.24 0.53 3.05 0.57	21	03 14 09 27 15 38 21 38	3.59 0.20 3.35 0.33
7	03 12 09 20 15 32 21 27	3.30 0.47 3.09 0.53	22	03 54 10 05 16 17 22 16	3.52 0.31 3.25 0.45
8	03 46 09 54 16 08 22 02	3.31 0.46 3.09 0.54	23	04 35 10 42 16 57 22 54	3.36 0.48 3.09 0.62
9	04 24 10 30 16 47 22 41	3.27 0.50 3.04 0.60	24	05 15 11 20 17 39 23 34	3.14 0.70 2.90 0.84
10	05 04 11 09 17 29 23 23	3.17 0.60 2.94 0.72	25	05 59 12 00 18 24	2.89 0.94 2.69
11	05 50 11 55 18 20	3.03 0.75 2.83	26	00 18 06 47 12 45 19 17	1.07 2.63 1.17 2.51
12	00 14 06 45 12 49 19 21	0.87 2.86 0.91 2.71	27	01 13 07 47 13 47 20 24	1.28 2.41 1.36 2.38
13	01 18 07 54 14 00 20 35	1.02 2.70 1.06 2.65	28	02 41 09 03 15 23 21 42	1.42 2.29 1.45 2.36
14	02 44 09 14 15 29 21 55	1.10 2.64 1.09 2.70	29	04 29 10 25 16 52 22 54	1.39 2.30 1.39 2.46
15	04 20 10 35 16 53 23 08	1.03 2.70 0.99 2.87			
16	05 35 11 44 17 58 00 10	0.83 2.85 0.80 3.09			

Huelva : Marzo

D	TU	Alt	D	TU	Alt
1	05 36 11 29 17 47 23 48	1.25 2.41 1.25 2.62	16	05 29 11 35 17 50 23 57	0.86 2.78 0.89 3.04
2	23 48 06 19 12 16 18 26	2.62 1.08 2.57 1.08	17	23 57 06 25 12 31 18 41	3.04 0.62 2.99 0.67
3	00 30 06 53 12 55 18 59	2.81 0.89 2.75 0.89	18	00 48 07 10 13 17 9 24	3.26 0.42 3.18 0.48
4	01 07 07 24 13 29 19 31	3.01 0.70 2.93 0.71	19	01 33 07 51 13 58 20 03	3.43 0.29 3.31 0.36
5	01 41 07 55 14 02 20 02	3.19 0.53 3.09 0.55	20	21 0 2 8 1 3 7 2 4 0	3.52 0.23 3.37 0.31
6	02 15 08 26 14 36 20 35	3.33 0.40 3.21 0.43	21	02 53 09 04 15 14 1 16	3.52 0.26 3.35 0.34
7	02 50 08 58 15 10 21 09	3.42 0.33 3.27 0.37	22	03 30 09 38 15 50 21 51	3.44 0.35 3.27 0.45
8	03 26 09 32 15 46 21 44	3.44 0.32 3.28 0.38	23	04 07 10 11 16 25 22 25	3.29 0.52 3.13 0.61
9	04 03 10 08 16 24 22 23	3.38 0.38 3.22 0.46	24	04 43 10 43 17 02 22 59	3.08 0.72 2.95 0.80
10	04 44 10 47 17 06 23 05	3.26 0.51 3.10 0.60	25	05 21 11 15 17 40 23 36	2.83 0.94 2.75 1.02
11	05 29 11 30 17 54 23 54	3.07 0.70 2.93 0.79	26	06 03 11 51 18 25	2.59 1.15 2.56
12	06 23 12 22 18 54	2.85 0.92 2.76	27	00 21 06 55 12 36 19 24	1.23 2.37 1.35 2.40
13	00 57 07 32 13 32 20 10	0.99 2.64 1.12 2.65	28	12 0 0 8 1 5 0 2 4 2	1.40 2.23 1.50 2.34
14	02 27 08 58 15 10 21 36	1.12 2.54 1.20 2.66	29	31 0 3 4 1 4 6 2 0 2	1.44 2.22 1.49 2.41
15	04 11 10 25 16 44 22 54	1.06 2.61 1.10 2.82	30	04 49 10 47 17 02 23 05	1.31 2.35 1.34 2.58
16	05 29 11 35 17 50 23 57	0.86 2.78 0.89 3.04	31	05 39 11 39 17 49 23 53	1.11 2.54 1.13 2.79

Huelva : Abril

D	TU	Alt	D	TU	Alt
1	06 17 12 21 18 27	0.88 2.77 0.90	16	00 29 06 52 12 58 19 06	3.19 0.48 3.13 0.56
2	00 34 06 52 12 58 19 02	3.01 0.66 2.99 0.67	17	01 13 07 30 13 37 19 44	3.32 0.38 3.25 0.45
3	01 12 07 25 13 34 19 37	3.22 0.47 3.18 0.48	18	01 52 08 06 14 14 20 20	3.38 0.35 3.30 0.41
4	01 49 07 59 14 10 20 12	3.38 0.32 3.33 0.34	19	02 30 08 39 14 49 20 54	3.37 0.38 3.29 0.43
5	02 26 08 34 14 47 20 49	3.47 0.24 3.41 0.27	20	03 05 09 10 15 23 21 26	3.28 0.47 3.23 0.52
6	03 04 09 10 15 24 21 27	3.48 0.24 3.41 0.28	21	03 40 09 40 15 56 21 58	3.14 0.60 3.11 0.65
7	03 44 09 47 16 04 22 07	3.41 0.33 3.34 0.38	22	04 14 10 09 16 29 22 30	2.96 0.77 2.97 0.81
8	04 26 10 27 16 48 22 51	3.26 0.48 3.20 0.54	23	04 49 10 39 17 05 23 05	2.76 0.94 2.81 0.98
9	05 14 11 12 17 38 23 43	3.05 0.70 3.02 0.75	24	05 28 11 12 17 45 23 46	2.57 1.12 2.64 1.15
10	06 11 12 05 18 38	2.81 0.94 2.82	25	06 16 11 53 18 38	2.39 1.28 2.50
11	00 48 07 22 13 17 19 55	0.96 2.61 1.15 2.69	26	00 41 07 20 12 52 19 47	1.29 2.27 1.41 2.43
12	02 21 08 48 14 57 21 20	1.09 2.52 1.23 2.69	27	02 04 08 39 14 24 21 04	1.36 2.25 1.46 2.46
13	04 01 10 12 16 30 22 37	1.02 2.59 1.13 2.82	28	03 39 09 54 15 58 22 12	1.28 2.36 1.35 2.59
14	05 15 11 20 17 35 23 39	0.84 2.77 0.93 3.01	29	04 45 10 53 17 00 23 08	1.10 2.56 1.14 2.79
15	06 08 12 13 18 24	0.64 2.96 0.72	30	05 33 11 41 17 48 23 55	0.88 2.79 0.90 3.01
16	00 29 06 52 12 58 19 06	3.19 0.48 3.13 0.56			

PUERTO DE HUELVA

Huelva : Mayo

D	TU	Alt	D	TU	Alt
1	06 14	0.65	16	00 49	3.15
	12 23	3.02		07 07	0.54
	18 30	0.67		13 13	3.13
				19 24	0.59
2	00 39	3.21	17	01 29	3.18
	06 53	0.46		07 42	0.52
	13 04	3.23		13 50	3.19
	19 10	0.46		19 59	0.55
3	01 20	3.36	18	02 07	3.16
	07 31	0.31		08 14	0.55
	13 44	3.38		14 24	3.16
	19 49	0.32		20 33	0.55
4	02 02	3.45	19	02 42	3.19
	08 09	0.24		08 44	0.62
	14 24	3.47		14 58	3.15
	20 30	0.25		21 04	0.63
5	02 44	3.45	20	03 16	2.98
	08 49	0.25		09 13	0.71
	15 05	3.48		15 30	3.08
	21 11	0.26		21 36	0.72
6	03 27	3.38	21	03 49	2.86
	09 29	0.34		09 41	0.82
	15 48	3.41		16 03	2.98
	21 55	0.35		22 08	0.82
7	04 14	3.23	22	04 24	2.72
	10 13	0.49		10 11	0.93
	16 35	3.27		16 38	9.87
	22 43	0.50		22 42	0.93
8	05 05	3.03	23	05 02	2.59
	11 00	0.70		10 45	1.05
	17 27	3.10		17 17	2.76
	23 38	0.70		23 22	1.04
9	06 03	2.82	24	05 46	2.47
	11 56	0.92		11 26	1.16
	18 28	2.92		18 04	2.65
10	00 45	0.89	25	00 11	1.14
	07 13	2.64		06 42	2.39
	13 08	1.11		12 18	1.26
	19 41	2.79		19 03	2.59
11	02 10	0.99	26	01 14	1.19
	08 32	2.57		07 49	2.37
	14 39	1.19		13 29	1.32
	20 59	2.77		20 11	2.58
12	03 40	0.96	27	02 31	1.17
	09 50	2.62		08 59	2.44
	16 06	1.11		14 52	1.27
	22 11	2.84		21 20	2.66
13	04 50	0.84	28	03 44	1.05
	10 55	2.75		10 02	2.59
	17 11	0.96		16 06	1.13
	23 13	2.95		22 21	2.30
14	05 44	0.71	29	04 44	0.88
	11 49	2.91		10 58	2.80
	18 02	0.80		17 06	0.92
				23 16	2.97
15	00 05	3.07	30	05 35	0.69
	06 28	0.60		11 48	3.01
	12 34	3.04		17 57	0.70
	18 45	0.67			
16	00 49	3.15	31	00 07	3.14
	07 07	0.54		06 21	0.51
	13 13	3.13		12 34	3.21
	19 24	0.59		18 44	0.50

Huelva : Junio

D	TU	Alt	D	TU	Alt
1	00 54	3.28	16	01 46	2.95
	07 05	0.38		07 52	0.73
	13 19	3.37		14 03	3.07
	19 29	0.35		20 15	0.70
2	01 41	3.36	17	02 21	2.92
	07 48	0.30		08 22	0.75
	14 04	3.47		14 36	3.08
	20 14	0.27		20 47	0.72
3	02 27	3.38	18	02 55	2.87
	08 31	0.30		08 51	0.78
	14 49	3.50		15 09	3.06
	20 59	0.26		21 18	0.75
4	03 14	3.33	19	03 29	2.81
	09 16	0.36		09 20	0.83
	15 35	3.46		15 42	3.02
	21 47	0.32		21 49	0.79
5	04 03	3.21	20	04 03	2.75
	10 02	0.48		09 51	0.88
	16 24	3.36		16 16	2.96
	22 36	0.44		22 23	0.84
6	04 56	3.06	21	04 39	2.68
	10 51	0.65		10 25	0.94
	17 17	3.22		16 54	2.90
	23 31	0.60		23 00	0.90
7	05 53	2.89	22	05 20	2.62
	11 46	0.84		11 04	1.00
	18 15	3.06		17 36	2.83
				23 43	0.95
8	00 34	0.77	23	06 09	2.56
	06 57	2.74		11 51	1.07
	12 52	1.01		18 27	2.77
	19 20	2.92			
9	01 47	0.89	24	00 35	1.01
	08 06	2.65		07 05	2.53
	14 09	1.11		12 49	1.14
	20 29	2.83		19 26	2.72
10	03 05	0.93	25	01 37	1.04
	09 16	2.65		08 08	2.55
	15 30	1.11		13 58	1.15
	21 39	2.82		20 32	2.72
11	04 16	0.90	26	02 47	1.01
	10 22	2.71		09 14	2.63
	16 40	1.03		15 15	1.10
	22 42	2.85		21 38	2.78
12	05 14	0.84	27	03 57	0.92
	11 18	2.80		10 17	2.78
	17 36	0.92		16 26	0.96
	23 37	2.90		22 41	2.89
13	06 02	0.78	28	04 59	0.78
	12 07	2.91		11 15	2.96
	18 24	0.82		17 28	0.77
				23 40	3.03
14	00 25	2.94	29	05 54	0.63
	06 43	0.73		12 09	3.15
	12 49	2.99		18 23	0.58
	19 05	0.75			
15	01 07	2.96	30	00 34	3.16
	07 19	0.72		06 44	0.49
	13 27	3.04		12 59	3.32
	19 41	0.71		19 14	0.41
16	01 46	2.95			
	07 52	0.73			
	14 03	3.07			
	20 15	0.70			

Huelva : Julio

D	TU	Alt	D	TU	Alt
1	01 25	3.26	16	02 03	2.83
	07 32	0.39		08 03	0.82
	13 48	3.45		14 17	3.05
	20 02	0.30		20 30	0.74
2	02 14	3.31	17	02 36	2.85
	08 18	0.34		08 32	0.79
	14 36	3.52		14 49	3.08
	20 50	0.25		20 59	0.71
3	03 03	3.31	18	03 09	2.86
	09 04	0.36		09 01	0.77
	15 23	3.53		15 21	3.10
	21 37	0.27		21 29	0.69
4	03 52	3.25	19	03 41	2.86
	09 51	0.43		09 32	0.76
	16 12	3.46		15 54	3.10
	22 26	0.35		22 01	0.69
5	04 42	3.14	20	04 16	2.84
	10 38	0.55		10 06	0.77
	17 02	3.34		16 30	3.07
	23 16	0.49		22 36	0.72
6	05 34	3.00	21	04 54	2.81
	11 29	0.71		10 43	0.81
	17 55	3.18		17 09	3.01
				23 15	0.77
7	00 11	0.66	22	05 36	2.76
	06 30	2.85		11 25	0.88
	12 25	0.88		17 54	2.92
	18 52	3.01			
8	01 12	0.83	23	00 00	0.85
	07 31	2.72		06 26	2.70
	13 31	1.04		12 15	0.96
	19 54	2.85		18 48	2.83
9	02 21	0.96	24	00 54	0.93
	08 36	2.64		07 24	2.66
	14 47	1.13		13 16	1.05
	21 00	2.74		19 51	2.75
10	03 34	1.02	25	01 59	1.00
	09 42	2.62		08 31	2.65
	16 04	1.13		14 32	1.08
	22 07	2.69		21 02	2.72
11	04 40	1.02	26	03 15	1.00
	10 45	2.67		09 42	2.73
	17 10	1.07		15 54	1.02
	23 09	2.69		22 14	2.77
12	05 35	0.99	27	04 30	0.92
	11 40	2.75		10 49	2.87
	18 04	0.99		17 09	0.86
				23 21	2.89
13	00 03	2.72	28	05 35	0.77
	06 21	0.94		11 50	3.07
	12 27	2.83		18 10	0.65
	18 48	0.91			
14	00 48	2.76	29	00 20	3.04
	06 59	0.90		06 31	0.61
	13 07	2.9?		12 45	3.27
	19 26	0.03		19 04	0.45
15	01 28	2.80	30	01 14	3.18
	07 33	0.85		07 21	0.46
	13 43	2.99		13 35	3.44
	19 59	0.78		19 52	0.30
16	02 03	2.83	31	02 03	3.29
	08 03	0.82		08 07	0.35
	14 17	3.05		14 23	3.55
	20 30	0.74		20 39	0.21

Huelva : Agosto

D	TU	Alt	D	TU	Alt
1	02 50	3.34	16	02 46	2.98
	08 52	0.31		08 41	0.65
	15 09	3.59		14 58	3.22
	21 23	0.20		21 06	0.55
2	21 23	0.20	17	21 06	0.55
	03 36	3.33		03 17	3.03
	09 36	0.34		09 12	0.60
	15 54	3.55		15 30	3.24
3	22 08	0.27	18	21 37	0.53
	04 22	3.25		03 50	3.04
	10 20	0.44		09 44	0.59
	16 40	3.43		16 05	3.22
4	22 52	0.41	19	22 10	0.55
	05 08	3.11		04 26	3.01
	11 05	0.59		10 20	0.63
	17 28	3.25		16 42	3.14
5	23 39	0.60	20	22 47	0.62
	05 57	2.94		05 06	2.94
	11 53	0.78		11 00	0.71
	18 18	3.03		17 25	3.02
6	00 29	0.82	21	23 28	0.74
	06 50	2.77		05 51	2.84
	12 48	0.99		11 46	0.84
	19 14	2.80		18 15	2.87
7	01 28	1.03	22	00 18	0.89
	07 49	2.61		06 47	2.73
	13 56	1.17		12 44	0.98
	20 18	2.61		19 18	2.72
8	02 41	1.18	23	01 20	1.04
	08 57	2.52		07 56	2.66
	15 21	1.25		14 00	1.09
	21 30	2.50		20 35	2.62
9	04 01	1.24	24	02 43	1.12
	10 08	2.52		09 15	2.67
	16 44	1.22		15 35	1.08
	22 41	2.49		21 57	2.64
10	05 10	1.20	25	04 12	1.06
	11 12	2.59		10 32	2.80
	17 46	1.13		16 59	0.91
	23 42	2.54		23 10	2.78
11	06 01	1.12	26	05 25	0.89
	12 04	2.71		11 38	3.01
	18 32	1.01		18 03	0.68
	00 30	2.63		00 12	2.97
12	06 41	1.02	27	06 22	0.68
	12 46	2.84		12 33	3.24
	19 09	0.89		18 55	0.45
	.01 09	2.73		01 03	3.16
13	07 14	0.92	28	07 10	0.49
	13 22	2.96		13 22	3.44
	19 40	0.78		19 41	0.28
	01 43	2.82		01 50	3.31
14	07 43	0.82	29	07 54	3.34
	13 54	3.07		14 07	3.57
	20 09	0.69		20 23	0.18
	02 14	2.91		02 33	3.39
15	08 12	0.73	30	08 36	0.27
	14 26	3.16		14 50	3.62
	20 37	0.60		21 04	0.16
				03 15	3.40
16	02 46	2.98	31	09 16	0.27
	08 41	0.65		15 32	3.58
	14 58	3.22		21 44	0.24
	21 06	0.55			

Huelva : Septiembre

D	TU	Alt	D	TU	Alt
1	03 56	3.33	16	03 24	3.23
	09 56	0.36		09 23	0.43
	16 14	3.44		15 40	3.32
	22 23	0.39		21 44	0.42
2	04 37	3.19	17	04 00	3.19
	10 36	0.52		09 59	0.48
	16 57	3.24		16 18	3.22
	23 03	0.60		22 21	0.53
3	05 20	30 0	18	04 39	3.09
	11 18	73 2		10 39	0.60
	17 42	98 0		17 01	3.06
	23 44	85		23 01	0.69
4	06 06	2.80	19	05 24	2.95
	12 04	0.97		11 25	0.76
	18 32	2.72		17 52	2.85
				23 50	0.89
5	00 32	1.10	20	06 20	2.79
	07 00	2.59		12 22	0.96
	13 02	1.20		18 57	2.65
	19 33	2.48			
6	01 34	1.31	21	00 52	1.09
	08 07	2.45		07 32	2.66
	14 28	1.35		13 43	1.11
	20 49	2.34		20 20	2.53
7	03 09	1.42	22	02 22	1.22
	09 26	2.40		08 57	2.64
	16 14	1.35		15 28	1.10
	22 11	2.32		21 48	2.56
8	04 40	1.38	23	04 03	1.16
	10 39	2.47		10 19	2.77
	17 24	1.22		16 54	0.91
	23 18	2.41		23 03	2.73
9	05 37	1.26	24	05 17	0.95
	11 36	2.62		11 25	2.99
	18 10	1.07		17 55	0.67
10	00 06	2.56	25	00 01	2.95
	06 17	1.11		06 12	0.72
	12 18	2.78		12 19	3.22
	18 44	0.91		18 43	0.45
11	00 44	2.71	26	00 50	3.16
	06 49	0.94		06 57	0.51
	12 54	2.95		13 06	3.42
	19 13	0.75		19 25	0.28
12	01 16	2.87	27	01 33	3.32
	07 19	0.78		07 39	0.35
	13 27	3.11		13 49	3.54
	19 41	0.61		20 04	0.19
13	01 48	3.02	28	02 13	3.41
	07 48	0.64		08 17	0.27
	13 59	3.24		14 29	3.57
	20 10	0.49		20 41	0.19
14	02 19	3.13	29	02 51	3.42
	08 18	0.52		08 55	0.27
	14 31	3.33		15 08	3.51
	20 39	0.41		21 17	0.28
15	02 51	3.20	30	03 29	3.35
	08 49	0.45		09 31	0.36
	15 05	3.36		15 47	3.36
	21 11	0.38		21 52	0.43
16	03 24	3.23			
	09 23	0.43			
	15 40	3.32			
	21 44	0.42			

Huelva : Octubre

D	TU	Alt	D	TU	Alt
1	04 06	3.22	16	03 38	3.32
	10 08	0.52		09 41	0.39
	16 26	3.15		15 59	3.24
	22 27	0.64		22 00	0.48
2	04 45	3.03	17	04 19	3.21
	10 45	0.73		10 23	0.53
	17 06	2.90		16 44	3.05
	23 02	0.88		2 42	0.67
3	05 26	2.82	18	05 06	3.04
	11 25	0.96		11 12	0.72
	17 51	2.63		17 38	2.82
	23 40	1.13		23 31	0.90
4	06 13	2.61	19	06 04	2.86
	12 14	1.19		12 12	0.93
	18 47	2.39		18 45	2.61
5	00 28	1.35	20	00 36	1.12
	07 14	2.43		07 17	2.71
	13 26	1.38		13 36	1.08
	20 02	2.23		20 10	2.50
6	01 48	1.51	21	02 10	1.25
	08 33	2.35		08 42	2.68
	15 23	1.42		15 20	1.06
	21 29	2.22		21 37	2.55
7	03 48	1.51	22	03 51	1.18
	09 54	2.41		10 03	2.79
	16 46	1.29		16 42	0.88
	22 41	2.33		22 49	2.73
8	04 58	1.36	23	05 03	0.98
	10 55	2.55		11 08	2.98
	17 33	1.11		17 39	0.67
	23 31	2.51		23 45	2.94
9	05 42	1.17	24	05 56	0.75
	11 41	2.74		12 01	3.18
	18 08	0.92		18 25	0.48
10	00 10	2.72	25	00 31	3.13
	06 16	0.96		06 41	0.56
	12 20	2.95		12 47	3.33
	18 39	0.73		19 06	0.35
11	00 44	2.92	26	01 13	328
	06 48	0.76		07 21	.42
	12 55	3.13		13 28	.42
	19 09	0.55		19 43	.30
12	01 17	3.10	27	01 51	3.36
	07 20	0.57		07 58	0.35
	13 30	3.28		14 08	3.43
	19 40	0.41		20 18	0.31
13	01 50	3.25	28	02 28	3.37
	07 53	0.43		08 34	0.36
	14 05	3.38		14 45	3.36
	20 12	0.32		20 51	0.39
14	02 25	3.34	29	03 03	3.31
	08 27	0.34		09 09	0.43
	14 41	3.41		15 22	3.22
	20 46	0.30		21 23	0.53
15	03 00	3.37	30	03 39	3.20
	09 03	0.33		09 43	0.57
	15 18	3.36		15 58	3.03
	21 22	0.36		21 55	0.71
16	03 38	3.32	31	04 14	3.04
	09 41	0.39		10 18	0.75
	15 59	3.24		16 36	2.81
	22 00	0.48		22 27	0.90

Huelva : Noviembre

D	TU	Alt	D	TU	Alt
1	04 52	2.86	16	04 56	3.15
	10 55	0.95		11 06	0.65
	17 16	2.58		17 30	2.85
	23 00	1.11		23 22	0.86
2	05 34	2.67	17	05 54	2.97
	11 37	1.14		12 08	0.84
	18 06	2.38		18 36	2.66
	23 41	1.30			
3	06 26	2.51	18	00 26	1.07
	12 33	1.30		07 03	2.83
	19 11	2.24		13 27	0.97
				19 54	2.56
4	00 39	1.45	19	01 52	1.19
	07 35	2.41		08 21	2.77
	13 59	1.39		14 58	0.99
	20 31	2.21		21 14	2.59
5	02 14	1.51	20	03 26	1.16
	08 53	2.42		09 37	2.81
	15 36	1.32		16 17	0.88
	21 45	2.30		22 24	2.71
6	03 51	1.42	21	04 39	1.01
	10 00	2.53		10 43	2.93
	16 38	1.16		17 16	0.73
	22 42	2.48		23 21	2.88
7	04 51	1.23	22	05 36	0.83
	10 54	2.71		11 38	3.06
	17 22	0.95		18 04	0.60
	23 27	2.70			
8	05 35	1.00	23	00 09	3.04
	11 39	2.91		06 22	0.67
	17 59	0.75		12 26	3.16
				18 45	0.51
9	00 07	2.93	24	00 52	3.16
	06 14	0.77		07 03	0.56
	12 21	3.10		13 09	3.22
	18 35	0.55		19 22	0.47
10	00 45	3.14	25	01 30	3.24
	06 51	0.57		07 41	0.50
	13 00	3.26		13 48	3.21
	19 11	0.40		19 57	0.49
11	01 23	3.30	26	02 07	3.26
	07 29	0.40		08 17	0.50
	13 40	3.36		14 25	3.16
	19 47	0.31		20 29	0.55
12	02 01	3.41	27	02 42	3.23
	08 07	0.31		08 51	0.55
	14 20	3.40		15 01	3.05
	20 25	0.29		21 00	0.64
13	02 40	3.45	28	03 16	3.16
	08 47	0.29		09 24	0.64
	15 02	3.35		15 37	2.92
	21 04	0.34		21 30	0.76
14	03 22	3.41	29	03 51	3.05
	09 29	0.34		09 58	0.76
	15 46	3.23		16 12	2.75
	21 45	0.47		22 01	0.90
15	04 06	3.31	30	04 26	2.92
	10 15	0.47		10 32	0.90
	16 34	3.05		16 50	2.61
	22 30	0.65		22 33	1.03
16	04 56	3.15			
	11 06	0.65			
	17 30	2.85			
	23 22	0.86			

Huelva : Diciembre

D	TU	Alt	D	TU	Alt
1	05 04	2.79	16	05 42	3.14
	11 10	1.03		11 57	0.69
	17 32	2.47		18 20	2.8
	23 10	1.17			
2	05 48	2.66	17	00 12	0.93
	11 55	1.15		06 43	2.98
	18 24	2.36		13 04	0.84
	23 57	1.29		19 27	2.68
3	06 43	2.56	18	01 24	1.07
	12 53	1.23		07 51	2 86
	19 28	2.31		14 22	0.93
				20 39	2.53
4	01 01	1.37	19	02 47	1.12
	07 49	2.52		09 03	2.81
	14 07	1.25		15 40	0.94
	20 38	2.35		21 49	2.67
5	02 25	1.36	20	04 06	1.07
	08 57	2.56		10 12	2.82
	15 23	1.16		16 46	0.88
	21 43	2.48		22 52	2.77
6	03 45	1.25	21	05 11	0.96
	10 01	2.67		11 13	2.87
	16 25	1.01		17 40	0.8
	22 39	2.67		23 45	.89
7	04 47	1.06	22	06 04	0.83
	10 57	2.83		12 06	2.93
	17 16	0.82		18 26	0.73
	23 29	2.88			
8	05 38	0.84	23	00 32	3 0.
	11 47	3.01		06 49	3 2.
	18 02	0.64		12 52	8 0.
				19 05	9
9	00 15	3.1	24	01 13	3.08
	06 25	.62		07 29	0.67
	12 34	.17		13 33	2.99
	18 45	.48		19 41	0.68
10	00 59	3.28	25	01 51	3.13
	07 09	0.44		08 05	0.64
	13 19	3.28		14 11	2.97
	19 27	0.37		20 13	0.69
11	01 42	3.42	26	02 26	3.14
	07 53	0.32		08 39	0.64
	14 04	3.34		14 46	2.93
	20 09	0.32		20 43	0.73
12	02 26	3.49	27	02 59	3.13
	08 37	0.27		09 10	0.68
	14 50	3.32		15 19	2.87
	20 52	0.34		21 12	0.78
13	03 10	3.49	28	03 32	3.08
	09 22	0.29		09 41	0.73
	15 37	3.25		15 53	2.8
	21 36	0.43		21 42	.84
14	03 57	3.42	29	04 05	3.02
	10 09	0.38		10 12	0.8
	16 27	3.12		16 27	.72
	22 23	0.57		22 12	.9
15	04 47	3.3	30	04 39	2.94
	11 00	.52		10 45	0.87
	17 21	.96		17 03	2.64
	23 14	.74		22 47	0.98
16	05 42	3.14	31	05 17	2.85
	11 57	0.69		11 23	0.95
	18 20	2.8		17 45	2.57
				23 27	1.06

CORRECCIÓN DE SIETE PUERTOS SECUNDARIOS

Patrón	Puertos Secundario	Minutos Pleamar	Minutos Bajamar	Corrección metros Pleamar	Corrección metros Bajamar
Cádiz	*Sancti-Petri*	+ 5	+ 5	-0,19	- 0,02
Cádiz	*Conil*	- 16	- 17	- 0,27	- 0,05
Cádiz	*C. Trafalgar*	- 20	- 20	- 0,29	- 0,03
Cádiz	*Barbate*	- 20	-20	- 0,80	- 0,05
Tánger	*Arcila*	- 5	- 5	+ 0,66	+ 0,09
Huelva	*Isla Cristina (barra)*	+ 10	+ 10	-0,07	-0,01
Huelva	*Isla Cristina (muelle)*	+ 10	+ 10	-0,08	-0,01

TABLAS AUXILIARES

TABLA DE INTERPOLACIÓN

CORRECCIÓN POR PRESIÓN ATMOSFÉRICA

TABLA DE INTERPOLACIÓN

Duración de la creciente / vaciante

5:00	5:10	5:20	5:30	5:40	5:50	6:00	6:10	6:20	6:30	6:40	6:50	7:00	7:10	7:20	7:30	7:40
Intervalo desde / hasta la bajamar más cercana																
0:12	0:12	0:12	0:13	0:13	0:14	0:14	0:14	0:15	0:15	0:16	0:16	0:16	0:17	0:17	0:18	0:18
0:24	0:24	0:25	0:26	0:27	0:28	0:28	0:29	0:30	0:31	0:32	0:32	0:33	0:34	0:35	0:36	0:36
0:36	0:37	0:38	0:39	0:40	0:42	0:43	0:44	0:45	0:46	0:48	0:49	0:50	0:51	0:52	0:54	0:55
0:48	0:49	0:51	0:52	0:54	0:56	0:57	0:59	1:00	1:02	1:04	1:05	1:07	1:08	1:10	1:12	1:13
1:00	1:02	1:04	1:06	1:08	1:10	1:12	1:14	1:16	1:18	1:20	1:22	1:24	1:26	1:28	1:30	1:32
1:12	1:14	1:16	1:19	1:21	1:24	1:26	1:28	1:31	1:33	1:36	1:38	1:40	1:43	1:45	1:48	1:50
1:24	1:26	1:29	1:32	1:35	1:38	1:40	1:43	1:46	1:49	1:52	1:54	1:57	2:00	2:03	2:06	2:08
1:36	1:39	1:42	1:45	1:48	1:52	1:55	1:58	2:01	2:04	2:08	2:11	2:14	2:17	2:20	2:24	2:27
1:48	1:51	1:55	1:58	2:02	2:06	2:09	2:13	2:16	2:20	2:24	2:27	2:31	2:34	2:38	2:42	2:45
2:00	2:04	2:08	2:12	2:16	2:20	2:24	2:28	2:32	2:36	2:40	2:44	2:48	2:52	2:56	3:00	3:04
2:12	2:16	2:20	2:25	2:29	2:34	2:38	2:42	2:47	2:51	2:56	3:00	3:04	3:09	3:13	3:18	3:22
2:24	2:28	2:33	2:38	2:43	2:48	2:52	2:57	3:02	3:07	3:12	3:16	3:21	3:26	3:31	3:36	3:40
2:36	2:41	2:46	2:51	2:56	3:02	3:07	3:12	3:17	3:22	3:28	3:33	3:38	3:43	3:48	3:54	3:59
2:48	2:53	2:59	3:04	3:10	3:16	3:21	3:27	3:32	3:38	3:44	3:49	3:55	4:00	4:06	4:12	4:17
3:00	3:06	3:12	3:18	3:24	3:30	3:36	3:42	3:48	3:54	4:00	4:06	4:12	4:18	4:24	4:30	4:36
3:12	3:18	3:24	3:31	3:37	3:44	3:50	3:56	4:03	4:09	4:16	4:22	4:28	4:35	4:41	4:48	4:54
3:24	3:30	3:37	3:44	3:51	3:58	4:04	4:11	4:18	4:25	4:32	4:38	4:45	4:52	4:59	5:06	5:12
3:36	3:43	3:50	3:57	4:04	4:12	4:19	4:26	4:33	4:40	4:48	4:55	5:02	5:09	5:16	5:24	5:31
3:48	3:55	4:03	4:10	4:18	4:26	4:33	4:41	4:48	4:56	5:04	5:11	5:19	5:26	5:34	5:42	5:49
4:00	4:08	4:16	4:24	4:32	4:40	4:48	4:56	5:04	5:12	5:20	5:28	5:36	5:44	5:52	6:00	6:08
4:12	4:20	4:28	4:37	4:45	4:54	5:02	5:10	5:19	5:27	5:36	5:44	5:52	6:01	6:09	6:18	6:26
4:24	4:32	4:41	4:50	4:59	5:08	5:16	5:25	5:34	5:43	5:52	6:00	6:09	6:18	6:27	6:36	6:44
4:36	4:45	4:54	5:03	5:12	5:22	5:31	5:40	5:49	5:58	6:08	6:17	6:26	6:35	6:44	6:54	7:03
4:48	4:57	5:07	5:16	5:26	5:36	5:45	5:55	6:04	6:14	6:24	6:33	6:43	6:52	7:02	7:12	7:21
5:00	5:10	5:20	5:30	5:40	5:50	6:00	6:10	6:20	6:30	6:40	6:50	7:00	7:10	7:20	7:30	7:40

Amplitud de la marea

0,10	0,30	0,50	0,70	0,90	1,10	1,30	1,50	1,70	1,90	2,10	2,30	2,50	2,70	2,90	3,10	3,30	3,50
Corrección aditiva a la altura de la bajamar más próxima																	
0:00	0:01	0:02	0:03	0:05	0:06	0:07	0:08	0:09	0:10	0:11	0:13	0:14	0:15	0:16	0:17	0:18	0:19
0:02	0:06	0:11	0:15	0:20	0:24	0:29	0:33	0:38	0:42	0:47	0:52	0:56	1:01	1:05	1:10	1:14	1:19
0:05	0:15	0:25	0:35	0:45	0:55	1:05	1:15	1:25	1:36	1:46	1:56	2:06	2:16	2:26	2:36	2:46	2:56
0:08	0:26	0:44	1:02	1:20	1:37	1:55	2:13	2:31	2:49	3:07	3:24	3:42	4:00	4:18	4:36	4:53	5:11
0:13	0:41	1:08	1:36	2:03	2:31	2:58	3:26	3:53	4:21	4:48	5:16	5:43	6:11	6:38	7:06	7:33	8:01
0:19	0:58	1:37	2:16	2:55	3:34	4:13	4:52	5:31	6:10	6:49	7:28	8:07	8:46	9:25	10:04	10:43	11:23
0:26	1:18	2:10	3:02	3:54	4:47	5:39	6:31	7:23	8:16	9:08	10:00	10:52	11:44	12:37	13:29	14:21	15:13
0:33	1:40	2:47	3:53	5:00	6:07	7:14	8:21	9:28	10:34	11:41	12:48	13:55	15:02	16:09	17:16	18:22	19:29
0:41	2:04	3:26	4:49	6:12	7:34	8:57	10:20	11:42	13:05	14:28	15:50	17:13	18:36	19:58	21:21	22:44	0:07
0:49	2:29	4:08	5:48	7:27	9:07	10:46	12:26	14:05	15:45	17:24	19:04	20:43	22:23	0:02	1:42	3:21	5:01
0:58	2:55	4:52	6:49	8:46	10:43	12:40	14:37	16:34	18:31	20:28	22:25	0:22	2:19	4:16	6:13	8:10	10:07
1:07	3:22	5:37	7:52	10:07	12:22	14:37	16:52	19:07	21:22	23:37	1:52	4:06	6:21	8:36	10:51	13:06	15:21
1:16	3:49	6:22	8:55	11:28	14:01	16:34	19:07	21:40	0:13	2:46	5:19	7:53	10:26	12:59	15:32	18:05	20:38
1:25	4:16	7:07	9:58	12:49	15:40	18:31	21:22	0:13	3:04	5:55	8:46	11:37	14:28	17:19	20:10	23:01	1:52
1:34	4:42	7:51	10:59	14:08	17:16	20:25	23:33	2:42	5:50	8:59	12:07	15:16	18:24	21:33	0:41	3:50	6:58
1:42	5:07	8:33	11:58	15:23	18:49	22:14	1:39	5:05	8:30	11:55	15:21	18:46	22:11	1:37	5:02	8:27	11:52
1:50	5:31	9:12	12:54	16:35	20:16	23:57	3:38	7:19	11:01	14:42	18:23	22:04	1:45	5:26	9:07	12:49	16:30
1:57	5:53	9:49	13:45	17:41	21:36	1:32	5:28	9:24	13:20	17:15	21:11	1:07	5:03	8:58	12:54	16:50	20:46
2:04	6:13	10:22	14:31	18:40	22:49	2:58	7:07	11:16	15:25	19:34	23:43	3:52	8:01	12:10	16:19	20:28	0:37
2:10	6:30	10:51	15:11	19:32	23:52	4:13	8:33	12:54	17:14	21:35	1:55	6:16	10:36	14:57	19:17	23:38	3:58
2:15	6:45	11:15	15:45	20:15	0:46	5:16	9:46	14:16	18:46	23:16	3:47	8:17	12:47	17:17	21:47	2:18	6:48
2:18	6:56	11:34	16:12	20:50	1:28	6:06	10:44	15:22	19:59	0:37	5:15	9:53	14:31	19:09	23:47	4:25	9:03
2:21	7:05	11:48	16:32	21:15	1:59	6:42	11:26	16:09	20:53	1:36	6:19	11:03	15:46	20:30	1:13	5:57	10:40
2:23	7:10	11:57	16:44	21:30	2:17	7:04	11:51	16:38	21:25	2:12	6:58	11:45	16:32	21:19	2:06	6:53	11:40
2:24	7:12	12:00	16:48	21:36	2:24	7:12	12:00	16:48	21:36	2:24	7:12	12:00	16:48	21:36	2:24	7:12	12:00

CORRECCIÓN POR PRESIÓN ATMOSFÉRICA

Presión atmosférica		**Corrección**
Mm de Hg.	Milibares	Metros
722	963	+ 0,50
726	968	+ 0,45
730	973	+ 0,40
734	978	+ 0,35
738	983	+ 0,30
741	988	+ 0,25
745	993	+ 0,20
749	998	+ 0,15
752	1003	+ 0,10
756	1008	+ 0,05
760	1013	0,00
764	1018	- 0,05
768	1023	- 0,10
771	1028	- 0,15
775	1033	- 0,20
779	1038	- 0,25